wagamama no.069

清邁攻略 完全制霸

作者 趙思語・周麗淑・墨刻編輯部
攝影 趙思語・周麗淑・墨刻編輯部
主編 趙思語
美術設計 李英娟・呂昀禾・Nina（特約）・洪玉玲（特約）
地圖繪製 墨刻編輯部・Nina（特約）

出版公司
墨刻出版股份有限公司
地址：台北市南港區昆陽街16號7樓
電話：886-2-2500-7008／傳真：886-2-2500-7796
E-mail：mook_service@hmg.com.tw

發行公司
英屬蓋曼群島商家庭傳媒股份有限公司城邦分公司
城邦讀書花園：www.cite.com.tw
劃撥：19863813／戶名：書虫股份有限公司
香港發行城邦（香港）出版集團有限公司
地址：香港九龍土瓜灣道86號順聯工業大廈6樓A室
電話：852-2508-6231／傳真：852-2578-9337
城邦（馬新）出版集團 Cite (M) Sdn Bhd
地址：41, Jalan Radin Anum, Bandar Baru Sri Petaling,
57000 Kuala Lumpur, Malaysia.
電話：(603)90563833／傳真：(603)90576622／
E-mail：services@cite.my
製版・印刷 凱林彩印股份有限公司
ISBN978-626-398-009-9・978-626-398-002-0 (EPUB)
城邦書號KS2069 初版2024年4月
定價450元

MOOK官網www.mook.com.tw
Facebook粉絲團
www.facebook.com/travelmook
版權所有・翻印必究

國家圖書館出版品預行編目資料

清邁攻略完全制霸/趙思語, 周麗淑, 墨
刻編輯部作. -- 初版. -- 臺北市：墨刻出
版股份有限公司出版：英屬蓋曼群島
商家庭傳媒股份有限公司城邦分公司
發行, 2024.04
232面 ; 14.8×21公分. -- (Wagamama
; 69)
ISBN 978-626-398-009-9(平裝)

1.CST: 旅遊 2.CST: 泰國清邁

738.29　　　　　　　113003918

墨刻整合傳媒廣告團隊
提供全方位廣告、數位、影音、代編、出
版、行銷等服務
為您創造最佳效益
歡迎與我們聯繫：
mook_service@mook.com.tw

執行長 何飛鵬
PCH集團生活旅遊事業總經理暨墨刻出版社長 李淑霞

總編輯 汪雨菁
資深主編 呂宛霖
採訪編輯 趙思語
叢書編輯 唐德容・王藝霏・林昱霖
資深美術設計主任 羅婕云
資深美術設計 李英娟
影音企劃執行 邱茗晨

資深業務經理 詹顏嘉
業務經理 劉玫玟
業務專員 程麒
行銷企畫經理 呂妙君
行銷企畫主任 許立心
業務行政專員 呂瑜珊
印務部經理 王竟為

U0048773

在地製造・皇家品牌——Doi Tung

Doi Tung是清萊接近金三角一處山區名，過去因為種植罌粟花等毒品問題，一直都是泰國政府難以管理的灰色地帶。1983年，皇太后針對鴉片問題提出管制計畫，先以教育和健康為軟性訴求，替當地少數民族設立學校，從教導孩子們對毒品的正確認識，同時讓父母了解孩子受教育，對其未來的正面影響。爾後還設立Mae Fah Luang基金會，在清萊成立鴉片文史館。

1988年接續推出造林計畫，讓原本受雇種植罌粟花的山區住民們學種茶、咖啡、夏威夷豆和其他農產，這個計畫的名稱就以「Doi Tung」為名；而後進一步讓山區住民利用自身的巧手與美感，設計出相當有質感的織品、衣飾、生活陶瓷用品等，這些商品也集結於名為「Doi Tung」這個品牌商店裡販售，並在清萊、清邁及全國各地開設駐點；販賣所得都將回饋到鄉里，做為改善當地的環境衛生、教育、醫療之用。

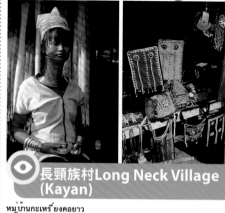

長頸族村Long Neck Village (Kayan)

หมู่บ้านกะเหรี่ยงคอยาว

⚑ 別冊P.6F4　🚌 從清萊搭巴士至湄宏順(Mae Hong Son)；建議租車或參加當地行程　💲 門票250B　☎ 705337
🌐 www.longneckkaren.com

50年前緬甸發生內戰，許多少數民族為避難，跨過國界到泰國定居，其中一支即為長頸族(Padong)，多數住在湄宏順府(Mae Hong Son)，約有10戶遷移至清萊，與身著黑衣的阿卡族(Akha)、來自寮國的大耳族(Lahu Shi Balah)合住一處，成為觀光景點。

長頸族的女生從9歲開始，就在脖頸和手腕、膝蓋等處以實心銅條纏繞成環，每2年更換一次長度，直至25歲或是結婚後，就不用再加長。長頸村沿途為阿卡族和大耳族的小攤子和展示區，邊販賣各式手工銀飾，邊從事各項手工藝。

帕瑤府Phayao

⚑ 別冊P.6G5　🚌 從清邁搭車約3小時

帕瑤府占地6,339平方公里，約有50萬名居民，境內有兩處值得一看的景點，一是位於市中心的帕瑤湖(Phayao Lake)，為泰北最大的淡水湖，其次是小吳哥窟(Analayo Temple)，距帕瑤湖約18公里，幅員廣大，有多座佛塔和寺廟，涵括泰國、高棉、緬甸等建築型式。

帕瑤湖面積約20平方公里，內有50幾種淡水魚，湖畔有一座帕瑤王的紀念銅像。要參觀小吳哥窟，得從山下往上走約400公尺，進入山門後是長長的山梯，兩側扶手是蜿蜒的水龍雕像，代表地的龍頭在底，象徵天的龍尾在頂層，意謂連接天地。

wagamama
no.069

攻略 清邁走透透

完全制覇

MOOK

清邁攻略完全制霸

contents

本書所提供的各項可能變動性資訊,如交通、時間、價格、地址、電話或網址,係以2024年4月前所收集的為準;但此類訊息經常異動,正確內容請以當地即時標示的資訊為主。

如果你在旅行中發現資訊已更動,或是有任何內文或地圖需要修正的地方,歡迎隨時指正和批評。你可以透過下列方式告訴我們:
寫信:台北市南港區昆陽街16號7樓MOOK編輯部收
傳真:02-25007796
E-mail:mook_service@hmg.com.tw
FB粉絲團「MOOK墨刻出版」
www.facebook.com/travelmook

薩瓦滴卡～
歡迎光臨泰國北部

必知實用情報,暢遊清邁全攻略!

wagamama no.069

曼谷攻略
完全制霸

contents

本書所提供的各項可能變動性資訊,如交通、時間、價格、地址、電話或網址,係以2024年4月前所收集的為準;但此類訊息經常異動,正確內容請以當地即時標示的資訊為主。

如果你在旅行中發現資訊已更動,或是有任何內文或地圖需要修正的地方,歡迎隨時指正和批評。你可以透過下列方式告訴我們:
寫信:台北市南港區昆陽街16號7樓MOOK編輯部收
傳真:02-25007796
E-mail:mook_service@hmg.com.tw
FB粉絲團:「MOOK墨刻出版」
www.facebook.com/travelmook

看一眼就知道的符號說明

地圖ICONS使用說明
- ◉ 景點
- ⬟ 綜合市集
- ⬚ 百貨公司
- 🛍 購物
- 🏛 博物館
- 📖 書店
- 🍜 麵食
- 🍴 美食
- ☕ 咖啡館
- Spa美容
- DIY 體驗課程
- 🍰 甜點
- 🍷 酒吧
- 🎭 劇院
- H 飯店
- 🏛 政府機關
- ⚓ 碼頭
- 🚌 公車站
- 🚉 火車站
- 🛣 國道
- 🚈 機場快線
- ✈ 機場

書中資訊ICONS使用說明
- 🗺 **地圖**:與本書地圖別冊對位,快速尋找景點或店家。
- ☎ **電話**:不小心東西忘在店裡面,可立刻去電詢問。
- 📍 **地址**:若店家均位於同一棟大樓,僅列出大樓名稱與所在樓層。
- 🕐 **時間**:L.O.(Last Order指的是最後點餐時間)
- **休日**:如果該店家無休假日就不出現。
- 💰 **價格**:日文料理菜名和中文翻譯,輕鬆手指點餐。
- **信用卡**:標示可否刷卡
- 🚗 **交通**:在大區域範圍內詳細標明如何前往景點或店家的交通方式。
- 🌐 **網址**、f **FB**、◎ **IG**、✆ **LINE**:出發前可上網認識有興趣的店家或景點。
- ❶ **注意事項**:各種與店家或景點相關不可不知的訊息。
- ① **出口**:地圖上出現車站實際出口名稱。

全面普查的完整精確資訊。

中英文分區名稱。　頁碼

🍴 **Siamaya Ch**
🗺 別冊P.7C4　🚗 從塔佩門步
Kao Rd.　☎ 9212333　🕐 10:
系列390B　☑ 可　🌐 siamaya

128
古城區· **Tha Pae Road**
塔佩路

Tha Pae F
塔佩路

以塔佩門為起點,沿著塔佩路向[東]
條約800公尺的路上,聚集了不[少]
買的店鋪,由於直的一條路遊逛輕鬆[,商]
家也頗具特色,向來就是遊客喜歡停[留的]
街道;另外這裡的飯店、旅館也很多,[四]
周邊好逛好買,前往古城和清邁夜市[都]
可達,地利之便成了吸引之處。

交通資訊
塔佩路
- 從清邁機場搭車約10~15分鐘
- 從古城三王像步行約12~15分鐘
- 從清邁夜市步行約10~15分鐘

來來來,精打細算換匯看這邊!!
旅遊清邁大部分的人會遇到到當地再換[匯,把]
泰幣換太多沒用完、反而困擾。到當地分[匯]
當,而且當地換匯比也比台灣划算。但要注[意,]
匯店相當多,也不是隨便換都划算,像是[越]
越近的最貴;來到清邁,做過功課的都[知道塔]
佩路上的mr.pierre絕對是首選,光是NT[$]
成泰銖,與老城中心的換匯店相較,可[差]
90B,足夠多喝一杯咖啡了,缺點是僅此[一家,]
休息,第二手選擇是Super Rich,在古城[中]
此一家。
建議在台灣可以先換大約2,000~3,000[泰銖,]
台幣到當地換即可,畢竟抵泰就需要[消]
費,有些民宿飯店甚至要求繳訂的押金[,家]
裡有其他零錢外幣,都可以帶去換一[換,方]
便,但記得帶護照備[份。]

mr.pierre 🕐 9:00~18:00(週日休)
Super Rich 🕐 8:30~20:00(無休)

清楚列出交通工具資訊。

旅遊豆知識[,]增廣見聞。

標示出景點所在的地圖頁碼及座標值，可迅速找出想去的地方。

編輯當下採訪心得與感受。

右頁邊欄上標出索引名稱，翻閱更輕鬆。

從店面掛作品都很隨意又自然。

John's Gallery

別冊P.7B4　從塔佩門步行約3~5分鐘　330 Tha Pae Rd.　9:00~21:00

獨樹一格的藝術家小店。

身兼畫生與收藏家的John，將他各式各樣的商品畫作，懸掛在店門口的蔓藤枝幹上，在塔佩路上獨樹一格。看似凌亂的小店擺滿了許多作品，能在其中尋找喜歡的畫作也是一種樂趣。John的畫風屬於隨心所欲的自然派，他可以邊和客人說話，不到15分鐘完成一幅畫，從T恤到袋子，所有的畫都呈現在布料上，就連John的名片也是一大張布。由於畫風質樸自由，吸引許多到清邁觀光的外國客人歡迎，甚至有日本人請John到東京舉辦個人展覽！John在塔佩路上共有兩間店，兩店距離不遠，另一間主要販售木雕、飾品等。

Siamaya Chocolate

別冊P.7C4　從塔佩步行約3分鐘　8 Chang Moi Kao Rd.　9212333　10:00~19:00　室內禁菸．城市系列390B　可　siamayachocolate.com

世界香氣City系列，泰北清邁的玫瑰氣息，輕鬆帶回細細品味。

與清邁城門南側的Siamaya屬同一系列店，而這裡的便利市中心位置，成為巧克力控最好掃貨的地點。嚴選自來自世界各地農場採買的可可豆，製作過程完全自家掌控，高品質與多元創意風味，難怪也是世界巧克力競賽的常勝軍之一，手掌大小的包裝，讓人能一次嚐最多口味一次入袋。除了巧克力，**店內有一半空間則銷售來自合作夥伴、Weave Artisan Society 與藝術家們一**起設計和製作的產品，像是蠟燭、擴香劑、馬克杯、筆記本等都有，而且以有機原料製作，講求設計外也與環保意識連結，也讓生活質感也講究世界公民責任。

Ratana's Kitchen

別冊P.7B4　從塔佩門步行約3~5分鐘　320-322 Tha Pae Rd.　874173　7:30~23:00　清邁麵70B、泰式炒麵60B　可　www.facebook.com/ratanaskitchen

價位平實，好．深受自助客喜愛的餐館。

距離塔佩門不遠，**餐廳提供招牌泰北料理**，包括清邁麵(Khao Soi)、清邁香腸(Chiang Mai Sausage)、泰式炒麵(Pad Thai)和烤沙嗲等，西式餐飲則有基本款的比薩、漢堡、牛排、薯條。由於**曾獲英文旅遊導覽書《Lonely Planet》、《Rough Guide》介**紹，加上價位平實，店裡自有不少西方自助旅行的遊客來用餐。

列出此店家或景點的特色。

分別美食、購物、景點、住宿等機能，一眼就能夠找到旅遊需求。

泰國旅遊資訊

簽證辦理

前往曼谷,可在行前於台灣申辦泰國簽證,也可在機場辦理落地簽。

➜觀光簽證

申請文件

◎6個月以上效期之護照正本

◎身分證正反影本(未滿18歲請附戶口名簿影本)

◎兩吋6個月內證照1張

◎填妥觀光簽證申請表格(可上網下載:**https://tteo.thaiembassy.org/th/page/visa-forms**或現場索取)

簽證費用

單次觀光簽證費新台幣1,200元

停留期間

觀光簽證單次停留不超過60天、效期3個月。

辦理地點

泰國貿易經濟辦事處(請留意,非泰國觀光局台北辦事處)

🏠台北市大安區市民大道三段206號1樓

📞02-27731100

🕐送件時間為週一至週五9:00~11:30,當日下午16:00~17:00可取件或於收據期限內取件。特別提醒,不論是台灣或泰國的國定假日,辦事處皆公休,請避開前往。

🌐https://tteo.thaiembassy.org/cn/index

➜落地簽證

抵達機場後,可循Visa On Arrival指標前往辦理落地簽,並現場取件。不過由於等待時間較長,需備妥的文件又較多,因此還是建議先在台灣辦妥簽證。

申請文件

◎含滯留泰國天數後仍達30天以上效期之護照正本。

◎自抵泰日起算,15天內回程機票。

線上申請落地簽證

目前泰國政府也開放線上申請落地簽證，不過僅限由蘇汪那蓬國際機場入境的旅客。旅客可事先至泰國移民局網站，點選「Online Application for Visa on Arrival」項目，逐項填寫表格欄位，申請成功後將取得簽證申請號碼(Transaction Reference Number, TRN)。攜帶列印出的TRN或申請表，至蘇汪那蓬機場後前往「Visa on Arrival」櫃台，出示TRN或申請表及申請必備文件，並完成繳費即可。線上申請網址：https://extranet.immigration.go.th/voaonline/voaonline/VoaonlineAction.do

◎近6個月內拍攝之4 X 6公分照片1張，若事先未備有照片，可在櫃檯旁攝影站拍攝。

◎在泰期間地址或飯店訂房資料

◎出示在泰期間足夠的生活費，個人為10,000B、家庭為20,000B。

◎申請表(可在櫃檯或所乘班機上索取)

簽證費用

2,000B

停留期間

有效期15天

辦理地點

機場落地簽證「Visa on Arrival」櫃檔

◆只要有班機抵達皆有服務人員受理，當場取件。

飛航資訊

曼谷主要聯外機場是2006年啟用的蘇汪那蓬國際機場(Bangkok Suvarnabhumi International Airport, BKK)，目前從台北有長榮、華航(另可從高雄)、泰航等航空公司直飛曼谷，飛行時間約為3小時40分。

而舊有的廊曼機場(Don Muang Airport, DMK)主要提供國內線及國際線廉價航空起降，從台北有台灣虎航直飛廊曼機場，飛行時間約為4小時。

另外，目前由台北直飛清邁有長榮航空、亞航、泰航；由台北出發，經曼谷轉往清邁的有華航、泰航等。

詳細航班資訊請洽各航空公司或上網查詢。

航空公司	電話	網址
中華航空 (CI)	412-9000 (手機+02)	www.china-airlines.com/tw/zh
長榮航空 (BR)	02-25011999	www.evaair.com/zh-tw/index.html
泰國航空 (TG)	02-87725111	www.thaiairways.com/zh_TW/index.page
台灣虎航 (IT)	02-55992555	www.tigerairtw.com/zh-tw

注意喔！旅客入境泰國需帶2萬泰銖的等值貨幣

入境泰國海關會隨機抽查，每人須準備2萬泰銖、每個家庭4萬泰銖(等值貨幣即可。這個消息常常讓大家誤以為是要抽查泰銖，不過其實只要攜帶等值貨幣就可以了，不論是台幣或其他外幣都行，所以應該不會太困擾。

入境免稅申報事項

旅客入境泰國可以攜帶行李物品其免稅範圍以合於本人使用，範圍如下：

◎個人或其專業使用之商品，總價值不超過100,000泰銖。

◎最多1公升酒類。

◎煙類包括雪茄、香煙、煙草，不管是抽的、嚼的，香煙不能超過1條(200支或10包)，雪茄、煙草不能超過250公克或總重量不得超過250公克。

◎攜帶外幣入境泰國，沒有金額限制，但出境金額不得超過20,000美元。另外，每人不得攜帶超過50,000泰銖出境。超過者需向海關申報。

當地旅遊資訊

➔面積

約513,120平方公里

➔人口

約7,000萬人

➔宗教

超過90%的人口信奉佛教,其次為伊斯蘭教、基督教、印度教等。

➔種族

由泰人、華人、馬來人、印度人、蒙人、波蘭人等多元種族集合而成的泰族。

➔語言

官方語言為泰語,但在中國城中,老一輩的華人移民仍通中文或福州、潮州話。觀光區域的飯店或餐廳能以英文溝通,小販或夜市大多也能以英語互動,但英語在當地仍非完全通行。

➔氣候

屬熱帶季風氣候,終年溫暖。年度氣溫在20~38℃之間,全年分為3~5月的夏季、6~10月的雨季和11月~翌年2月的涼季,一年當中最熱的季節為4月份。

➔時差

比台灣時間慢1小時

➔貨幣及匯率

貨幣

泰幣單位為泰銖(Baht),泰銖Baht=B,本書即以B為貨幣表示單位。

1泰銖=100沙丹,紙鈔有1,000B、500B、100B、50B、20B;銅板有10B、5B、1B、50沙丹、25沙丹;但沙丹少見。

匯率

1泰銖約台幣0.9元(匯率隨時變動,僅供參考)

匯兌

在台灣,可在台灣銀行、盤谷銀行和兆豐國際銀行以台幣兌換泰銖,或是在桃園機場直接兌換。

抵達曼谷後,仍可於蘇汪那蓬機場以台幣兌換泰銖;到了市區後,飯店櫃檯、百貨和車站內銀行櫃檯,或路邊兌換外幣店面,也都可以換錢。其中像是Super Rich這類廣受遊客歡迎的外幣兌換店,可以直接以台幣兌換泰銖,而且匯率很不錯。

如果銀行金融卡有海外跨提功能,只要事先申請開卡且記得密碼,也可以於曼谷ATM直接領款。

➔電話

台灣直撥泰國

002-66-城市區域碼(曼谷02／清邁053／芭達雅038／大城035／華欣032／清萊053,跨國撥號時去0)-電話號碼

泰國直撥台灣

001-886-城市區域碼(跨國撥號時去0)-電話號碼

➔手機通訊

雖然現在的手機都可以在泰國漫遊,但前往泰國的遊客,大部分會選擇在機場辦一張泰國當地電信公司的SIM卡,如True Move、DTAC和AIS等,都在機場設有櫃檯,費率都不貴(有些還會不定時提供促銷優惠,甚至免費SIM卡),部分則提供上網服務,之後在7-11、全家或電信公司據點都可以直接加值。

➔小費

在泰國一般有給小費的習慣,包括用餐、床頭小費、行李提領等一般約20B。按摩、Spa完後也要給小費,按照等級,最便宜路邊按摩約20B、普通按摩約50B、高檔Spa約200B。

需特別注意的是,泰國人認為零錢是施捨乞丐的,因此小費不可低於紙鈔最小的面額20B,也不可以給硬幣。因此建議隨時準備一些20B紙鈔,以備不時之需。

➔電壓與插座

電壓為220V;台灣為110V,現在的筆電或相機充電器大部分已有電壓轉換功能,不需另外準備變電器;若是習慣攜帶捲髮棒、吹風機等電器則需特別留意電壓。插座為不規則的三孔插座,台灣的雙平腳插頭一般可以使用。

➔營業時間

國營機關辦公時間約8:00~17:00,私人機構如百貨公司、購物商場大多10:00~21:00(或22:00)。

➜退稅

只要在同一店鋪同一日購物滿2,000B，即達退稅標準。請先確認購買商品、金額和消費店家適用退稅範圍，並在結帳時向店家索取黃色退稅申請單。

遊客離境時，即可在機場的VAT Refund櫃檯辦理退稅(有些在購物時的百貨或商店的專門服務台即可辦理)。

➜緊急協助專線

觀光警察：拿起電話直撥1155 (可說英、法、德語，24小時)

泰國觀光局旅遊服務中心(TAT)：1672

駐泰國台北經貿辦事處：+66-(0)2-1193555

駐泰國台北經貿辦事處——緊急聯絡電話：+66-(0)81-6664006

急難救助 LINE 帳號：Taiwan119

🌏www.taiwanembassy.org/th/index.html

➜習慣與禁忌

入境隨俗，對於當地傳統或不成文矩還是要尊重，在曼谷旅遊最好留意以下事項：

◎女生參觀寺廟或在路上遇到和尚時，千萬不要碰到他們，請維持一些安全距離，避免影響和尚修行。

◎進入寺廟需脫鞋，衣者需整齊，勿過度暴露。

◎不要在公開場合評論泰國皇室成員，尤其是泰皇和皇后，泰國人對此相當敏感。

◎不要隨便摸小朋友的頭。

◎泰國車輛是右駕，和台灣相反，過馬路時，留意右、左車行方向。

◎在曼谷搭計程車時，即使是跳表收費，若車資顯示為65B，乘客拿70B給司機，一般來說，司機不找零會當小費收下，如果不喜歡這樣的收費方式，建議備妥零錢。

◎根據當地法令，泰國商店只能於每天11:00~14:00及17:00~24:00販賣酒精飲料，即便是便利商店或超市也一樣。遇到佛教節日時，政府也禁止賣酒。

➜旅行小技巧

◎不是每一位計程車、摩托車或嘟嘟車、雙條車司機都可以通英文或是看懂英文地圖以上英文拼出的泰文地名，如果預計前往的地點不是知名或熱門景點或店家、飯店，建議請飯店櫃檯先行幫忙寫下泰文地名或地址，可以減少很多溝通上的誤會；另外抵達飯店時，可先拿一張入住飯店名的名片，這樣可以幫助你回程搭車時，順利找到回家的路。

◎曼谷捷運或地鐵站沒有洗手間，搭車前請先提醒同行的老人家或小朋友。

◎部分景點的公共廁所仍需收費使用，可先備好3~5B的零錢。

◎在購買景點門票、搭計程車或路邊攤時，1,000大鈔常常會被拒絕找零，因此可多加利用便利商店或餐廳用餐的機會，讓自己身上多備些小鈔，方便旅途使用。

旅遊諮詢
➜泰國觀光局台北辦事處

📍台北市中山區松江路111號13樓

📞02-25021600

🕐週一至週五9:00~12:00、13:30~17:00

🌏www.tattpe.org.tw

泰國美食圖鑑
泰中泰北都好吃

泰國美食是其觀光文化最精采的一環。相距700公里的曼谷與清邁，因為周邊環境的差異以及文化習俗的不同，即便有很多菜色重複性高，但口味各有千秋、各自精采。

簡單說來，曼谷因為鄰近海灣海鮮料理選擇自然多，椰漿使用量比較高，清邁則是草本香料和辛香料用的多，包括泰式檸檬葉(Kaffir Leaves)、香茅等，每種香料的氣味都很強烈，但清邁料理就是可以混搭的恰如其分，化成一道道美味佳餚。

若真要說在清邁、曼谷各自有什麼必吃美食，那泰北炸豬皮、青辣椒醬，以及填塞香料的泰北香腸，這些雖然在曼谷的超市熟食區都看得到，但在清邁的餐廳享用，味道當然更道地。在曼谷則推薦炸魚餅、紅咖哩魚、烤大頭蝦等。

泰美味

酸辣蝦湯Tom Yam Kung
酸辣蝦湯的味道好，口感層次多，香茅、薑、檸檬葉帶出基本口感，椰漿放不放，就見仁見智了。

涼拌青木瓜Som Tam
這其實是東北料理，現今遍布全泰國，用木搗把青木瓜、番茄、辣椒、椰糖等調製。椰糖和辣椒可請店家斟酌。

蒸紅咖哩魚Hom-Mok Pla
用香蘭葉或陶碗裝盛紅咖哩、魚肉、蔬菜一起蒸，味道香又美味。

泰式炒麵Pad Thai
庶民小吃，有的可以加個蛋、有些會用蛋皮作泰式炒麵蛋包。

咖哩Kaeng

綠咖哩、紅咖哩加上椰奶一起煮，主食材以肉類為多，像是綠咖哩雞Kaeng Kaew Wan Kai。

冬粉沙拉Gai Yaang

魚露、檸檬汁、辣椒加上冬粉的涼菜，有些餐廳會另外加些海鮮，吸飽湯汁的冬粉香辣夠味。

桌上四大天王

在泰國吃粿條湯，湯頭不一定都嗆辣，且多半是清湯上場。桌上一般都擺有青辣椒、辣椒粉、辣椒水、糖，想吃多辣多甜自己決定。此外，泰國人習慣邊吃米線或粿條邊啃生菜，通常賣米線的攤商桌上一定免費提供各種生蔬，自行取用。

炸魚餅Tod-Mann Pla

用咖哩、魚肉、檸檬葉等香料一起拌勻後去炸，香嫩可口。

蝦醬空心菜
Pad Bung Fai Dang

用泰國蝦醬大火拌炒的空心菜，是道簡單美味的家常料理。一般都會加紅辣椒一起炒。

燴炒粿條Rad-nak

是用米粉或泰式粿條(Sen Yai)，加上芥藍菜、洋蔥、肉片加上蠔油拌炒，看起來有點像燴米粉、粿條。

咖哩螃蟹
Poo Phad Pong Karee

將螃蟹加上黃咖哩，再加入蛋，入口充滿咖哩香氣又有蟹肉的鮮味，光是咖哩醬汁就非常下飯，這道料理在不少餐廳都是招牌菜。

柚子沙拉Yam-Som O

這道熱沙拉使用清爽的柚子拌進用椰奶、紅咖哩醬、辣油、糖混煮的醬料，加進蝦仁或雞絲，有些餐廳還會再加上烤過的椰絲或碎花生。

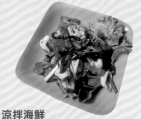

涼拌海鮮
Yam Talay Ruam Mid

香菜、辣椒、檸檬汁、生菜加上新鮮的花枝、蝦子、魚肉片等各種海鮮，有些還會加進媽媽麵。華麗但也相當辣。

拌菜Yam Ta Krai

這道拌菜包括花生、香茅、薑、辣椒、薄荷、炸蒜片等，口感絕佳。有些餐廳會把這些料舖在炸魚上，蘸酸辣醬汁一起吃。

粿條Kuay Tiew

最常見的路邊攤湯麵，湯頭味道多，可選擇雞蛋麵(Ba Mee)、寬版粿條(Kuay Tiew Sen Yai)、粿條(Sen Lek)、米粉(Sen Mee)。

打拋肉Lab Muu
因為用一種名為Ka-pow的九層塔菜拌炒肉類,所以被翻譯為打拋肉,同樣是東北菜在全泰國發揚光大的典型範例。

炒酒鬼Pad Kee Mao
這道菜餚,因為味道很辣,可以辣醒宿醉的人,所以別稱Pad Kee Mao。

海鮮Seafood
無論是現烤大頭蝦、蒸魚、螃蟹料理等,在曼谷都以有機會享用便宜又新鮮的海產料理。

海南雞飯Khao Man Kai、豬腳飯
明顯的中式料理遺風,泰式海南雞飯味道很淡,吃時加點沾醬正好。

生蝦Kung Chae Nam Pla
新鮮蝦子配上辣椒和大蒜片,淋上檸檬調味的酸辣醬汁,蝦肉甘甜配上辛辣醬汁正對味。

Miang Kam
葉子包著椰糖、薑、辣椒、椰絲、蝦米等一起吃,味道極佳。

蝦醬飯Khao Kruk Ka Pi
在曼谷河邊市集蠻常見的食物。

鳳梨烘飯Khao Op Sapparot
正統作法是把飯塞進鳳梨裡蒸熟,讓米飯充分吸收鳳梨甜香,最後再加上蝦或肉鬆等配料。

烤肉串Muu Ping
常見的小吃之一,一串10B,配上糯米飯正好。

醃豆腐湯麵Yentafo
醃豆腐湯是用番茄醬或辣椒醬的腐乳醬熬製而成,所以呈現透明的粉色。麵條或粿條搭配上魚餅、魚丸、魚皮、餛飩、青菜,酸酸甜甜的滋味相當迷人。

泰式火鍋Moo Krata
Moo Krata在泰文是「平底鍋烤肉」的意思,結合了韓式銅盤烤肉與中式湯底火鍋的「燒烤火鍋」,吃得滿頭大汗時適合來一杯冰涼啤酒。

炸雞Gai Tod
混著泰式香料一起炸得香酥脆口的雞翅,加上店家的特調辣醬,確實是日正當中的開胃點心,若想要吃飽,也可以配上糯米飯。

烤丸子、炸丸子 Look Chin Mu Tod
也是街頭常見小吃,各種丸子、熱狗串成一串串,或烤或炸,加上特調辣醬味道更好。

咖哩麵Khao Soi
以肉骨湯為底，加上咖哩醬調製的湯頭配上蛋麵(Ba Mee)，上頭撒上金黃香酥的麵條和蔥末，湯頭辛香濃郁。

清邁香腸Sai-ua
清邁香腸口味相當獨特，除了豬肉之外還加進辣椒、蔥等辛香菜，煎好切塊後搭配大蒜、花生、生菜一起食用。

青辣椒醬Nam Prik Num
青辣椒醬是先將大、小青辣椒，加上蒜、紅蔥、小綠茄子等烤過再煮製到軟嫩後加上魚露、鹽、檸檬汁等調味，充滿辣椒纖維的青綠色辣椒醬。

泰式米粉湯Kuay Tiew
泰國國民美食。麵條種類多樣，配料有豬、雞、炸餛飩、各種手工魚丸、蝦餃等可選擇，湯頭清澈有味。

炸豬皮 Keab Moo
清邁特產，蝦球狀的炸豬皮比較肥厚、長條狀炸的比較乾。通常配青辣椒醬一起食用。

康托克餐Khan Tok
康托克餐是清邁傳統用餐方式，Khan在泰文裡意指小碗裝的菜餚，toke是指矮圓桌，菜餚以泰北咖哩豬肉、炸豬皮等為主。

無骨炸魚Pla Rai Kang
清邁的無骨炸魚製作工續繁複，廚師得小心翼翼地將魚骨取出，將魚肉拌進香茅、蒜、胡椒、莞荽根、胡椒等辛香料後填回魚肚，再下油鍋炸。

炸竹蟲Rod Duan
清邁以竹為材的工藝品很多，料理也用到竹筍，但在當地，不僅竹筍可食，竹筒可當成食器使用，生長在竹子裡的蟲子也是盤中飧。

米線Kha Nom Jeen
米線看起來有點像雲南米線，最常見的是淋上咖哩或辛辣湯汁一起吃。

酸肉Naem
發酵的豬肉，可以生食或加熱食用，通常會配上辣椒一起吃。

泰國料理太好吃，我也要學！

到泰國學泰國菜，有許多選擇，曼谷或清邁等城市的五星級飯店都有開設速成班，或可選擇專業的料理學校，課程從1小時~1日不等，價格也依課程內容而異。泰國菜首重食材與調味，如果時間允許，可以挑選有安排與老師前往市場的課程，不僅可以認識泰國香料和食材，也可經由老師的說明，回國料理時懂得選擇替代材料，延續烹調泰國菜的樂趣。

東北烤雞Gai Yaang
將雞肉在辣椒調味的醬汁中充分醃漬後慢火烤成，有一定的辣度。另外一種叫做Muu Ping的路邊烤肉串則不太會辣。

粥Jok、稀飯 Khao Tom
泰國的粥Jok就像廣東粥，看不到米粒、稀飯類似台灣鹹稀飯，看得見米粒。通常在粥上面會撒上炸過的米粉增加口感。

沙嗲Sa Te
清邁的沙嗲因為黃薑粉調味的關係，香氣更重，除了沾花生醬，還會附上一碟酸辣小菜佐餐。

甜點與飲料

蛋黃椰絲小餅
Kha Nom Beung
這道點心在各個市集路邊攤都見得到，將麵糊烤成一層薄薄小圓餅，放上椰絲或蛋黃加糖的蛋絲，並將麵皮對折就完成了。

水果甜點Luk Chop
這是泰國點心裡巧奪天工的一道，用糯米粉製成皮，包上去殼的綠豆沙餡，外觀做的就像同樣比例縮小的山竹、芭樂、辣椒、茄子等泰國蔬果，外層再裹上洋菜凍。

芒果糯米飯
Khao Niew Ma Muang
最具代表性的泰國甜點，常在芒果產季出現。

香蕉椰子糕Bah bin
帶著淺紫色的糕點是用椰絲混著香蕉，札實，香氣十足。

椰奶西米露小點Sa Kuu Ka Ti
這是蒸過的小點心，白色部份是椰奶製作、下層是有點鹹香的玉米西米露的凍狀物，風味獨具。

蛋黃甜點
Thong Yib Thong Yod
金黃圓潤的小點心看來可口，主要是用蛋黃、糖製成，大部分形狀成橢圓，有的會作成花朵狀或皇冠的樣子。

糯米飯Kha Nom Tom
這是用糯米飯包上甜豆，一個兩口就可以吃完，有些包裹著香蕉或其他甜餡，有的就只是糯米飯糰。

糯米椰糕Kha Nom Kluay
撥開蕉葉是一個帶著淡紫色的糕點，主要材料是香蕉，掰開糕點，裡面塞著椰絲，味道很香。

黃色米粿Kha Nom Tien
這鹹點心是用糯米製成，內餡包著豬肉加上一些胡椒，用芭蕉葉或露兜樹葉包起來蒸熟食用。

糯米皮肉餡
Sa Kuu Sai Muu, Khao Kiaw Pak Mor
一個是用糯米粉水皮包裹豬肉內餡，另一個則是像西米露的外皮，同樣包著豬肉的鹹甜點心，泰國人多半會混著油蔥、辣椒一起食用。

椰子糕Kha Nom Chan
以椰漿為底，加進芋頭、蛋黃等材料，各種不同口味可挑。吃起來比娘惹糕多點口感。

椰子冰淇淋
椰子冰淇淋撒上烤過的花生或其他配料，有些還會配上新鮮椰子果肉，吃進口中有滿滿的椰香，滋味很棒又消暑。

糯米甜點
Kanom Baan Haw、Kanom Sang-Kaya
糯米飯上可加配上豬肉絲；或是一種以蛋和糖打勻蒸熟就像布丁一樣的甜食，放在糯米飯上食用。

香蕉煎餅
香Q的餅皮中包入香蕉，餅皮煎至焦香後，再淋上煉乳，吃起來每口都好甜蜜，也可以加入雞蛋或淋上巧克力醬等，變化很多。

油條Pa Tong Koo
泰國油條比較短，口感厚實一些。通常搭配豆漿、咖啡一起吃，或是只沾香蘭葉醬、砂糖。

烤吐司
泰國人喜歡吃甜的烤吐司麵包當點心，簡單的白吐司加上糖、奶油或者咖椰醬、香蘭葉醬等抹醬，就足以讓人很滿足。

泰式奶茶
Cha Yen、咖啡Ka Fae
熱熱的紅褐色茶湯或咖啡加上煉乳、牛奶和很多冰塊，香甜好喝。

啤酒
泰國兩家大品牌，Singha和Chang是泰國銷量較高的酒類飲品，後者口感較強烈，前者則外銷出口最多。

果汁、冰沙
熱帶國家水果產量豐，新鮮果汁到處都看得到，尤其炎熱的泰國，多了現打水果冰沙的消暑選擇。

草茶
泰國也有各式草茶，在夜市路邊攤都有大部份是解熱涼品，像是深綠色的Bai Bua Bok、淺褐色的Nam Ma Dum、深褐色的龍眼等。另外，像是近年紅到台灣的蝶豆花(Butterfly Pea，泰文發音Dok Anchan)茶，一般情況下是藍色，加入檸檬汁後就會變成紫色，也可以買蝶豆花回家自己泡茶。

泰國超市超商速查寶典

吃的用的都好買

到泰國最大的樂趣之一，就是到超市、便利商店、藥妝店或百貨、夜市等地方逛街購物，從零食、飲料到藥妝、保養品，總有這麼多五花八門的小東西讓人愛不釋手，而且價格便宜，即使不是當地特產，價格可能不到台灣的7折，總能令人大呼買得好過癮。

零食・飲料

TASTO薯片
TASTO是泰國的本土品牌，口味選擇雖然比樂事少一些，但也值得一試，像是咖哩螃蟹和泰式酸甜魚。

皇家牌蜂蜜
同樣出自皇家牌的蜂蜜，品質有保障，價格也很實惠，分為小條裝和玻璃瓶裝兩種。小條裝的設計使用很方便，送禮自用都可以。

買物小提醒
本篇介紹的商品，購買時需衡量自己身體或肌膚狀況，若要買食物類的商品返台，要留意是否為通關禁入品；液體商品超過100ml一定要放在行李內拖運。

Bento超味魷魚片

超受歡迎的Bento超味魷魚片有分3種顏色3種口味：橘色是麻辣、紅色是甜辣、藍色是蒜辣，不管哪一種，辣味是一定有的，而且是愈吃愈辣，令人大呼過癮。

小老闆海苔

泰國有好幾個不同的海苔品牌，最多台灣人知道的當屬「小老闆」這個牌子，炸得香酥嗆嘴的海苔有燒烤、嗆辣、蒜味等口味選擇，有大家熟悉的片裝，也有做成3小捲一包的海苔捲。

超市·超商·便利店
好好逛

在泰國超市、超商或便利店，每家商品各有千秋，逛起來樂趣不同。

Big C
供應許多量販包，尤其是零嘴和飲品，分送公司同事最適宜；而且如果一次購物超過2,000泰銖，還可以申請退稅。

Lotus's
前身為Tesco Lotus，2021年重塑品牌，成為Lotus's。在泰國分店很多，商品價格也很便宜，如泰式料理調味醬包價格超低。

Tops
本地商品多，蔬果等產品都有高品質。

Gourmet Market
進口商品多，推薦本地有機草本用品，便宜又環保。

Boots·7-11
當然也有不少有趣的商品，旅行隨身用品最好買。

老大哥花生豆

有鮮蝦(Shrimp)、海苔芥末(Nori Wasabi)、BBQ、咖啡(Coffee)、雞汁(Chicken)、椰漿(Coconut Cream)等多種口味，因為價格便宜又好吃，也成為大家喜愛的零食，只是因為占行李空間，比較不好攜帶。

Doi Tung咖啡及夏威夷豆

皇家計畫推出的品牌，讓泰北山區居民學種茶、咖啡、夏威夷豆和其他農產，商品種類更發展至服飾、陶瓷等。其中咖啡和夏威夷豆都是很實在的伴手禮，有咖啡豆和濾掛式咖啡等，夏威夷豆則有多種口味可以選擇。

Doi Chaang咖啡豆

同樣出自泰北村落的有機阿拉比卡咖啡豆，從種植、摘採、烘焙完全人工處理，售價符合公平交易認定，咖啡風味也備受肯定。

Pocky餅乾棒

香蕉巧克力和牛奶最受歡迎的口味，此外，還有芒果、玉米濃湯、藍莓口味可以選擇，是很受歡迎的小伴手禮。

PRETZ餅乾棒

泰國東北的打拋豬肉(Larb)香辣又下飯，這款日式餅乾棒加進這種泰國風味，香鹹微辣，別有一番特殊滋味；另外還有有起士(Cheese)、吐司(Roast)、奶油玉米(Corn)、比薩(Pizza)、焦鹽(Fried)、酸辣蝦湯(Tom Yum)……多種口味。

老船長喉糖
Fisherman's Friend

老船長喉糖雖然不是泰國的品牌，但因為在泰國買便宜，口味選擇也比較多，例如有櫻桃、柳橙、辣味、薄荷、藥草、檸檬……因此許多人來泰國也喜歡帶上幾包。

皇家牌牛奶片

超受歡迎的牛奶片，有原味牛奶和巧克力牛奶兩種口味，很多人喜歡買來當零嘴吃。也因為價格便宜，不少人一買就是好幾十包，掃貨完全不手軟。

Entrée肉紙

薄如紙張的肉紙，吃起來香脆好滋味，有原味、日式手捲、蒜味和泰式辣醬等口味。

仙楂丸

生津止渴仙渣丸也是在泰國旅行的良伴，尤其是搭車或口渴卻暫時無法喝水的時候（怕找不到廁所），可以含一兩顆在嘴裡解渴。

超商美食推薦

除了購買零食、伴手禮之外，泰國的超商還藏著不少加熱即食的美味餐點，像是7-11有泰國風味的微波便當，現做的熱壓吐司等，種類非常多元，可以找到打拋雞肉飯、蝦子煎蛋飯、泰式風味炒飯、炒粄條等，味道也不會令人失望，不過餐點份量都不大，適合作為宵夜或點心。

皇家牌水果乾

包括草莓、芒果、芭樂、番茄等水果乾，有大包和小包兩種包裝。其中最熱賣的草莓果並不是完全乾燥，吃起來有點濕潤，還有點QQ的口感，香香甜甜的很好吃；另外，芒果口味也很受歡迎。

樂事薯片

泰國的樂事薯片有許多「泰國限定口味」，像是2in1烤蝦&泰式海鮮醬、船面、東北涼拌酸辣豬肉、辣炒螃蟹……咦這怎麼看起來好像哪家餐廳的菜單？

泰國啤酒

最有名的兩大廠牌就是大象牌(Chang)和獅子牌(Singha)，和台啤一樣走順口路線，其中Singha比較受本地人歡迎。

雀巢即溶泰式奶茶

如果懶得自己煮泰式奶茶，那也可以直接買雀巢泰式奶茶回家，直接沖泡即可飲用，既方便又好喝，相當受到歡迎。

白蘭氏馥莓飲

據說白蘭氏馥莓飲喝了有美妍、抗老的功效，因為在泰國買價格便宜很多，許多愛漂亮的人可是天天買來喝。

白蘭氏燕窩

因為在泰國有設廠，白蘭氏的產品在泰國買相對也比在台灣便宜一點，這款燕窩也是經常被人口耳相傳必帶的好物。

手標泰式茶

標籤上舉著大姆指說讚的手標泰式茶，是當地最有名的茶葉品牌，許多人非常喜歡泰式奶茶的香味，如果想要回台灣自己做，可以買一罐手標泰式茶回家自己煮，煮好茶後再加入糖、煉奶和冰塊，就成為一杯香濃的泰式奶茶

食材·料理

泡麵
泰國泡麵的不見得比台灣精采，但口味卻是台灣沒有的泰國風味。酸辣蝦湯、打拋等各式嗆辣調味，足以挑戰所以嗜辣者的味蕾。其中MAMA是泰國最知名的泡麵品牌。

調理包·湯塊
想要在家大啖泰國料理，最簡單的方式就是買現成調理包或是湯塊，不用自己搗香草、調味，只要準備食材，就可以煮出道地酸辣蝦湯或綠咖哩。

美妝·藥妝·芳療

蕊娜制汗爽身噴霧、香體露
雖然在台灣也買得到，但泰國的價格大概是台灣的7折左右，因此很多人也會專程去掃貨。

阿公、阿婆牌肥皂
可愛的懷舊包裝，光看就覺得可以洗得很乾淨。阿公牌肥皂用起來泡沫柔細，帶著一點草本和樟腦油的淡淡香氣，阿婆牌標榜可以使皮膚細緻，但得視個人皮膚狀況而議。另一個阿公牌牙粉，也在超市架上，味道很像加了藥草的海鹽，非常苦澀，但用完感覺牙齒好像真的很乾淨。

MAITHONG草本香皂
這家品牌的草本香皂似乎很受日本遊客的青睞，尤其是山竹香皂，在店頭放置有日文標注的最人氣商品字樣，其他還有薑黃、香茅、蘆薈、米等不同素材選擇。

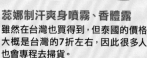

青草膏
抹起來涼涼的很舒服，主要是以對付蚊蟲叮咬和小擦傷、淤血，有分大、中、小不同尺寸，小的可以隨身攜帶，中或大的買起來比較划算。

五塔油
跟青草膏有類似功效，據說被蚊蟲叮咬、肚痛悶脹、頭痛頭暈或是跌倒受傷，都可以派得上用場，是長輩經常交待要買的傳統商品。

Counterpain止痛藥膏
Counterpain因為對肌肉酸痛緩解效果不錯，而且有分藍色超涼型、紅色溫熱型及新推出的金色強效型不同選擇，也曾風靡好一陣子。

上標油
成份有薄荷冰、肉桂、薄荷油、丁香和樟腦等，主治蚊蟲叮咬、肌肉痠痛和跌倒挫傷。

虎標萬金油、貼布
據說可舒緩肌肉疲勞、肌肉酸痛、消除緊張，同樣是很多長輩喜歡的實用伴手禮，有萬金油和貼布兩種選擇。

金杯油
據說適用跌打損傷、傷風感冒、蚊蟲叮咬等症狀，一般超市、藥妝店或傳統藥局都買得到。

Supaporn Herb護膚粉
Supaporn Herb產品多半和阿公、阿婆肥皂放在同一區，有臉部去角質、全身去角質、敷臉粉等，標榜天然、價格便宜，許多人喜歡它獨特帶著香蘭葉的淡淡香氣。

蛇牌爽身粉
老牌的爽身粉是夏天消暑最家良伴，以天然草本製作的爽身粉，沐浴後使用，超級涼爽、淡淡的香氣聞起來舒適、清新。現有經典玫瑰(Classic)、薰衣草(Lavender)、抗菌(Anti-Bacteria)、清涼粉紅(Cool Pink)、清新海洋(Ocean Fresh)、草本(Active Herbal)……不同香氣可供選擇。

檸檬葉護髮素
用泰國檸檬葉(Kaffir Lime Leaves)製作的護髮素，據說有保養頭皮的功效，香氣有點嗆鼻，但使用過後頭髮會比較柔軟、不易掉髮。效果視個人膚質而異。

Snail White蝸牛霜
泰國人熱愛美白，逛藥妝店總能看見不少美白產品。Snail White就是其中非常熱賣的一款，標榜美白效果，在各大美妝店、超市都能買到。不過有些人對產品成分有疑慮，購買前可以多留意。

提神薄荷棒
這在氣候炎熱的泰國超好用，沁鼻香氣，聞了還真的提神醒腦、清肺涼喉。味道各有特色，有些加了草藥；POY-SIAN這個牌子還在尾端多加了開口，讓你不只能聞，也可直接擦在太陽穴或人中。

Mistine眼線液
Mistine是泰國的開架式彩妝品牌，其推出的眼線液出水量適中，且防水、抗暈染的效果也很不錯，深受女性消費者好評。另外，該品牌推出的眉筆、睫毛膏也都各有擁護者。

Sabai Arom護手霜
雖在Boots販售，但是是道地的本土品牌，萃取自雞蛋花、木瓜、茉莉等的產品舒適清爽，聞起來有淡淡的泰國系花果香。

高系數防曬乳液
在東南亞旅遊一定要記得塗上防曬油，特別是在泰國這個地方，容易買得到防曬系數高達SPF130的產品，令人驚喜。

ele面膜
同樣在泰國大熱賣的晚安面膜，而且紅到台灣也有廠商引進。睡前敷上，據說就有美白、保濕的效果。

傳統伴手禮與可愛雜貨

泰絲製品
質地光滑、色澤鮮麗的泰絲製品是泰國很具代表性的工藝品，除了在知名品牌的泰絲專賣店，如Jim Thompson，也可以在市集、夜市尋找到質感不錯的泰絲製品；配色精巧的泰絲抱枕就是很不錯的實用選擇。

藥草球
用棉布裹起數種香草後蒸熱，按摩時香氛迷人，舒緩身心。不論是Spa用品店或路邊攤都可以買得到。

泰國陶器
在泰國街頭或週末市集，可以發現不少賣有自家燒製青瓷和陶器的小店，圓潤質地很受遊客的歡迎，價錢也合理到令人開心。

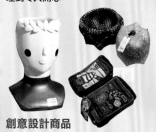

創意設計商品
不管是商場內的創意品牌，或是市集中的自創品牌小店，常常都能找到別具創意的設計商品，種類包括生活家飾、服飾、配件等都有，讓人大呼好有趣！比如BACC內的商店、ICONSIAM和Siam Discovery裡的ICONCRAFT及ODS，逛逛百貨公司或市集，會發現處處充滿泰國人的豐沛創造力。

泰北少數民族風織品
泰北少數民族的布織品用色大膽鮮豔，無論是拼布、十字繡或其他針織加上藍染圖騰，都有強烈的在地風格，像是細膩的竹編小籃、亮眼的手作手機袋、布包甚至短靴等，都可在清邁當地搜尋到。

大象設計小物
五彩繽紛的大象杯墊、揹著可轉動日期的小方塊的大象、舉止神情都不盡相同的陶製迷你象、小象容器等，還有更多以大象為主題的設計小物，不論是織品或陶器，手工都相當細緻，是到泰國必買的伴手禮。

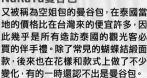

NaRaYa曼谷包
又被稱為空姐包的曼谷包，在泰國當地的價格比在台灣來的便宜許多，因此幾乎是所有造訪泰國的觀光客必買的伴手禮。除了常見的蝴蝶結緞面款，後來也在花樣和款式上做了不少變化，有的一時還認不出是曼谷包。

薰香精油
泰國有許多純天然的精油產品，從熱門的香茅、薰衣草、迷迭香、泰國茉莉到睡蓮到春天、海邊等調和後的香味，聞了令人身心舒暢。百貨專櫃與市集所販賣的精油，因品牌和成分差異而有不小的價差，可以多多比較挑選。

設計T恤
泰國夜市和市集都有許多設計棉T，多彩的圖案、手繪風格的插畫、或是拿英文短句來搏君一笑，男女老少都相當適合穿著，價格平易近人，布料質感卻也不差。百貨裡的當地品牌則提供更精緻的選擇。

清邁
Chiang Mai

8世紀時，原本居住泰國中部的孟族北移到現在的南奔(Lamphun)地區，建立了哈瑞貢差(Haripunchai)王朝的同時，將其皈依的小乘佛教帶往北部，維持了好幾世紀的政教中心。此時在清邁東北方的清盛(Chiang Sean)，另一個城邦儂揚王國(Ngong Yang)勢力漸盛，1259年，明萊王(Mangrai)登基，強勢的領導使得他的王國勢力迅速竄起。

1262年明萊王移往清萊(Chiang Rai) 建都，以其為中心積極地向外擴張領土，不僅兼併哈瑞貢差，和素可泰的藍干亨大帝結盟，更長征緬甸取下部份小國。

在此之際，明萊王仍四處尋找更合適的城市作為首都，試過魏功甘城，但水患過頻，之後尋得山腳下的清邁，水源、木材不虞匱乏，在南蒙王和藍干亨大帝協助下，1296年新首都定都清邁，Chiang在泰文是指城市、Mai是新，新城落定，一統泰北的蘭那王朝(Lanna，意指百萬良田國)也就此展開。

爾後的提洛卡拉王(King Tilokarat)將王朝與清邁的宗教、經濟、藝術也發展推向頂峰，領土擴及中國雲南南半部、南接素可泰，可惜在他過世後，王朝不保、重諸侯內鬥，蘭那陷入緬甸乘虛攻堅、連續將近200年殖民與戰火不斷的日子。直到1774年，清邁反抗成功，逐步收回失土，並於1796重建清邁，維持獨立統治到1932年才成為泰國的一府。

清邁交通全攻略

清邁雖有國際機場,但從台灣直飛的班次有限,因此不少人會選擇從曼谷出發,利用國內班機、鐵路或長途巴士前往清邁;至於清邁當地少了捷運、地鐵和船運系統(雖有公車但班次極少),主要的大眾交通工具是充滿當地風味的雙條小巴,其他就要靠嘟嘟車或計程車行動了。不少人也會選擇租借自行車或摩托車,價格相當合理。

如何前往清邁

➜飛機

目前從台灣到清邁的直飛航空公司有長榮、亞航等,由曼谷轉機的航空公司有中華航空、泰國航空等;若由曼谷前往,則可搭配Nok air、亞航、曼谷航空等不同的航空選擇。可以依預算、起飛機場等不同的條件,選擇最適合自己的航班。

➜火車

可於曼谷華藍蓬車站搭火車前往清邁,每日有5班車,依速度分為SP.(special express,特快)、EXP.(express,快車)、RAP.(rapid,快速),時間約為11~15小時,車票則依是否有冷氣、是否為臥鋪由230~2,446B不等,一般選擇價格與空間兼顧的二等空調車的旅客較多,價格約為638~1,038B。

當地的旅遊資訊就交給TAT

清邁泰觀局(TAT)不但提供地圖與各地觀光資訊,也有會說英文的服務人員。

⌂ 105/1 Chiang Mai-Lamphun Rd.
☎ 248604
◷ 週一至週五8:30~16:30

➜長途巴士

由曼谷北線巴士總站前往約9~11小時,若搭乘夜行巴士,剛好睡一晚在清晨抵達。
⌂ Kamphaengphet2 Rd.

前往清邁市區

由機場、火車站或長途巴士總站前往市區都有一小段距離，遊客可利用雙條或嘟嘟車轉進市區，在巴士站還多了載客摩托車這項選擇，另外機場有排班計程車計程車約150B起，雙條或嘟嘟車約100~150B(可議價)，由長途巴士總站出發的載客摩托車約40~50B。

➡️RTC循環巴士RTC Chiang Mai City Bus

RTC循環巴士共有3條路線——24A(紅線)、24B(黃線)和24C(綠線)，從清邁機場出發，環繞古城區，行經四大城門清、尼曼明路、塔佩路、瓦洛洛市場、清邁火車站、巴士總站等地，每日約8班。

🕗8:00~21:00，可透過「ViaBus」APP查詢巴士動態
📞0627911649
💲單程全票50B、22寸以上行李每件30B，可在巴士上購買車票
🌐rtc-citybus.com

清邁市區交通

➡️雙條 Songthaew

清邁的雙條行經路徑大致固定，但因為看不出路線，也沒有站牌，所以想搭車時，先招呼司機停車並詢問目的地，會到的話再搭乘，下車時可以按鈴停車或請司機提醒。古城區與塔佩路附近範圍，車資約30B起，欲到外圍地區可

以包車，但一樣得先講好價錢。

➡️計程車

在清邁計程車的跳表起價為40B，但跳表的計程車並不多，大部分仍須講價。在市區範圍內，合理價格約50~60B。另外也可使用「Grab」的服務，以手機APP叫車，既方便也不擔心司機繞路。
🌐www.grab.com/th/en

➡️三輪車、嘟嘟車

車資均須議價，三輪車約20~30B起、嘟嘟車約100B起。由於清邁的西方遊客多，司機大多略通英文。

➡️自行車、摩托車

古城區東面的塔佩門到護城河兩側有不少租車行，也可以詢問入住的旅館租車資訊。租界摩托車須押護照，通常100cc的車一天租150~200B(含保險費200B起)，油費另計，還車時的油量也需照店家規定。另外，警察時常臨檢，一定要備妥國際駕照，勿存僥倖心理。

若租借腳踏車，一天約50~100B。

➡️雙腳

清邁這個觀光大城內，市區說大不大、說小也不小，體力足夠的話，各區域的主要景點都可以步行到達。要注意的是，分小區域規劃勿貪心，尤其清邁交通路口有時要繞一圈才能過馬路、單行道死巷也特別多，你以為的對面而已，可能要繞一大圈才到得了。

清邁特色節慶活動

每年冬季來清邁，可說是最好玩的季節，氣候舒適外，節慶更是一個接一個不停歇，即使整天在戶外跑攤這些節慶，也不會覺得酷熱難耐。

其中最不可錯過的便是清邁水燈節，你可以花錢買票去參加郊區的水燈節特別活動，也可以不花錢在老城區內參與各式水燈節活動，宛如過年般氣氛，天天都精彩。

清邁水燈節
Chiang Mai Yee Peng Festival

水燈節(Loy Krathong)源自素可泰王朝(Sukhothai)的一位王妃,她為了撫慰在雨季水患受農損之苦的農民們所想出來的儀式。透過將水燈放入河中表達對河神的感謝,也展現出千百年來人們與河川的深厚情感牽繫,舉辦期間在舊曆12月的滿月,西洋曆的10~11月左右,大約是雨季和守夏節結束之後。

水燈節可說是泰國除了新年潑水節之外,最美麗浪漫的傳統節慶之一,雖然全國各處都會舉辦水燈節,但又以曼谷、清邁以及發源地的素可泰最值得特別前往。各地因地方習俗不同、在活動舉辦及氛圍也會有所不同,像是清邁的水燈節又稱「Yee Peng Festival」,Yee Peng指的是2月,會有數千紙燈飛向天空的醉人景象,後因全國統一時間,而改到12月。而且清邁連續3天的水燈節期間,也會有各式與其他區域不同的活動舉辦,趕快來看看清邁水燈節的亮點吧。

◉每年11月下旬,為期2~3天(以舊曆12月滿月為準,每年洋曆時間稍微不同)
◉塔佩門、濱河、老城區各處(每年依活動不同,地點也會變動)
🔗www.tourismthailand.org/Home

從塔佩門走到濱河畔大約20分鐘，沿途很多攤商可逛，到了濱河畔，更是小吃攤聚集。

放水燈‧放天燈

⌂濱河為主 ❶官方也另在郊區舉辦水燈之夜，集合表演、美食、誦經、放水燈外，更以集中施放數千天燈，氣氛最嗨，可透過各旅行社報名繳費

水燈節的重點當然是放水燈，傳統水燈是以芭蕉樹幹橫切段為基底，用芭蕉葉、鮮花當作裝飾，中央插上香、燭，祈福祝願後放水流，象徵送走厄運，準備迎接新年豐收。清邁因為有濱河(Ping River)貫穿市區，因此濱河也成了施放水燈最主要的區域，此時清邁各處的居民都會扶老攜幼，拿著水燈散步到河濱施放，看著一盞盞的水燈，在黑夜的河中帶著人們的祈願，流向遠方。而此時抬起頭，在濱河的橋上，陸陸續續一盞盞的天燈也帶著人們的願望，隨風緩緩飄向夜空，宛如萬星照耀，整個清邁的夜晚顯得格外浪漫。

[水燈哪裡買？怎麼施放？]

任何人都可以自由施放水燈，而水燈也到處都買得到，整個清邁到處都會看到人們在街頭製作水燈販售，古城區裡雖然很多攤子，但買了以後要拿著到30分鐘徒步外的濱河畔放流，建議其實走到濱河再買也可以，那邊選擇反而更多也更便宜。一般水燈大約都基本會有香跟蠟燭，有些甚至會加上仙女棒，跟攤商借個打火機把所有都點上，找個施放點、雙手捧著水燈默念願望後，再將水燈放入水中即可，別管語言問題，反正心誠則靈。

❺水燈20~50B不等
❶也會有舉辦DIY水燈製作活動，不妨注意看看。施放水燈務必注意安全，注意別滑落河中

帕邢寺的燈籠區
又大又美，形成壯
觀的燈籠隧道。

市區、古寺各處都懸掛燈籠，入夜夢幻又美麗

🏠清邁市區各處、佛寺 💲燈籠一個約100B

　　水燈節期間，整個清邁市區不論佛寺、商店，甚至一般民家都會掛上七彩的燈籠裝飾，讓整個清邁市區充滿節慶氣氛，尤其是佛寺裡，更是最美的燈籠集中區，因為此時佛寺也會開放、任何人都可買一盞燈籠懸掛在寺院裡，有點像台灣點光明燈的用意。這些造型優美的七彩燈籠，白日隨風飄揚、姿態優雅，入夜後燈光亮起，則又是另一番浪漫夢幻景致。而燈籠的顏色也代表星期每天不同的顏色，不彷買盞自己出生的代表色，許個願掛上去吧。

舞台主活動區──塔佩門

🏠塔佩門 ❗淺眠的人建議水燈節期間，飯店選隔音好一點的

不論每年水燈節活動無論怎麼變化，塔佩門幾乎都是節慶的主場定番，遊行也大都從這裡出發，這裡的廣場會在活動前一日就架設好舞台區、各式燈籠意象展示、牌樓等，舞台區天天晚上都有活動展開，不論是傳統歌舞、流行演唱等，通通在此，連續數天，讓水燈節活動充滿熱鬧氣氛。

除了舞台活動的熱鬧喧囂，水燈節期間，更是當地民眾施放煙火慶祝的日子，幾乎整個城郊外的煙火整晚不絕於耳，從入夜施放到深夜2~3點沒停過，宛如台灣農曆春節般熱鬧。

> 各式放大的巨型燈籠，在廣場上展示，成了拍照打卡好去處。

古佛寺光雕秀&水燈花車遊行

每年的水燈節活動除了放水燈、天燈、表演、花車遊行是定番節慶活動，也會每年新增添不同型態節目，2023年就增加了光照柴迪隆寺佛塔的光雕活秀活動，位在古城區中心位置的柴迪隆寺，巨大的古佛塔成了光雕秀的最佳場域，利用光雕聲光秀，將佛塔塔尚未傾圮的原貌與歷史，透過15分鐘左右的演出來呈現，即使聽不懂內容，但光看光雕秀精彩演出也值得。而花燈遊行則是水燈最後一天晚上展開，從塔佩河出發往濱河，沿途滿滿的人潮，將最後一晚節慶氣氛推向最高點。

由於2~3天水燈節各式活動不少，如果一個都不想錯過，最好好好規劃一下動線與時間分配，將水燈節玩滿、玩飽。

彩繪大象巡遊盛典
Elephant Parade Chiang Mai

　　由Elephant Parade舉辦，總共超過50隻華麗的彩繪大象，在清邁市區各熱門景點駐點，透過活動提醒大象的保育並實際以金錢支持大象福祉。由於每年活動時間幾乎涵蓋了熱鬧的水燈節，因此當觀光客們在清邁各處歡樂慶祝水燈節的時候，總會不經意地在各個角落，發現一隻全身彩繪滿各式圖案的可愛大象，有著站的直挺挺、有的耍脾氣般地賴坐著，不論姿態怎樣，萌萌的大眼，就是可愛！來自清邁及世界各國不同藝術家的創意，這些大象姿態各異、圖案創意也很吸睛，每年年底拜訪清邁時，不妨順便收集一下這些可愛大象的身影喔。

◎每年 11~1月 (每年時間稍不同) ◎清邁各主要景點及酒店
🌐www.elephantparade.com

同場加映，年底一堆節慶等你來參與

　　每年11月到隔年2月，清邁的暑熱下降、溫度來到涼涼的25度上下，可說是清邁一年四季最舒適的季節，更是清邁的旅遊旺季，此時除了有人潮洶湧的水燈節展開外，許多節慶活動也一個接一個拉開序幕，不論來清邁幾天，你總有機會遇上幾個。現在就趕快再補充一下資訊站，除了水燈節、大象巡演之外，還有哪些活動可以參加。

清邁·設計週 (**Chiang Mai Design Week**)
◎每年 12~2月(每年時間稍不同)
◎清邁 TCDC、古城內各處、文化中心等
🌐www.chiangmaidesignweek.com/en/cmdw2023
清邁·爵士音樂節
（**Chiang Mai Street Jazz Festival**）
◎每年11月底~12月初(每年時間稍不同)

來自台灣的藝術家，在巷弄街角展現屬於台灣的文化創意。

◎清邁文化中心、爵士酒吧等
🌐chiangmaijazz.com
清邁·*nap創意市集
（**Nimman Art & Design Promenade**）
◎每年12月上旬(每年時間稍不同)
◎尼曼明路靠近one nimman區域
🌐www.facebook.com/NapNimmanSoi1

清邁必逛市集

在清邁的市集、夜市之中,最著名的是兩大週末步行街、清邁夜市區,另外還有客群為年輕人的清邁大學夜市、傳統的Warorot Market,以及主打創意市集的Baan Kang Wat週日市集、真心市集Jing Jai Market裡的Rustic Market等,不管你喜歡哪種類型,通通都有得逛。提醒大家,以下介紹的市集開放時間不一,大多數是在週末舉行,安排行程時可以多留意。

雖然和曼谷夜市的貨品不盡相同,但部分商品的價格較曼谷更便宜。

每天營業的大型夜市區

●清邁夜市區●

清邁夜市
Chiang Mai Night Bazzar

綿延700公尺長的清邁夜市,遍布街道兩側的攤販不說,還有一、兩棟購物商場,而且每天晚上都有營業,隨時來都能消磨許久。泰北以木雕聞名,商場內有不少木雕店,其他包括藺草編織手提袋、相框、泰北織品等手工藝品都是物美價廉。本區可逛的區域主要有Kalare Night Bazaar、清邁草垛夜市、Anusarn Market等等,吃買都應有盡有。(清邁夜市見P.135)

🚩別冊P.6D4 🚖從清邁機場搭車約12分鐘 🚏從塔佩路和Chang Klan Rd.交叉口,一直到Sridonchai Rd.與Chang Klan Rd.交叉口,約700公尺的區域 🕐約18:00~23:00

●濱河沿岸●

**熟食花果
零食通通有**

Warorot Market

　　Warorot Market位於濱河邊，是清邁市區的花果市場，白天市場內還有很多熟食攤，像是現烤泰北香腸、咖哩麵現在這裡都能嘗到，另外如果想採購各種泰式零食、乾貨，這裡的價格也很公道。另外，大約17:00之後市場周邊會開始擺滿路邊攤，可以找到許多傳統小吃。(Warorot Market見P.147)

🚶 別冊P.6F2　🚶 從清邁夜市步行約8分鐘
🕐 04:00~18:00 (各店不一)

可以採買零食乾貨的傳統市場，晚上周邊還有路邊攤區。

●清邁夜市區●

**市中心的
手創市集**

白色市集
White Market

　　這個只有五六日才開張的白色市集，就緊貼著尼曼一號購物中心外圍，對於喜歡逛文創市集、但JJ真心市集也不是天天有，那麼這個小型市集，就能多少補充遺憾。跟真心市集風格類似的這裡，規模雖不若真心，但各式攤子匯集了服飾、包包袋子、帽子、手工飾品、咖啡、鞋子等，品項也是應有盡有。(白色市集見P.149)

能找到些質感兼具的商品，這裡也很好挖寶，價格也都非常平實。

🚶 別冊P.8B1　🚶 ONE NIMMAN購物中心建築外圍　🕐 1/4-1/5,1/7-1 10 Nimmanahaeminda Rd.　🕐 週五至週日15:00~22:00

●古城區●
Lanna Square

悠閒的露天
音樂美食區

2023年才新加入美食戰區的Lanna Square，不同於夜市裡的吵雜美食區、或是擁擠的餐廳，這裡宛如無人知曉的天地般，舒適又放鬆充，許多外國人都愛來此用餐放鬆聊天。四周由大約30個美食攤位所圈起的中庭內，放滿矮桌椅，三五好友或一個人，都能在這裡享受音樂放鬆用餐，

是想遠離街上人潮的好地方。(Lanna Square見P.107)

🅰別冊P.4E3 🅿從塔佩門步行約9分鐘 🏠5 Ratvithi Rd.
📞4090000 🕐17:00~24:00

週日步行街很有人氣，晚餐時段前後的人潮幾乎可用摩肩接踵形容。

●古城區●
週日步行街
Sunday Walking St.

清邁最有人
氣週末夜市

Ratchadamnoen Rd.是清邁古城裡的主要道路，街道兩側開了許多餐廳、商店和旅館，週日傍晚更搖身一變，成為只限行人徒步的熱鬧市集，被大家稱為「週日步行街」(Sunday Walking St.)。不只道路兩旁有攤商，街道中央也有攤子進駐，有吃、有買，也有按摩；商品從市場雜貨到獨立創作的生活小物、衣飾都有，美食的選擇也很多。(週日步行街見P.88)

🅰別冊P.7 🅿從清邁機場搭車約10~15分鐘 🕐週日約
16:30~24:00 (各店不一)

●古城區●
週六步行街
Chiang Mai Walking St.

沒落銀街
週六變夜市

打銀街曾是進出清邁門的重要商道，街上更曾充斥銀器店，但因週六步行街固定在打銀街上開市。約莫從17:00開始人潮湧進，由於在地人多，目前攤商的售價與物品都比觀光夜市來的有趣且便宜，有一些年輕人自己設計商品擺攤，像是背心、泰北風手帕等基本款商品價格都很低，小吃攤的價格也是在地消費。(週六步行街見P.124)

🅐 別冊P.5 D5　🚗 從清邁機場搭車約10分鐘　🌐
Wualai Rd.　🕐週六16:00~23:00(各店不一)

●古城區●
週五跳蚤市場
Flea Market Friday

週五古城內
也有夜市

週五古城內也有市集可以逛，攀安寺旁的「週五跳蚤市場」從下午一直營業到晚上。雖然中文翻譯是跳蚤市場，但其實販售的商品與一般市集無異，主要販售木雕、藝術創作、布包、服飾、配件等等，另一頭還有小吃攤及座位區，可以坐下來享用美味小吃。(週五跳蚤市場見P.090)

🅐 別冊P.4E3　🚗 從清邁機場搭車約10~15分鐘　🌐位於攀安寺外圍　🕐週五下午至晚上

夜市消費群主要是大學生，真是便宜又好逛！

●古城周邊●
清邁大學夜市

流行又便宜
的好貨

清邁大學Huey Kaew Rd.的大門對街，規劃了一區夜市，由於消費群多半是清邁大學學生，無論小吃或是衣飾商品都非常便宜，而且當季流行什麼都能一目瞭然。(清邁大學夜市見P.187)

🅐 別冊P.9D2　🚗 從清邁機場搭車約20分鐘　🌐Huey
Kaew Rd.(清邁大學對面)　🕐17:00~23:00

●古城周邊●

藝術村的週末創意市集

Baan Kang Wat 週日文創市集

　　Baan Kang Wat藝術村位於西區近郊的佛寺Wat Ram Poeng後方，這裡進駐了幾間工作室、咖啡館、商店及書屋，如果想選最佳時段逛Baan Kang Wat，不訪選在週日來訪。多樣豐富的攤位從清邁當地有機小農蔬果、手工特色甜點、現場手沖咖啡、小吃，以及設計服飾、包包、創意手作飾品等都可以在這裡發現，價位也相當親民。(Baan Kang Wat 週日文創市集見P.172)

🕐別冊P.9A3　🚌從清邁古城搭車約15~20分鐘　🏠191-197 Moo 5 Suthep Rd.　🕐週日8:00~14:00　🌐www.facebook.com/marketbannkangwat

Note a Book販售的手工手帳，可自行選擇喜歡的封面，店主還蒐集了世界各地的印章，讓客人現場自由創作。

清邁當地小農販賣有機蔬菜。

清邁藝術家的設計明信片和畫作。

想感受文青風、想感受宛如泰版小樽運河風情，務必前來一探。

浪漫的水濱市集

●古城周邊●

湄卡運河市集
Khlong Mae Kha

除了磚牆上色彩繽紛的可愛塗鴉，還有廢棄物的創意裝飾，處處都是拍照打卡的角落。

　　距離老城區南端車程大約5分鐘的湄卡運河，過往在這個老社區中被當成排水溝般排放廢水，曾經髒臭的運河，在歷經政府與民間共同努力、2022年變身成一處清新的老屋運河散步道。每日傍晚時分河岸兩側溫柔燈光亮起，沿著河道兩側還有綿延的各式店鋪、小吃等市集開張，精采程度不輸老城內的週日市集，而且這裡質氣氛感更加悠閒，也很推薦。(湄卡運河市集見P.179)

🅐別冊P.4E5　🅟從清邁門步行約15分鐘　🅠9 Sridonchai Rd.　☎7908058　⏰市集16:00~22:00(部分店鋪早上即開始營業)

> 這裡也會舉辦不同主題的市集，可以期待FB粉絲專頁的公告！

> 農夫市集和文青市集一次滿足

●古城周邊●

真心市集
Jing Jai Market Chiang Mai

　　真心市集位於清邁古城區北方，這裡平常就是一個小商圈，聚集了餐廳、咖啡店、甜點店、服飾店等。除了有Farmer's Market(農夫市集)販售有機農產品，最受遊客歡迎的是Rustic Market，可以在這裡找到創意商品、服飾、生活雜貨、理髮攤位，還有賣相及口味俱佳的小吃。(真心市集見P.175)

🏠別冊P.4E1　🚌從清邁古城搭車約5~10分鐘　🕐45 Assadathon Rd.　週末市集6:30~15:00；商圈店家約每日8:00~21:00(依各店而異)　www.facebook.com/jjmarketchiangmai

清邁必去咖啡廳

到清邁旅遊，喝咖啡可以說是必備行程！找間舒服的咖啡館待著，喝杯好喝的單品咖啡或特調，都是極為愜意的一件事。除了位於古城、尼曼明路一帶的咖啡店之外，近年來大家越來越流行向近郊找咖啡，在大片森林綠意環繞之下，悠閒品咖啡。

MaliPai Roastery & Café的戶外座位區。

每個角度都能欣賞到自然景色

●古城周邊●

MaliPai Roastery & Café

同樣位於古城近郊的MaliPai Roastery & Café，有著獨特的尖屋頂外觀，內部則有如玻璃溫室一樣的室內區及寬敞的戶外庭園，每個角度都能欣賞到外圍的自然景色。店內採用自家烘焙的咖啡豆，並提供每日手做甜點，家具挑選上也別具巧思，令大家都能放下匆忙的生活步調，在此悠閒地喝上一杯咖啡。

🌿 別冊P.9A3 📍34 Soi 13, Tambon Suthep, A.Mueang ☎0891918201 🕐9:00~17:00 休週一 ⓕ
www.facebook.com/malipaiadmin

●尼曼明路‧濱河沿岸●

GRAPH

突顯泰北咖啡豆的獨特個性

GRAPH為極簡風格的咖啡廳體系，店裡咖啡使用泰北湄宏順和清萊所產的咖啡豆，手工研磨，以不同的口感層次，突出每一款咖啡豆的獨特個性。店名以GRAPH的折線之意，象徵人生的起落無常，但只要堅定目標，就能在起落間處之泰然。目前GRAPH在清邁共有5間分店，很受歡迎，同時也供應多款特調咖啡飲品。

別冊P.5B2、P.4G3　尼曼明路分店位於One Nimman；濱河沿岸分店177 Charoen Muang Rd. One Nimman分店11：00～22：00；濱河沿岸分店9：00～17：00　www.graphcoffeeco.com

舊倉庫改建的GRAPH ground，簡潔又不失設計感。

GRAPH有多款特調咖啡，每款都會附上介紹小卡。

工業風格與古董老派光暈交錯的……GRAPHcontemporary

位於熱鬧商場裡的GRAPH One Nimman

●塔佩路●
Gateway Coffee Roaster

優雅老屋二樓
上的咖啡館

　　Gateway Coffee Roaster也是GRAPH體系的其中一家，落腳在這棟超過60年的優雅老屋內，雖然在熱鬧的塔佩路上，咖啡館卻是意外的幽靜老派空間。這裡綜合了咖啡館、烘豆空間，更設有一處寬廣的專業咖啡杯測室，所有店內令人激賞的泰北產咖啡風味，都在這裡不斷被品評、測試、完美配比後，才進到前台沖泡提供。

別冊P.P.7B4　Thapae Rd. / Chang Moi Rd Soi 2
9:30~17:30　www.graphcoffeeco.com

從建築形式、材質和陳設，到後來增加的雜貨小店和餐飲，被清邁設計獎評為「極具獨特個性」。

建築師打造的極簡建築

●古城周邊●
The Barn: Eatery Design

　　古城近郊的The Barn: Eatery Design，是一間由幾位建築師DIY建造的咖啡館，在2014清邁設計獎獲頒最佳青年設計師。店內供應的料理之中，最有人氣的包括泰式奶茶及巧克力香蕉派；雜貨區則展售當地年輕設計師的作品。

別冊P.4B4　14 Sriwichai Suthep　0940490294
10:00~1:00　www.facebook.com/thebarnchiangmai

●濱河沿岸●

Khagee cafe

改建自百年老屋的小巧咖啡館

　　Khagee咖啡館改建自一座百年老屋，小小的空間裡雖然只有六張桌子，但來客卻接連不斷；店內由老闆擔任咖啡師，老闆娘負責烘焙，為玻璃箱補上新出爐的麵包，其中，搭配馬斯卡彭起司、香蕉切片和自製野莓醬的香蕉麵包派，是店內人氣品項。

📍別冊P.4F4　🏠29-30 Chiang Mai-Lumphun Rd., Wat Gate　📞0829757774　🕐10:00~17:00　🚫週一及週二　ffacebook.com/khageecafe

店名在泰文裡的意思是「新鮮」，也有生機盎然之意。

另一家Roast8ry Lab為半開放式座位風格，大夥就坐在巷弄邊露臺上享受陽光與咖啡，輕鬆恣意。

●尼曼明路●

世界拉花冠軍

Ristr8to Original／Roast8ry Lab

　　Ristr8to咖啡館絕對是尼曼明路上最不該錯過的一家店，甚至被譽為有全清邁最好喝的咖啡。店主曾於澳洲的咖啡館打工，後來也曾於世界咖啡拉花大賽得名，店內的熱咖啡皆以Doppio Ristretto的方式調製而成。

📍別冊P.8B2、P.8C2　🏠15/3 Nimmanhaemin Rd.　📞215278　🕐7:00~18:00　🌐www.ristr8to-coffee-chiangmai.com

你可以端著咖啡，走進大自然裡享受美好咖啡時光。

顛覆你對咖啡館的想像

●古城周邊●

No.39

　　位於清邁近郊的No.39，建築外觀像是舊倉庫，但內部可是大有玄機！咖啡館周圍是森林綠意環繞，更有一座老闆親手搭建的池塘；不僅有舒適的室內座位區，還有可以享受陽光的臥榻區、復古木屋藝廊、兩層樓高的溜滑梯，通通都是No.39的特色打卡景點，餐點部分除了甜點和咖啡，也提供西式漢堡餐點。

🕐 別冊P.9A3　🏠 Suthep Amphoe Muang Chiang Mai, Chiang Mai　☎ 0868796697　🕐 9:30~19:00　🌐 www.facebook.com/no39chiangmai

●尼曼明路●

人氣打卡純白咖啡店

The Barisotel by The Baristro

每間分店都有著純白空間的The Baristro,可以說是清邁最紅的系列咖啡店之一,目前在清邁共有7家分店。除了在真心市集的店舖之外,在尼曼明路、濱河畔、清邁大學、火車站也都有據點。其中

The Barisotel by The Baristro不只有咖啡店,還包括住宿設施;店內提供多款招牌特調咖啡飲品,像是「Baristro Mocha」和「Black Coconut」等。

🅐別冊P.8B3 🕤7/2 Soi 9 Nimmanhaemin Rd. 📞0818988998 🕗8:00~18:00 🅕www.facebook.com/thebarisotelbythebaristro

The Baristro白色的氣質空間和創意特調咖啡紅遍社群網路。

無論是工作、唸書、聚會、或來享受獨處的人,都能找到適合自己、不被打擾的角落。

融合日中泰美學的雅緻咖啡廳

●古城周邊●

The Baristro Asian Style

The Baristro Asian Style的整體空間只採用原木、石頭、竹子搭配不銹鋼和玻璃,呈現出簡約自然的風格。主理人Tor以挑高的斜屋頂(泰北傳統建)、石砌牆(中式建築)和日式緣側,巧妙地結合了日中泰美學,打造出雅緻的Asian Style咖啡廳。除了常見的咖啡品項、手沖咖啡,這裡也提供其他分店較少見的手刷抹茶,客人可以依照喜好選擇各種等級的抹茶粉。

🅐別冊P.9A2 🏠200 Suthep Rd, Tambon Su Thep, Amphoe Mueang Chiang Mai 📞0924553947 🕗8:00~18:00 🅕www.facebook.com/Thebaristroasianstyle

●古城周邊●

巷弄裡的民宿咖啡廳

Enough for life village

　　隱藏在巷弄裡的Enough for life，外觀第一眼會以為是私人住宅，其實是由咖啡廳、手作店以及民宿組成的「小村莊」。戶外咖啡廳雖然空間不大，但陽光透過樹枝灑下交錯的剪影，甜點和飲料怎麼擺拍怎麼好看。咖啡廳的每張桌椅不是常見的成套桌椅，其中一張桌子仔細一看還是縫紉機呢！(見P.***)

🅜 別冊P.P.9A3　🏠160/7 Moo 5 (in front of Wat Ram Poeng) Soi 7 Dok Kaew　📞0845045084　🔽 8:00~17:00　🈲週一　🌐www.enoughforlife.com

藝術精品般的法式甜點

●尼曼明路●

Saruda Finest Pastry

　　這家法式洋果子店，以甜點型態來說在清邁也算相當稀有，在同類型競爭不多的這裡，但這家法式甜點店的手藝水準，可說真的令人激賞，看著一個個在玻璃櫃類的甜點，宛如精品般細緻可口。不論是做成

一朵花、或是擬真的美味水果外貌、或是宛如一個星球，真的沒有切開的瞬間，都很難判斷入口後將呈現何種驚喜滋味。

🅜 別冊P.8B2　🏠12 Nimmanhaemin Rd.　📞8670868　🔽 10:00~21:00　📘 www.facebook.com/SarudaPastry/

●尼曼明路●

Groon

歐式麵包烘焙坊

以天然酵母製作出一個個風味柔和的麵包與糕點，可以買回家之外，也可以在店內坐下來慢慢享用。這裡以美味的麵包為基底，也變化出一道道豐富

的餐點，豐富的菜單裡有沙拉、各式三明治、鬆餅、蛋糕、義大利麵、咖啡飲品等，可豐可簡，吃得到健康又不過分調味的滋味。

●別冊P.8C4 ●6 Siri Mangkalajarn Rd Lane 7 ● 5824490 ●8:30~17:00 ●groon-cafe-thailand.business.site/

●尼曼明路●

FOHHIDE

俯瞰城市風景的頂樓咖啡館

大片玻璃窗戶的設計，有充足明亮的光線，讓小空間一點也不覺擁擠。

小小的咖啡館，以木作規畫出半戶外露臺區及室內區，走小清新風格，是離開街道車水馬龍、可居高覽景的舒適咖啡館。面對著鄰近尼曼一號購物中心及城市近景，加上橫貫遠方的山脈遠景，光這裡的view就很值錢，而且只需5樓高度就能享有。

●別冊P.P.8C2 ●5F, 14/2 Nimmanhaemin Rd. ● 2365442 ●週一至週四8:00~17:00，週五至週日8:00~18:00

●古城區●

Versailles de Flore

鶴立雞群的歐風咖啡廳

Versailles de Flore周邊環繞數棟融合歐洲文藝復興&泰北蘭納風建築，尤其後院更有一棟宛如聖堂般的精美建築，在素雅的古城中可說是浮誇到令人驚訝。其實這裡是走古典歐風建築風格的5星飯店附設的後花園建築，一旁就是咖啡餐廳，不住在這裡也能輕鬆入內享用。

📍別冊P.P.5C2 🏠225 Sri Poom Rd. ☎3624991 🕐8:00~17:00 休週三

●塔佩路●

Brewginning Coffee

街拍美到爆的人氣咖啡店

位在街角的Brewginning Coffee，這裡幾乎隨時人潮爆滿，老房子夾雜著原始的古樸味道、卻又適巧地被摩登風格所融合，清一色年輕人盤腿選座在自己舒適的角落，幾乎沒有桌子的情況，階梯狀的座位區，是這裡呼應咖啡館logo的顯著風情。老闆的自信的咖啡手藝，吸引來媒體的報導，加上咖啡館色調風格讓街拍美到爆，讓這裡從一大早人潮滿滿、街角總是滿滿咖啡香。

📍別冊P.4E3 🏠260 Chang Moi Rd. ☎1126060 🕐7:00~19:00

運河邊可愛的
迷你咖啡甜點店

●古城周邊●

Slow bar on the way

　沿著湄卡運河而建的
Slow bar on the way，
很難不被這家有著超可
愛外觀、以空心磚砌成
的咖啡甜點屋所吸引，
幾乎走過這裡不管渴不
渴，都想點杯飲料坐在
靠窗口的座位，擺拍各
式文青雜貨風格美照。而店內甜點飲料，簡直更
是佛心銅板價，隨便點都不心疼。

📍別冊P.4E5　📍約在湄卡運河中間位置　☎7546863
⏰9:00~19:00

將地方創生與藝術
工藝活化的發信地

●古城周邊●

Beam&Col. coffee bar

　這裡原本是一處廢棄近50年的製冰廠，在一
群有志一同的藝術家活化後，成為串聯各種工藝
藝術、連接社區&藝術&民眾的開放式窗口。首先
打開的冰工廠1~2樓的挑高空間內，設置了結合
Beam&Col. 咖啡、Green Smoked 餐廳和Bar OT
酒吧的綜合共用空間外，其中一角則是藝廊空
間，每一個轉頭都是不同的風貌與體驗。

📍別冊P.4D5　📍12/8 Wua Lai Rd Soi 3　⏰
9:00~24:00

純白系咖啡館

●古城周邊●

alga.cafe

alga.café的摩登俐落設計，若是光從店門走過，這棟吸睛的純白外觀咖啡館，會讓人以為是一家精品珠寶店，白色格子的圓弧外觀牆壁、裡面圍著一棟四方形的建築本體，光線透過格子灑落咖啡館內，帶來明亮卻不赤熱的柔和光線。

🅐別冊P.5C2 🅖Hussadhisawee Rd. ☎0914565 🕐週一至週五7:30~16:30、週六至週日8:30~17:30

以大片窗景將老城吸入眼底

●濱河沿岸●

Still.Coffee&Life

打開門一走進這間咖啡館，清晨時的陽光從碩大的玻璃牆灑入，時光宛如在此凝結的錯覺。位在中華街、瓦洛洛市場鄰近隱密商場內的咖啡館，與外面街道的紛雜擁擠氛圍，形成極度衝突對比，以一杯咖啡時光凝望老街人來人往也充滿療癒。店內提供咖啡、

茶等飲品為主，連糕點都很稀有甚至很少出現，推薦招牌便是以柑橘類調味的冷萃冰咖啡，咖啡風味帶點酸甜，清爽口感很適合暑熱的天氣。

🅐別冊P.6F3 🅖20, 1 Wichayanon Rd.(Worawat商場4F) ☎9144692 🕐9:00~17:00

緊鄰河畔的
精品咖啡店

●南邦●
MAHAMITr

　這裡是一家除了世界各地咖啡外,也可以喝到南邦在地生產咖啡豆、微批次的精品咖啡店。小小的空間內,以玻璃及鐵件構成牆面,將臨河的綠意、波光水影、光線帶入店中,不想坐在店內,臨水畔也有一區戶外座位區,一杯咖啡、安靜的河水流淌而過,南邦假期就是該這樣無憂的度過。

🅐別冊P.10B1 📍278 Talad Gao Rd, Suan Dok
📞9184654 🕐8:00~17:00 📷www.instagram.com/
mahamitr.coffeeroaster

藝術家庭的
雜貨咖啡屋

●南邦●
papacraft

　老闆娘因工作認識不少藝術家、手創的朋友,在店內除了有提供在地產咖啡、各式飲品、蛋糕類外,也有將近一半空間陳列販售這些手藝創作,,在清邁的真心市集、White Market都能看到他們出店身影。店

內空間很有慵懶風格,主屋串聯後方院子、工作室、直達河濱,自然風從後院穿透前門,不須冷氣就能帶來舒心感受。

🅐別冊P.10B1 📍268 Talad Gao Rd, Suan Dok
📞0493246 🕐平日 9:00~17:00、週末 9:00~19:30 ⊗週
三 🌐www.papacraftfamily.com/en/home-en/

●清道●

高速公路旁的咖啡小屋

Hoklhong

　　Hoklhong可以説是清道必訪的咖啡廳之一，店裡的咖啡豆都是自種自採自烘，吸引無數咖啡愛好者前來朝聖。隱藏在小樹林中的簡樸木屋，穿過竹木製成的大門和柵欄，彷彿來到小小的露營地，即使天氣炎熱，戶外的座位區依舊坐滿人。

　　除了自家的咖啡豆，店裡也有來自其他泰北地區的豆子，老闆和店員都很親切，對於咖啡也非常熱衷，樂於分享和介紹咖啡品項。

🅐別冊P.10C4　📍107/1 Ragang Rd.　🕘9:00~16:00
🈚週二　📘www.facebookcomHoklhong-401206493405812

近距離欣賞泰國第二高山脈

●清道●

Pronto Coffee

　　獨擁廣闊的花草庭園並串聯遠端的Doi Luang高聳的山景，除了這裡，你幾乎很難再找到其他咖啡館與其比美。以自家有機農場提供的有機咖啡、有機花草等製作的餐點、飲品，連菜單都豐富的提供泰式、泰北菜、西式等多樣選擇，讓想在這裡悠閒度過半日的人，連肚皮都照顧到。

🅐別冊P.10B3　📍9WHV+CH7, Chiang Dao District
☎8704554　🕘7:00~18:00

清邁住宿推薦

來 到清邁住宿選擇非常多元、風格眾多,從平價的民宿、青年旅館,到奢華的五星飯店、渡假村,以下精選55家清邁及近郊的優質住宿做介紹,提供更多住宿新選擇。

🅷 古城區Old Town
Tapae Gate Villa

📍別冊P.6E1 🚶從塔佩門步行約3分鐘 🏠111/1 Moon Muang Rd Lane 6 ☎0612680675 💲雙人房每晚3,500B起(房價每日調整) ⭕可 🌐www.tapaegatevilla.com

　　這幾年,塔佩門北側這一帶相當興旺,多了很多飯店、咖啡廳、按摩院等店家,2016年新開幕的Tapae Gate Villa距離塔佩門只有3分鐘的步行距離,無論前往週日步行街、塔佩路、三王像、清曼寺等都非常方便。

　　雖然在古城之中,可發揮的空間不大,只有14間客房,但Tapae Gate Villa積極營造出蘭那王朝的氣質和度假氣息,飯店裡還蓋了座戶外泳池,高雅的客房裡,薄型平面衛星電視、免費無線上網、吹風機、煮水壺等一應俱全

🅷 古城區Old Town
De Naga

📍別冊P.6D3 🚶從塔佩門步行約3分鐘 🏠21 Soi 2 Ratchamanka, Moon Muang Rd. ☎209030 💲雙人房約4,673B起(房價每日調整) ⭕可 🌐www.facebook.com/denagahotel/

　　那伽(Naga)在佛教故事中,是佛祖修行時為祂遮風擋雨的多頭神龍,也是泰國神話中管理海洋的神獸;而在泰北傳說中,是代表勇氣、皇帝居住的象徵。De Naga就是取其吉祥之意為名的精品旅館,它位於塔佩門附近,是座採泰北蘭那建築樣式混搭現代建築,並使用柚木等清邁在地建材,彰顯濃厚的泰北風情。

🅷 古城區Old Town
MD House Hotel Chiang Mai

📍別冊P.6D1 🚶從塔佩門步行約5分鐘 🏠18/4~6 Ratvithi Rd. ☎216655 💲雙人房每晚800B起(房價每日調整) ⭕可 🌐www.themdhotel.com

　　在清邁的古城之中,MD House Hotel Chiang Mai算是擁有較大腹地的飯店,中庭裡的戶外游泳池,一看就讓人覺得清涼。這裡的設施不算豪華,但獨立的客房裡空調、衛星電視、免費無線上網等基本配備俱全,還有8台電腦可供免費借用上網。飯店距離塔佩門只有5分鐘的步行距離,距離三王像走路也只需7分鐘,無論前往週日步行街、塔佩路、清曼寺等都非常方便,而且附近便利商店、餐廳、酒吧、麵包坊等應有盡有,是探索清邁頗理想的根據地。

飯店共有4種型,分別以不同主題和色彩為題。

Moreganic Vegetarian Restaurant為純素餐廳,為旅人們帶來美好的蔬食饗宴,從早餐起就讓人覺得身心淨化。

飯店設計融合泰北蘭那文化,每個空間角落都充滿藝術性,是位於熱鬧市中心的一處靜謐天堂。

🅗 古城區Old Town
Away Chiang Mai Thapae Resort

🔖 別冊P.4E4　🚶 從塔佩門步行約5分鐘　📍 9 Soi 1 Kotchasarn Road, Chan Klan, Amphoe Muang, Chiang Mai　☎ 904974　💲 雙人房約2,500B起(房價每日調整)　🌐 awayresorts.com/resorts/chiang-mai-thapae

　　如果想要舒適地探索清邁市區和熱鬧的步行街,Away Chiang Mai Thapae Resort擁有鄰近塔佩門和清邁市區的絕佳地理位置,飯店建築以清爽的藍、白色系為主,並融合泰北蘭那文化的壁畫,以及富有殖民色彩的華麗古典風格,每個空間角落都極具藝術性。

　　因位在寧靜的巷子內,入住Away Chiang Mai Thapae Resort既能享受市區的便利性,也隔絕了大街人潮的喧囂,使旅客在清邁可以充分享受悠閒放鬆的假期氛圍,目前飯店內提供39個房間,每個房間皆附有一個華麗的陽台,部分房間甚至可以從陽台直接到達泳池。相當特別的是,飯店內的Moreganic Vegetarian Restaurant餐廳為純素餐廳,以健康有機的蔬食材,精心烹調出多樣化的西式及泰式料理。

靜靜坐落在清邁古城中的Tamarind Village，簡單樸實裡隱藏著另種繁華氣度。

H 古城區Old Town

Tamarind Village

🌐別冊P.7D2　🚶從塔佩門步行約5分鐘　🏠50/1 Rajdamnoen Rd.　☎418896　💲Lanna Room約6,300B(房價每日調整)　💳可　💻www.tamarindvillage.com

　　6棟相連的建築、總共擁有41間客房和5間套房的Tamarind Village，像一個獨立的村落，寬敞的庭院、走道、游泳池，組成一個精緻休閒的世界。名稱Tamarind(羅望子)，是源自庭院裡那棵樹齡200年的參天老樹，粗壯的樹幹一層一層疊覆著歲月的輪廓。當初建築師就是看中這棵羅望子，才以此為靈感，延伸出這座精品旅館。刻意的挑高、高雅的白灰牆和緊密交疊的磚瓦屋頂，越過羅望子樹後方屋頂，似乎還可看見隔鄰的廟宇華蓋，不僅重現蘭那經典建築風格，也實現建築師的巧思——讓旅館成為古城裡的一部份。

　　為了讓住客更加認識清邁，飯店也設置了Tamarind Boutique，除了嚴選自山岳部族手工製作的飾品在商店裡展售，還有泰國新銳設計師的作品，讓外國遊客在旅館裡，也有機會認識現在的泰國文化。

帶來好運的井

清邁人相信，如果新家或建築原址有一口井，即便不再使用也一定要留下，不能填平，因為一旦填平或拆除，可能導致壞運氣。在Tamarind Village裡面就有兩座，他們相信這口井會帶來好運，即便過去可能只是為了節約用水或是官方的引水政策才有的訛傳，但飯店人員表示，相信這樣的習俗與傳說、留下古井，就像留下一份屬於泰北獨有的民間文化。

H 古城區Old Town
De Lanna Boutique Hotel

🔹別冊P.7A2 🔹從塔佩門步行約15~20分鐘 🔹44 Intawarorot Rd. ☎326266 🔹雙人房約1,600B起(房價每日調整) ✅可 🌐www.delannahotel.com

　De Lanna Boutique Hotel坐落在帕邢寺、週日步行街附近，地理位置佳。飯店以現代泰式設計為主，在古城裡打造難得綠意盎然的庭園，半開放式的冂字型建築設計，給予視覺上的開闊感，一點都不覺得拘束。

　客房以水泥原色和磨石子為基調，但彩色玻璃窗、顏色鮮艷的泰北織品以及單面牆漆上磚紅或泰國橘，將象徵泰國元素巧妙地融入空間。飯店雖然沒有Spa中心，但可替住客預約客房的按摩服務，不用出門也可以享受舒筋活骨的暢快。

H 古城區Old Town
Villa Duang Champa

🔹別冊P.7C2 🔹從塔佩門步行約8~10分鐘 🔹82 Ratchadamnoen Rd. ☎327199 🔹雙人房約1,342B起(房價每日調整) ✅可 📘www.facebook.com/duangchampacm/

　Villa Duang Champa是古城裡一座精緻的精品型旅館，純淨典雅的建築外觀，10間房間各有不同的設計和風格，客人可以先至網站選擇自己喜歡的樣式，再向飯店預訂；其中，10號房以白為主色，設計簡約時尚，加上有一個漂亮的大浴缸，特別受到年輕人或情侶的喜愛；而8號房可以直接眺望山景，景致最美；這裡同時還有兩間木造Villa，住宿環境更為私密清幽，房價皆含早餐。

H 古城區Old Town
U Chiang Mai

🔹別冊P.7C2 🔹從塔佩門步行約8~10分鐘 🔹70 Ratchadamnoen Rd. ☎327000 🔹雙人房約3,899B起(房價每日調整) ✅可 🌐www.uhotelsresorts.com/chiang-mai

　隨時辦理住退房手續，睡到自然醒也不怕沒早餐吃，飯店提供全天候餐廳或客房早餐服務，U Chiang Mai精品旅館提供的就是這樣與眾不同的服務，讓住客能更輕鬆自在，享受無拘無束的泰北假期。

　此外，U Chiang Mai保留一幢原政府官員的木造自宅，融合周邊新建築卻仍帶著強烈泰北風格及色彩的空間設計，不顯突兀反更添典雅。U Chiang Mai不時會結合烹飪教室、Spa以及清邁山林行程，推出優惠套裝專案供遊客選擇。

H 古城區Old Town
The 3 Sis

🔺別冊P.7C2 🔺從塔佩門步行約8~10分鐘 🔺1 Soi 8 Phrapokklao Rd. 🔺273243 🔺雙人房約1,500B起(房價每日調整) 🔺可 🔺the3sis.com

這家細緻、溫馨的旅館，地理位置相當好，就坐落在古城區重要的廟宇──聖隆骨寺對面。旅館共有兩棟建築，後方是最早營業的B&B旅館，正門進入則是較偏向觀光飯店房型的Vacation Lodge。一踏進門，挑高的接待大廳引進自然光線，半開放空間的休憩廳和小花園放置泰式織品和木椅，即便面積不大，但空間的設計巧思仍讓住客感覺舒適、寬敞。早餐在面對馬路的餐廳享用，旅館準備不同套餐菜單讓住客選擇，每一道都是新鮮現做，精緻可口。

H 古城區Old Town
Rich Lanna House

🔺別冊P.4D2 🔺從三王像步行約12分鐘 🔺2 Soi 3, Sripoom Rd. 🔺223388 🔺7:00~20:00 🔺雙人房約1,039B起(房價每日調整) 🔺可 🔺www.richlannahouse.com

2005年成立的Rich Lanna House，是位於舊城北端一間小巧的民宿，殖民風格的建築裡備有14間客房，裡面裝點著柚木家具，電視與無線上網等現代設施齊備，還有一個游泳池可供健身。

民宿建築前有一家小巧的咖啡廳，除了各式各樣的香醇咖啡外，手工製作的椰子蛋糕更是令人垂涎。室內空間可享受冷氣，也有戶外座位可以欣賞舊城北端的街景。

H 古城區Old Town
Buri Gallery House

🔺別冊P.7A2 🔺從塔佩門步行約15分鐘 🔺102 Ratchadamnoen Rd. 🔺416500 🔺雙人房約1,750B起(房價每日調整) 🔺可 🔺www.burigallery.com

如果你想感受昔日蘭那王朝的氛圍，那可以考慮入住這家Buri Gallery House；在這裡21間布置典雅的兩層樓木造房子內，不論裝潢或細節，如門、柱、山牆、家私、手工木雕、繪畫裝飾品，全仿照路蘭那建築元素設計，一片仿古懷舊的氣息油然而生；然而，周邊設備卻是現代舒適的，寬廣浴室、私人陽台、室外花園泳池，還有免費Wifi，毋怪乎這裡受到不少遊客歡迎，尤以老外居多。

H 古城區Old Town
清邁紅燕酒店Roseate Chiangmai

🔺別冊P.4D2 🔺從三王像步行約10~13分鐘 🔺24/1, 88 Sriphum Rd 🔺217291 🔺餐廳7:00~22:00 🔺雙人房約1,500B起(房價每日調整) 🔺可

路過舊城的北端，很難不被清邁紅燕酒店吸引住目光，這幢2013年才出現的嶄新飯店，裝潢和家具充滿了設計感，接待大廳多面牆上布滿精細的雕飾，頗有摩爾式建築的味道，部分內部空間刻意顯露出建築的鋼骨，呼應所掛的壁飾展現出前衛的風格。飯店共有72間客房或套房，以及1間餐廳。

H 古城區Old Town
Rachamankha

ⓐ別冊P.5C4 ⓑ從塔佩門步行約19~20分鐘、從三王像步行約12~15分鐘 ⓒ6 Rachamankha 9 Phra Singh ☎904111 ⓢ雙人房約9,446B起(房價每日調整) ⓞ可 ⓦwww.rachamankha.com

Rachamankha以中式四合院的架構,隔出一方天地,可説是鬧中取靜的最佳範例。2005年開幕後,就獲得旅遊雜誌《Condé Nast Traveler》票選為全球最佳新飯店。

Rachamankha飯店的建築最高僅2層樓,屋頂維持泰北傳統的屋瓦,走道上放置中國骨董木箱,房門裝有中式銅環,住房與飯店的休憩廳懸掛中國水墨畫與泰國古畫,燈飾統一為泰北燈籠造型,從外觀到擺飾都凸顯「中國文化在泰北」的特色;無論是住宿氣氛、服務,與人聲雜沓的觀光大飯店完全不同。

H 古城區Old Town
Pak Chiang Mai

ⓐ別冊P.5D4 ⓑ從三王像步行約12~15分鐘 ⓒ39/5 Phra Pok Klao 2 Rd. ☎0903326667 ⓢ雙人房約1,200B起(房價每日調整) ⓞ可 ⓕwww.facebook.com/pakchiangmai/

2008年開幕,Pak Chiang Mai自詡旅人在清邁的休息站,就像來到朋友的家一樣輕鬆、自在,也因著這樣舒適的氣氛,Pak Chiang Mai曾經在旅遊網站上被推舉為清邁最佳旅館。業主Noon笑説自己很開心,也戒慎恐懼地更注意服務細節,即便只有9間住房,還是要用心對待,即便是住客需要在地吃、喝、玩、樂的推薦,Noon也挑出真的值得介紹的地方,免得住客有不好的經驗,誠心以對是Pak Chiang Mai相當吸引人的地方。

H 塔佩路Tha Pae Road
Imm Hotel Tha Phae Chiang Mai

ⓐ別冊P.4E4 ⓑ從塔佩門步行約1分鐘 ⓒ17/1 Kotchasarn Rd.(麥當勞樓上) ☎283999 ⓢ雙人房約1,6000B起(房價每日變動) ⓞ可 ⓦwww.immhotel.com

Imm Hotel擁有絕佳位置,正對塔佩門,過馬路往古城裡走,可以探尋蘭那歷史文化,往後轉沿著塔佩路走,有設計小店、寺廟、夜市、餐廳、咖啡館等,樓下就是麥當勞,再怎麼不習慣泰式料理也不怕。而且所有清邁的大小節慶都在塔佩門舉行,住在這裡,要玩清邁市區輕而易舉。飯店共有106間房,裝潢明亮簡單,每間客房都提供免費無線上網。

H 塔佩路Tha Pae Road

MO Rooms

🅐別冊P.7A4 🅑從塔佩門步行約2~3分鐘 🏠263/1-2 Tha Pae Rd. 🕿280789 💲雙人房約1,000B起(房價每日變動) 🈂可 🌐www.morooms.com

　　MO Rooms坐落在塔佩路上,本身就很超現實,因為前後街景還是很古老、很在地,MO Rooms就像一座裝置藝術放在古城裡,對應到旅館業主同時擁有強調泰式風情的Baan Thai Village,撞擊出某種獨特的風格。MO Rooms以12生肖為創作題材,每間住房都由不同設計師操刀,打開每個房間都有驚喜,雖說只有12間客房,而且旅館面積不大又夾在鬧區街道中,但內部空間的運用很巧妙,走在旅館裡竟不覺得侷促,引進公共空間的自然光線,也讓整座旅館顯得明亮。

重現泰北大自然。

🍴 Toru's stomach

🕐11:00~22:00

　　在MO Rooms飯店的1~2樓,是同樣獨樹一格的Toru's stomach,兩層樓的空間,利用原木、綠樹等素材妝點得彷如泰北的自然叢林;牆壁刻意裸露出原始的磚牆,增添不修邊幅的意境;燈飾也故意打造成鳥籠造型,引人會心一笑。

　　樓下設有冷氣室,樓上則完全放任自然通風,店主笑說亞洲人都偏愛躲在樓下,樓上則成了老外的最愛。店裡提供的餐飲走Fusion風,融合泰國料理與西方飲食的特色,從早餐一直供應到午夜。

H 塔佩路Tha Pae Road

Roongruang Hotel

🅐別冊P.7A4 🅑從塔佩門步行約3~5分鐘 🏠398 Tha Phae Rd. 🕿234746 💲雙人房約1,500B起(房價每日變動) 🈂可 📘www.facebook.com/Roongruanghotelchiangmai

　　古城裡最老字號的飯店之一,位於護城河東側熱鬧的塔佩路上,外觀卻是隱密低調。地理位置很方便,不但周邊就有非常多的餐廳、商店,古城也近在咫尺。旅館的設計偏向歐洲鄉村風格,房內基本設備完善,也有免費WiFi可以使用。較舊的房間面對中庭,環境最為安靜。

原木環繞的精巧旅館。

Ⓗ 塔佩路Tha Pae Road
Banthai Village

🅐別冊P.7C5 🅑從塔佩門步行約8~10分鐘 🅞19 Tapae Soi 3, Tapae Rd. 🅣252789 🅢雙人房約2,800B起(房價每日變動) 🅟可 🌐www.banthaivillage.com

隱身在巷弄裡的Banthai Village共有23間客房,是清邁精品旅館聯盟(Chiang Mai Boutique Hotel)的一員。旅館兩層樓高的建築以ㄇ字型圍住中央泳池,室內外裝潢綴飾不多,以泰北織品、原木窗櫺等構築出典型的現代蘭那風格。每間住房床上都有一隻可愛的拼布泰迪熊當作一個環保小提醒,旅館為節省水資源,在遊客入住期間如非必要,不每天更換床單,若住客希望更換新床單,只要將小熊擺在床上提醒旅館服務人員即可。

Ⓗ 清邁夜市Chiang Mai Night Market
dusitD2 chiang mai

🅐別冊P.6D4 🅑從塔佩路與昌康路口步行約4分鐘 🅞100 Chang Klan Rd. 🅣999999 🅢雙人房約2,200B起(房價每日調整) 🅟可 🌐www.dusit.com/dusitd2-chiangmai/

dusitD2是泰國連鎖飯店Dusit集團旗下,屬於該品牌新系列的設計飯店,同樣風格的飯店在曼谷和華欣也各有一家。dusitD2 chiang mai位於清邁夜市旁,曾獲國際旅遊雜誌《Travel + Leisure》讀者票選為亞洲前40大最佳飯店之一。飯不僅在室內設計上令人驚艷,絕佳的地理位置和親切活潑的服務人員,也廣受遊客好評。

清邁萬豪酒店是清邁最高的旅館建築,因為古城建築限高25樓,而萬豪酒店總高22樓。

Ⓗ 清邁夜市Chiang Mai Night Market
清邁萬豪酒店
Chiang Mai Marriott Hotel

🅐別冊P.6D4 🅑從塔佩路與昌康路口步行約6分鐘 🅞108 Chang Klan Rd. 🅣253666 🅢雙人房約4,900B起(房價每日調整) 🅟可 🌐www.marriott.com/en-us/hotels/cnxmc-chiang-mai-marriott-hotel/overview/

清邁萬豪酒店地理位置絕佳,出門就可以逛街購物,在旅館內也能盡情享受都會摩登的休閒方式。1樓大廳的Ping Cuisine and Bar,除了全天候供應各式創意美味與國際料理,提供各式雞尾酒及飲品,2樓「法沃萊」義大利餐廳,強調從食材到口味都是100%義大利風格。另外,383間客房每一間都有絕佳視野,一面是古城景觀,另一面可飽覽動人的素帖山美景。

H 濱河沿岸Along Ping River
Rarinjinda Wellness Spa Resort

📖別冊P.6G3 🚶從塔佩門步行約25分鐘、搭車約8~10分鐘，從清邁夜市步行約15分鐘、搭車約5~8分鐘 📍14 Chareonraj Rd. ☎303030 💲雙人房約6,500B起(房價每日調整) 💳可 🌐www.rarinjinda.com

Rarinjinda Wellness Spa Resort建築的歷史可以追溯至150年前，以柚木打造的醫生館現今已成為接待大廳和會議室。為了保留舊建物的完整和氛圍，Rarijinda沒有觀光飯店的氣派俗麗，花園流水加上簡單的設計風格，反而有種貴族別館的雅緻悠閒。

Rarinjinda在2006年成立之初，是以Spa起家，當時還沒有住宿設施，不少人會特地到此享受Spa療程。基本房型都有13坪大小，且每間都有獨立的陽台。頂樓是唯一的Villa式套房，也是泰國現任公主曾經下榻的房間，仍保留當時為公主製作的紫色器皿，和公主出版的攝影集。

每位房客皆可接受一次Spa專屬醫師的免費諮詢，藉此了解健康狀況及適合的Spa療程。此外，飯店有免費接駁車往返清邁夜市或週六、週日步行街。

35間客房與套房圍繞著中央的游泳池，地面層的客房一打開房門即可躍入游泳池暢游。

專業醫療團隊研發療程，曾獲最佳Spa獎項！

📍Rarinjinda Spa

🏢1F ☎247000 🕙10:00~24:00 💲熱石按摩90分鐘3,000B起，阿育吠陀解壓安眠護理(Ayurvedic Hide Away)2小時4,000B起

Rarinjinda Spa所有療程都是由專業醫療團隊研發，曾獲泰國觀光局頒給最佳Spa獎項、Asia Spa的金獎等。館內最受歡迎的就是結合印度阿育吠陀的熱油按摩，以及熱石療法(Hot Stone Massage)。在選擇療程之前，會由駐館的專業醫師Dr. Sushill Rahul，透過電腦儀器和切脈問診後，建議每個人最適合的療程。Spa館不僅有手法純熟的芳療師，各項先進的硬體設備，像是紅外線烤箱、鋪有溫熱碎石的按摩床、加上精油的水療池等，可因應不同療程的需求。

H 濱河沿岸Along Ping River
137 Pillars House

⛰別冊P.6G2 🚶從Rarinjinda Wellness Spa Resort步行約3~5分鐘 🏠2 Soi 1, Nawatgate Rd. ☎247788 💲雙人房約15,210B起（房價每日調整）💳可 🌐www.137pillarschiangmai.com

經過137Pillars House潔白的外牆，以為它不過是清邁眾多飯店裡又一間而已，登堂入室後，才驚覺它規模比外表大得多，豐富的歷史遺產和精緻的設計，可說是「養在深閨人未識」的高品質飯店。

飯店建築本身，是一幢1880年代早期的殖民風格建築，2012年3月才變身成五星級飯店，積極保留原有的建築結構，因為裡外共有137根柱子，所以取了這個特別的名稱。偌大的熱帶花園裡只提供30間客房或套房，裝潢融合蘭那王朝和英國維多利亞的風格，優雅迷人，浴室內使用的是泰國知名的Pa puri香氛備品。房價不但含早餐，也包含冰箱裡的飲料和免費無線上網。

融合英泰典雅貴氣的飯店。

H 濱河沿岸Along Ping River
Sala Lanna Chiang Mai

⛰別冊P.6G2 🚶從Rarinjinda Wellness Spa Resort步行約2~3分鐘 🏠49 Charoenrat Rd. ☎242588 💲雙人房約3,300B起（房價每日調整）💳可 🌐www.salahospitality.com/lanna/

Sala飯店集團(Sala Hospitality Group)是品質相當獲得肯定的泰國本土飯店管理集團，原本在泰國不同城市已擁有6間五星級水準的飯店，第7間Sala Lanna Chiang Mai於2013年矗立在河濱，總共只有15間客房或套房，內部裝潢在明亮、簡潔中點綴著蘭那王朝的元素，藉著地理位置的優勢，有些客房特別設置了獨立的陽台，可以俯瞰河景，部分套房還擁有專屬的泳池。飯店附設泰式和義式不同風格的兩間餐廳，也都擁有浪漫的濱河景觀。附設一個環境舒適、療程豐富的Spa中心。全飯店皆可免費無線上網。

H 濱河沿岸Along Ping River
Tanita House

體驗傳統蘭那住宿情調。

🏠 別冊P.6G1 🚶 從Rarinjinda Wellness Spa Resort步行約5分鐘 🏠 152 Charoenrat Rd. ☎ 243755 💲 雙人房約1,400B、四人房約2,800B；需至少住3晚 🌐 www.tanitahouse.com

1854年，Aor小姐的曾祖父以柚木搭蓋了這座樹屋，當她承襲這幢漂亮的老屋舍後，曾經同時經營民宿並開設手工藝品店，多年之後，她收掉藝品店並以其熟稔木工的背景，親自修繕，再把「Tree House」改以家族姓氏「Tanita」為民宿命名，同時也歡迎更多旅人到清邁來，體驗一下傳統蘭那的木屋以及泰北的人文與生活。

H 濱河沿岸Along Ping River
Cross Chiang Mai Riverside

🏠 別冊P.4F1 🚶 從清邁夜市搭車約10分鐘，提供接駁車服務 🏠 369/1 Charoenraj Rd. ☎ 931999 💲 雙人房約5,500B起（房價每日調整） ☑ 可 🌐 www.crosshotelsandresorts.com/crosschiangmai

坐落在河畔的Cross Chiang Mai Riverside，融合了泰國北部獨有的蘭那風格與現代感的設計，造訪過的旅客，都能在此享受最豪奢的住宿體驗。它總共提供30間充滿優雅元素的客房，基本房型都有15坪的大小，且每間都含有私人陽台，而最頂級的房型，甚至擁有私人游泳池，能自在享受泳池畔的輕鬆時光。

同時，度假村內的餐廳，可直接透過透明的天花板，欣賞庭院內多顆百年的羅望子樹。頂樓則設置了公共的健身房與游泳池，充滿設計感的拱型建築，可讓房客邊運動、邊眺望濱河的美景，體驗清邁慢節奏的生活風格。

Siripanna的「panna」相當於「lanna」，即指泰北的蘭那王朝，另外還有「千畝田」的意思。

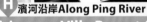

H 濱河沿岸Along Ping River

Siripanna Villa Resort & Spa, Chiang Mai

別冊P.4G5　從清邁夜市搭車約5~10分鐘　36 Rat Uthit Rd., Amphur Muang　294656　雙人房約3,400B起(房價每日調整)　可　www.siripanna.com

2010年開業的Siripanna Villa Resort & Spa, Chiang Mai，是一座擁有超過200株秧苗、2萬棵樹木的度假村，2011年即獲得泰國首相頒發泰國精品飯店「綠色、自然與環境」銀牌獎，環境和品質備受肯定。Siripanna的「panna」相當於「lanna」，即指泰北的蘭那王朝，另外還有「千畝田」的意思，象徵著豐饒富裕。業主酷愛大自然，所以不在這片土地上建高樓大廈，只建成飯店，而且保留廣大的綠地，花園裡種植著上千種植物，相當難能可貴。

飯店共有113間客房或套房，還有16幢獨幢的度假別墅，內部裝潢充滿蘭那王朝的風味，包括手工製作的柚木家具、描繪傳統的油畫、古典的陶瓷器皿等。飯店雖然不在鬧區，但距離清邁夜市和火車站分別只要5分鐘車程、前往機場也只要10分鐘左右車程。

濱河沿岸Along Ping River
Anantara Chiang Mai

別冊P.4F4 從清邁夜市步行約10分鐘 123-123/1 Charoen Prathet Road, 2533333 雙人房約12,000B起(房價每日調整) 可 chiang-mai.anantara.com

前身為The Chedi的Anantara Chiang Mai，自2013年開始由國際級飯店管理集團Anantara接手經營。飯店所在位置靠近核心地區，步行不用10分鐘即可抵達繁華的夜市，但是4層樓高的建築外圍又有一層高高的竹林成牆，可以阻絕外界的喧囂，名符其實的鬧中取靜。

飯店以現代亞洲設計傳達出時尚感，客房陳列的現代設計精品，與泰北織品意外地交融，呈現另一種風尚。每間客房皆有私人陽台，其中又分為可以眺望庭園及濱河景色兩種房型。

賓客可以選擇在室內用餐，也可以在河畔的室外座位區以濱河的美景佐餐。

Bodhi Terrace

早餐6:30~10:30、午餐12:00~14:30、晚餐17:30~22:00

Anantara Chiang Mai的主餐廳是一幢1913年所建的殖民風格樓房，也就是當年的英國領事館所在地，古色古香非常迷人。餐廳的自助式早餐菜色豐富；午餐和晚餐則以點餐方式，菜色選擇多樣，例如韃靼開胃菜、西班牙冷湯、義式龍蝦墨魚麵、西式經典排餐，以及印度羊肉咖哩等，還有葡萄酒專家推薦能完美佐餐的葡萄酒及香檳；下午也提供英式下午茶。

The Service 1921 Restaurant & Bar

午餐12:00~14:30、晚餐17:30~22:00

同樣位於英國領事館改建的建築內的The Service 1921 Restaurant & Bar，提供當代的泰式、中式、越式料理，例如越式烤茄子蟹肉沙拉、泰式雞胸沙拉、順化蔬菜蝦蛋餅、川味豬肉餃、泰式咖哩等；下午有英式下午茶。此外也有酒吧服務，提供各式雞尾酒、紅白葡萄酒、香檳及威士忌等酒品。

Anantara Spa

10:00~22:00

Anantara Spa外觀為極簡主義，內部則是靜謐的世外桃源。療程結合亞洲傳統療法及西方治療原理，囊括泰式、印度式、巴里島式、排毒、去角質、手足護理等。招牌的安納塔拉精華(Essence of Anantara)，包含花瓣足浴、泰式草藥蒸浴、綠茶磨砂膏排毒、安納塔拉招牌按摩等，幫助受療者解除肌肉深層的緊繃與壓力。

H 濱河沿岸Along Ping River

Ping Nakara

🅐別冊P.4F5 🅑從清邁夜市步行約15分鐘、搭車約8分鐘
🅖135/9 Charoen Prathet Rd. ☎252999 🅢雙人房約
3,999B起(房價每日調整) 🅞可 🆔www.pingnakara.
com

　　前往Ping Nakara的路上,沿途其實還林立著多間設計旅館,但唯有它的潔白是很難忽視的目光焦點。

　　Ping Nakara由5棟相連的建築組成,規畫19個房間,雖然地處市區,建築周圍以及中庭的游泳池畔,仍不乏蒼翠綠意點綴,往後棟走去還會發現一個適合聚會辦Party的大花園。從樓梯進到房間,也像穿梭在中世紀小說裡的場景,多處可見線條精緻的雕刻,宛如衣裙上純潔的蕾絲,美到飄逸脫俗。房內鋪著深咖啡色實木地板,所有家具用品都融入一層復古

的光彩,主色調是依每個房間背牆上各異的壁畫風格而定,和諧柔美。最迷人的,還有狹窄對開的木質房門,與浴室門及陽台拉門相同,每一次進出都油然升起一股貴族氣息。

H 濱河沿岸Along Ping River
Puripunn Hideanay

📖別冊P.4F3 🚶從清邁夜市步行約15~18分鐘、搭車約5~8分鐘 🏠104/1 Charoen Muang Soi 2, Charoen Muang Rd電話：244567 💲雙人房約3,800B起(房價每日調整) ⭕可 🌐www.puripunn.com

因為喜歡清邁這份安靜、有在地文化的特質，飯店業主Att舉家從曼谷北上到清邁，蓋了這座有強烈時代感的精品飯店，希望跟全球遊客分享這裡的美好。飯店規畫有5種房型、30間客房，每一種房型都有自己的主題色，在設計細節上相當用心。此外，飯店也會隨著節慶或是結合在地活動推出不同的住宿專案，提供遊客更多住宿配套選擇。

H 濱河沿岸Along Ping River
Aruntara Riverside Boutique Hotel

📖別冊P.4F6 🚶從清邁夜市搭車約5~8分鐘 🏠351/1 Charoen Prathet Rd. ☎235111 💲雙人房約2,5500B起(房價每日調整) ⭕可 🌐www.aruntarahotel.com

以英式殖民風混搭泰北元素，從白色建築和刻意挑高的1樓大廳、餐廳，以及在地傳統雕刻或器皿當作擺飾，用畫龍點睛的方式呈現現代泰式設計。主建築以L型筐出綠地庭園和泳池，不完全封閉的設計，加上緊臨河畔的絕佳位置，營造出遼闊視野。客房共分4種房型，每間住房分別以「風、火、水、土」4元素為主題設計，即便是極簡不繁複的空間規畫，也能感受建築師在主題呈現上的用心。

H 尼曼明路Nimmanhaemin Road
Moose Hotel Nimman

🏠別冊P.8B2 🚶從Think Park步行約4分鐘 📍8/10 Nimandhaemin Road Soi 2 ☎215355 💰雙人房約 5,300B起(房價每日調整) 🚗可 🦌moosehotel.com/moosehotel-nimman/

Moose Hotel Nimman如其名,飯店裝潢採用馴鹿主題裝飾,以其獨特的設計脫穎而出。位在充滿活力的尼曼區,Moose Hotel Nimman提供了一種古靈精怪而迷人的氛圍,使其與傳統住宿有所不同。一步入飯店,就會被充滿幽默感的馴鹿主題和裝飾所迎接。

飯店一共有83間客房與套房,房型非常多元,除了一般的雙人房、雙床房、三人房,還有家庭套房、蜜月套房,前者設有小朋友會喜歡的滑梯、上下鋪,後者有私人的按摩浴缸。每間房間都以馴鹿主題的家具和藝術品進行了精心裝飾,營造出一種趣味十足且具有吸引力的氛圍。

> 一樓大廳設有24小時的免費飲料和當地特色點心,讓住客任意取用。

> 位於7樓的餐廳,提供豐盛的自助早餐,還可以眺望素帖山。

> 飯店早餐還有特別設置泰北蘭那美食區。

🍸 Moose Rooftop Wine Bar

📍8F ⏰17:00~23:00

Moose Hotel Nimman另一特色是位於8樓的頂樓酒吧,需先搭乘電梯至7樓再走樓梯到頂樓。從這裡可以俯瞰市中心商業區和素帖山的全景,在星空下吹著微風小酌幾杯。酒單選擇豐富,除了雞尾酒和精釀啤酒,也提供無酒精雞尾酒和水果風味的西打酒(Cider)。

H 尼曼明路 Nimmanhaemin Road

Akyra Manor Chiang Mai

別冊P.8C3 ●從Think Park步行約7分鐘 ●22/2 Nimmanhaemin Rd. Soi 9 ●216219 ●雙人房每晚約 5,000B起(房價每日調整) ●可 ●www.theakyra. com/chiang-mai

Akyra Manor Chiang Mai位在清邁目前最吸引人潮的尼曼明路上,卻利用建築上的巧思,從外面無法窺見它的內部、從房裡可以俯瞰街景,良好的隔音設備也把喧鬧隔絕在外,讓你躲在房間就是世外桃源,踏出飯店立刻投入歡騰的人群中。

Akyra Manor Chiang Mai有 32 間客房和30間套房,其中7間Manor Suite面積更達1,050平方公尺。每間房間空間寬敞,裝潢風格以黑白為主調,簡約中透著尊貴的氣質,互動式衛星電視、免費無線上網、濃縮咖啡機、藍芽喇叭、迷你酒吧等先進設施一應俱全。套房設計概念很像房裡還藏有一個花園,而且浴缸就放置在花園裡,洗澡的時候,不但有如置身在大自然的愜意,而且在窗簾拉至適度的狀況下,可以望見外面、但不用怕被看見。

DIY體驗活動

Akyra Manor Chiang Mai也提供多種體驗課程,如和Italics的廚師學習泰式料理、Akyra Rise Bar的調酒師帶你配製招牌調酒,或是體驗1小時的私人瑜伽課。飯店也為住客提供免費腳踏車,任意暢遊尼曼明路和古城區。有興趣的話,可以和櫃檯洽詢時間和預約。

●烹飪課2,000B、調酒課1,000B、瑜伽課1,500B

Italics Innovative Italian

☎053-216219 ⏱7:00~23:00(早餐供應至10:30)

Italics位於 Akyra Manor Chiang Mai的地面層，屬於飯店的主餐廳，每天早上為房客提供精緻的早餐，午、晚餐則除了房客外，

也很受當地人歡迎。Italics的主廚擅長以在地的新鮮食材運用傳統義式的烹調手法，變化出具有泰式風味的義國料理，被譽為「清邁新出現最棒的義大利餐廳」。這裡的招牌料理是

「Akyra」日語是「明」的意思，一推開飯店的大門，就可以看到餐廳裡搶眼的燈飾，一盞盞像是一棵棵樹，樹梢綻放微微的光芒，在餐廳彷彿置身樹林之中，別有趣味。

Akyra Rise Bar

⌂頂樓 ⏱15:00~1:00

Akyra Manor Chiang Mai游泳池的設計非常特別，強化玻璃製的側邊宛如一個巨型水族箱，在裡面游泳的人都成了水族箱的景緻，別具趣味。位在頂樓的泳池居高臨下，可俯瞰附近的街景，整體設計得很像座戶外庭園。旁邊有個Akyra Rise Bar，供應眾多啤酒、葡萄酒、調酒和其它飲料，每天傍晚17:30~18:30屬於「快樂時光(Happy Hour)」，凡是點招牌雞尾酒、泰國啤酒或冷飲都可以買一送一，所以落日時分頗適合到這裡喝一杯，看看街景、或看人優游，紓解一天的疲憊。

像是水族箱的頂樓泳池，別有一番趣味。

H 尼曼明路Nimmanhaemin Road
U Nimman Chiang Mai

🏔別冊P.5B2 🚶從Think Park步行約1分鐘 🏠1 Nimmanhaemin Rd. ☎005111 💲雙人房約4,800B起（房價每日調整）🌐www.uhotelsresorts.com/unimmanchiangmai

U Nimman Chiang Mai酒店位於尼曼明路的精華地帶，鄰近清邁最時尚的購物區和娛樂區，從Think Park、MAYA百貨步行也僅需幾分鐘的路程，無論是交通、購物都非常方便。酒店內共有147間客房和套房，以工業現代風格為主題，房間內並融合蘭那風格刺繡的抱枕織品、以及木紋圖騰等元素，相當具有設計感。飯店頂樓更有一座無邊際泳池，日間可遠眺清邁山景，夜間則可欣賞百貨購物區車水馬龍的燦爛夜景。

H 尼曼明路Nimmanhaemin Road
Eastin Tan Hotel

📖別冊P.8B1 🚶從Think Park步行約1分鐘 📍165 Huay Kaew Rd. (與Nimmanhaemin Rd.交叉口) 📞001999 💲雙人房每晚3,000B起 💳可 🌐www.eastinhotelsresidences.com/eastintanchiangmai/

位於Think Park西北隅的Eastin Tan Hotel，共有128間客房或套房，備有一座室內游泳池、按摩池、健身房、會議室、免費無線上網等，周邊設施完善，屬於四星級的住宿設施。

Eastin Tan Hotel和Think Park其實都屬於一位泰國知名餐飲界大亨的產業，也就是曼谷東羅區Arena 10的老闆，非常擅長於商場的規劃整合。Eastin Tan Hotel的出現可謂佔盡地利之便，房客投宿在此，無論逛尼曼明路、Maya、Think Park，購物、餐飲選擇、夜生活都近在咫尺，混到多晚都不用擔心「回家」的問題。

大門口一架火車頭，非常搶眼。

🍴 T Station Bar & Restaurant

🏠2F 📞001999 🕐17:00~23:00

T Station是隸屬於Eastin Tan Hotel裡的餐廳。餐廳以美國1920年代的火車站為裝潢主題，大門口一架火車頭，非常搶眼，內部也營造出復古車廂的氣氛。清水模牆面、裸露的管線、簡單垂掛的燈泡等，洋溢目前最風行的復古工業風。

T Station的餐點走美式風格，像是漢堡、炭烤豬肋排、牛肉鍋餅、義大利麵等都是招牌餐點，也吃得到泰式口味的菜餚。每星期三到星期六晚上19:00~21:00有現場樂團演出。

Ⓗ 尼曼明路Nimmanhaemin Road
Yantarasri Resort

🅐別冊P.8A3 🅟從Think Park步行約6~7分鐘 🏠24/17 Soi 6 Nimmanhemin Rd. ☎214214 💲雙人房約4,000B起（房價每日調整） ⊙可 ⓦwww.yantarasriresort.com

位於繁華地帶的巷子裡，矗立著泰北蘭那王朝風味強烈的Yantarasri Resort，宛如都市叢林裡隱藏的真正綠色叢林，顯得分外寧靜祥和。

以原木為主要建材的Yantarasri Resort共有41間客房和套房，約略分成4種房型，環繞在中庭的游泳池周圍，有些客房一打開房門就可直接躍入泳池享受清涼。客房內部的裝潢與建築風格一致，極力採用自然的原始素材，整體充滿蘭那王朝的典雅氣質，先進設施一應俱全。附設的餐廳可提供泰式、中式和西式的餐飲，還有一個Spa水療中心，房客也可以選擇在綠意盎然的涼亭享受按摩療程。

Ⓗ 尼曼明路Nimmanhaemin Road
昨日飯店Yesterday Hotel

🅐別冊P.8B3 🅟從Think Park步行約6分鐘 🏠24 Nimmanhemin Rd. ☎213809 💲雙人房定價約1,500B起（房價每日調整） ⊙可 ⓦwww.yesterday.co.th

位於尼曼明路的大道上，卻隱藏在1間咖啡廳後側的Yesterday Hotel，以「昨日」為名，很清楚地彰顯出「懷舊」的特色。建築本身即是一幢殖民風格的樓房，內部的家具、飾品、裝潢等細節，也刻意流露出一貫的復古風，把整個飯店烘托得韻味十足。

整體而言，Yesterday Hotel最大的優勢就是地理位置方便。飯店規模不大，只有25間客房，以小巧溫馨取勝，頗能迎合西方客人的喜好，但台灣人可能會不喜歡它老舊的模樣；因為附近的購物、餐廳、咖啡廳、按摩院等都很方便，所以除了附屬的1間咖啡廳外，沒有其他休閒設施。

Ⓗ 尼曼明路Nimmanhaemin Road
BED Nimman Hotel

🅐別冊P.8B4 🅟從Think Park步行約12~15分鐘 🏠20 Soi Jumpee, Sirimandkalajarn Rd.(Nimmanhaemin soi 17) ☎217100 💲雙人房約2,450B起（房價每日調整） ⊙可 ⓦwww.bed.co.th

入住的旅客可以在飯店裡享用當季水果、飲料和咖啡，隔天起床之後還有精緻早點，讓人有個美好的早晨。除此之外，飯店也有泳池，旅人們可以慵懶地使用免費WIFI上網、做日光浴。出了飯店外，附近餐廳商店林立，到清邁機場只需10~15分鐘。如果待在屋內，也能走到每間客房都有的陽台上欣賞外頭街景。

Ⓗ 尼曼明路Nimmanhaemin Road
S17@Nimman

🅐別冊P.8C4 🅟從Think Park步行約12分鐘 🏠33/3 Soi 17 Nimmanhaemin Rd. ☎221717 💲雙人房每晚約2,800B起（房價每日調整） ⊙可 ⓦwww.s17nimman.com

S17@Nimman飯店有7層樓高，共有52間客房或套房，分屬6種房型、9種裝潢風格，最小的客房面積也有30平方公尺，平面衛星電視、迷你吧、免費無線上網等現代設施齊備；部分員工會說中文，比較有利溝通；備有腳踏車可供租借，讓遊客更輕鬆節約地遊逛清邁市區。就房間品質和價格來說，相當物超所值。

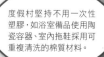

度假村堅持不用一次性塑膠,如浴室備品使用陶瓷容器、室內拖鞋採用可重複清洗的棉質材料。

H 古城周邊Around Old Town

Aleenta Retreat Chiang Mai

📍別冊P.9A2 🚗從清邁機場搭車約20分鐘 🏠189 Soi Ban Mai Lang Mo 18, Suthep ☎090333 💲雙人房約6,600B起(房價每日調整) 🌐www.aleenta.com/chiang-mai

Aleenta Retreat Chiang Mai是AKARYN飯店集團旗下最新的五星級度假村,坐落於清邁古城和素帖山之間。度假村共有32間客房、11棟一房和兩房的別墅以及1棟四房別墅,每棟別墅也都配有自己的私人泳池。Aleenta Retreat Chiang Mai主打客製化的身心健康療癒度假,並於2023年榮獲英國版《國家地理旅行者》(National Geographic Traveller)的最佳療養度假村。

度假村巧妙融合傳統蘭那建築與現代設施,每間別墅都將採用柚木打造,展現永續發展的設計理念。四房別墅則由業主收集的古老柚木建成,精心修復後重新組裝,為住客帶來一場傳統泰式生活體驗,同時享受現代的舒適。其他設施還包括一個廣闊的開放式餐廳、酒吧、水療中心、圖書館和藝廊。

量身定做的身心療癒度假

每位入住的旅客不論住宿天數,都可以免費體驗2堂瑜伽課。Aleenta Retreat Chiang Mai週一至週日有各種課程供選擇,如流動瑜珈、氣功、冥想等,客房裡也備有瑜珈墊可上課使用。第3堂課程費用為每人800B起,想繼續上課的話可直接和瑜珈老師洽詢。Aleenta Retreat Chiang Mai也有提供3晚、5晚或7晚的「Ayurah Retreats」度假配套,和飯店諮詢後為住客安排種種活動和療程,量身打造專屬的療癒度假,讓你可以好好地釋放壓力。

The Garden

The Garden主打傳統泰北蘭那料理以及帶有蘭那風味的西餐和燒烤,每道菜都在健康與美味之間取得完美平衡。餐廳也堅持「農場到餐桌」(farm to table)的理念,只和認識和信任的農民和生產者那裡採購食材。

早餐除了歐陸式buffet,還可以從菜單上任意選擇兩樣餐點:西式的歐姆蛋、優格麥片、法式吐司、酪梨吐司,或是泰式麵飯、粥品等,每天都可以吃到不同類型的餐點。

1892 Bar

⏱ 17:00~23:30

在The Garden享用完晚餐後,可到二樓的1892 Bar小酌一杯。酒吧的命名和泰國歷史有關:清邁於1892年正式併入暹羅的版圖。1892酒吧的陽台座位,可以俯瞰泳池和中庭,夜晚燈籠點亮時,景色格外迷人。而白天的1892 Bar則變身為會議室或是大型活動空間。

傳統泰北前菜A Taste of Lanna Kingdom

Ayurah Wellness & Spa

⏱ 9:00~19:00,建議事先約時段和療程

Ayurah Wellness & Spa不僅是Aleenta Retreat的核心,更是一個寧靜的避風港,為旅客提供一個身心放鬆、呼吸和尋找平靜的空間。Ayurah的所有療程和產品皆從有機農場採購、製成。除了常見的護膚保養療程和泰式按摩,Ayurah也有提供190分鐘的Spa組合:主打泰北傳統敲筋(Tok Sen)按摩的Lanna Kingdom、泰國皇家待遇的Royal Thai Ceremony以及印度古法阿育吠陀療程Indian Mantra。

H 尼曼明路Nimmanhaemin Road
The Artel Nimman

別冊P.8C3　從Think Park步行約10分鐘　40 Soi 13 Nimmanhaemin Rd.　0894329853　雙人房每晚2,000B起(房價每日調整)　可　www.facebook.com/TheArtelNimman

The Artel Nimman看似不修邊幅的灰色牆上，鑲嵌著彩色的陶瓷柱，看著既像樓梯的欄杆，也有點像是西洋棋的棋子，更酷的是樓房前居然還有一個溜滑梯。這間小巧卻十分別緻的精品飯店，只有13間房，分布在兩個樓層裡，最大的特色就是回收再利用、化腐朽為神奇，包括建築本身就是舊房舍改建的，溜滑梯也看得出來是水管改造的。

住在樓上的旅客出門時若不想爬樓梯，也可以選擇滑下來；退房時若不想搬行李，同樣可以借重滑梯，饒富趣味。地面層有一個小型餐廳，供房客們享用早餐；飯店範圍內皆有免費無線上網。

H 尼曼明路Nimmanhaemin Road
Kantary Hill Hotel & Serviced Apartments

別冊P.8A3　從Think Park步行約10分鐘　44, 44/1-4 Soi 12, Nimmanhaemin Rd.　222111　Studio Suite約5,000B起(房價每日調整)　可　www.kantarygroup.com/kantaryhills-chiangmai

位於尼曼明路12巷底的Kantary Hill Hotel & Serviced Apartments，腹地廣大、環境清幽，整體建築的風格簡潔、明亮，並適當地融入一些泰北的民俗風情元素。空間分成一般飯店和長住型的公寓式飯店，大致有3種房型，客房或套房內部的硬體設施和軟體服務屬於五星級水準，餐廳、游泳池、健身中心、三溫暖、商務會議等周邊及休閒設施齊全，又位在全清邁最時尚的地帶，無論購物、美食、夜生活各方條件皆選擇眾多，對長住或短暫度假的遊客而言都是頗理想的暫停根據地。

充滿趣味的精品飯店

H 尼曼明路Nimmanhaemin Road
Victoria Nimman Hotel

別冊P.8C4　從Think Park步行約12分鐘　108 Soi 17 Nimmanhaemin Siri Mangkalajan Rd.　212775　雙人房每晚1,300B起(房價每日調整)　可　www.victorianimman.com

如果想住在氣派的飯店裡，但是又不想花太多住宿預算，那麼位在尼曼明路17巷底的Victoria Nimman Hotel是不錯的選擇。7層樓高的Victoria Nimman Hotel，建築與裝潢呈現英國維多利亞式的風格，高貴典雅，看起來不便宜，房價卻很平易近人；共有120間客房，平面電視、迷你吧、免費無線上網等現代設施齊備，部分客房還附設陽台或廚房。飯店裡有一間餐廳和一間按摩中心，對遊客而言相當便利。

H 漢東Hangdong
Veranda High Resort Chiang Mai

🏠別冊P.9D2 🚗從清邁機場搭車約30~40分鐘、從清邁市區搭車約30~35分鐘 🏡192 Moo2 Banpong Hangdong ☎365007 💲雙人房約5,500B起(房價每日調整) 🅿可 🆚
www.verandaresort.com/chiang-mai

　Veranda度假村在華欣、芭達雅和清邁各有駐點,在清邁漢東山區的度假村,巧妙地運用山勢地形,結合泰北傳統元素、自然環境以及現代時尚的泰國設計家具,成為清邁山區炙手可熱的設計度假村

H 山巴東Sun Pa Tong
Kaomai Lanna Resort

🏠別冊P.9C4 🚗從清邁機場搭車約35~40分鐘、從清邁市區搭車約40~45分鐘 🏡1 Moo 6, Chiang Mai-Hod Rd., Ban Klang Sun Pa Tong ☎481201 💲雙人房2,800B起(房價每日調整) 🅿可 🆚www.kaomailanna.com

　為了維持山巴東在煙葉發展時代的社區互助精神,Kaomai Lanna雇用當地鄰里為飯店工作人員,並自行製作周邊觀光地圖,推薦自家附近值得遊逛的景點,提供免費腳踏車讓住客使用,只要循著地圖就可以周遊山巴東。

H 湄霖Mae Rim

清邁四季度假村
Four Seasons Resort Chiang Mai

承襲古王朝的精緻度假村。

🅐別冊P.9D1 🅒從清邁機場或清邁市區搭車皆約25~30分鐘 🅗502 Moo 1 Mae Rim-Samoeng Old Rd. 🅣298181 🅢雙人房約19,200B起(房價每日調整) 🅤 www.fourseasons.com/chiangmai

　清邁四季度假村為四季飯店集團在泰國最具代表性的度假村之一，整個度假村的造景與風格，充分流露出對精緻生活的嚮往，無論是角落裡隨處可見的石雕菩薩，還是水盆裡花瓣微捲的蓮花，都傳達出一種空靈的美感。

　飯店的建築都以700年前泰北的蘭那王朝為藍本，向天空垂直伸展的簷角、線條彎順的佛像畫軸、華麗的門楣雕飾，都是承襲蘭那王朝的文化風格。景觀各異的套房別墅，無論是面向花園或是稻田，都各有風情。

H 湄霖Mae Rim

Panviman Chiang Mai Spa Resort

🅐別冊P.9C1 🅒從清邁機場搭車約60分鐘、從清邁市區搭車約50分鐘 🅗197/2 Moo 1 Tambol Pongyeang, Amphur Maerim 🅣879540 🅢雙人房約3,240B起(房價每日調整) 🅒可 🅤www.panviman.com

　Panviman Spa Resort位於清邁湄霖山區的制高點，群山環繞，可俯瞰山谷，將自然景致盡收眼底。主建築為泰北蘭那風格，像是一座位於山巔的行宮，共計42間客房也給予住客相當寬敞舒適的空間。度假村裡有自己的Spa中心，可以在面對山景的泰式涼亭進行傳統按摩，是最難得的體驗。

深山裡的摩登別墅。

H 湄霖Mae Rim

Proud Phu Fah

別冊P.9C1　從清邁機場搭車約60分鐘、從清邁市區搭車約50分鐘　97/5 Moo 1, Mae Rim Samoeng Rd. (km.18) T. Pongyang, Mae Rim　879389　Relaxant Villa約5,500B(房價每日調整)　可　www.proudphufah.com

在曼谷從事廣告設計，與丈夫一樣都有藝術專業背景的旅館女主人Siriphen，在一次偶然的機會愛上清邁的文化與自然，決定遷居到此。選擇在僻靜山區建立度假旅館，目的是想實現「給都市人一個可以放慢步調、接近自然的地方」的願望。建築設計由友人協助，丈夫負責庭園景觀，而Siriphen則擔起所有室內空間規畫與軟性裝飾的責任，大量使用木頭等樸實自然的元素，展現傳統與現代混搭的時尚。

Proud Phu Fah的餐廳也經常登上在地旅遊導覽或美食推薦文中，餐廳菜單主要是泰國中部和北部料理，有許多清邁人晚上開車上山就為了來享用美食。推薦餐前必點的泰式檸檬冰沙，帶點薄荷清涼，口感絕佳。

H 堆沙革Doi Saket
Rabeang Pasak Treehouse Resort

別冊P.3B2 ⊙樹屋距清邁古城約70公里,可預約接駁車前往 ⊙7 Moo 1 Pasak Ngam Village ☎0930406494 ⑤房價請寄電子郵件至 ChiangmaiTreehouse@gmail.com,餐點和接駁車皆需事先預定 www.chiangmaitreehouse.com

住在樹屋裡對許多人應該是個童年夢想,位於清

邁北郊小鎮雷沙革(Doi Saket)的樹屋旅宿「Rabeang Pasak Treehouse Resort」,即是一位老頑童實現自我的遊戲之作。樹屋的建築師Lee於2010年開始建築樹屋,後來因為大受讚賞,且太多人要求入住,而於2012年對外開放。

這些樹屋的名稱多來自倚靠的樹木,位於地勢開闊處的則以天文現象命名,各樹屋格局錯落不一,或在兩樹間立起連通步道,或沿樹幹築起迴旋梯,或單獨架高一房閣樓,或壓水臨池而建,或高高佇立於樹梢,各有特色。

樹屋外觀各有特色,屋內則曲折宛轉,是一處連結了大自然的完美避世天地。

外觀質地刻意維持原木的粗獷表面,內部營造溫暖狩獵風,角落、裝飾小物、舊行李箱、原木桌椅、馴鹿標本等,都特地從美國進口。

H 湄安Mae On

Na La Mit

📖 別冊P.3B2 🚗 從清邁古城區開車約1小時 📍 64 Moo 2 Huai Kaeo, Maeon, Amphoe Mae On ☎ 0926282393 💲 每晚約7,999B起(房價每日調整) **f** www.facebook.com/Nelamit89/

　　於2021年初開業的Na La Mit,正逢豪華露營(Glamping)席捲清邁各地山區之時。創辦人Allen和Bryan曾旅居美國加州,很喜歡到優勝美地國家公園附近的岩溪湖(Rock Creek Lake)露營,回到家鄉後意外發現湄康蓬村附近的森林溪流,非常適合發展為露營區,便想辦法租下這片小溪旁的山坡地,仿照美國國家公園的森林小屋。

　　「Na La Mit」即泰語中的松樹,只有五頂帳篷和一棟雙層木屋。帳篷間以原木為牆區隔,各自擁有獨立浴廁和露臺,以俄勒岡州、猶他州、科羅拉多州、蒙大拿州及阿拉斯加命名。帳篷內一應俱全,大床、浴袍、拖鞋、Mini Bar、暖爐、移動式冷氣……甚至貼心的提供Marshall 藍芽音響,比五星級飯店更加完善。

室內採用白色、米色、奶油、原木等令人放鬆的大地色調,營造舒適溫馨的氛圍。

H 湄安Mae On
Taryn Tara Cafe and Stay

別冊P.3B2 ●從清邁古城區開車約1小時 Huai Kaeo, Mae On District 0624463636 每晚約4,000B起(房價每日調整) www.facebook.com/taryntaracafe/

道路沿著湄萊河(Mae Lai River)蜿蜒,指向湄康蓬村(Mae Kampong Village)的方向,山路兩旁零星散佈鐵皮民宅和泰北木屋,Taryn Tara Cafe and Stay簡約優雅的白色外觀格外醒目。

Taryn Tara Cafe and Stay分為兩棟建築,較高的那棟,1樓為咖啡館吧台,2樓設置一間客房,戶外露台一層一層交錯下降,直至溪畔,都是可隨意入座的用餐區。另一棟旅宿空間擁有獨立出入口,包含3個房間和起居室。每個房間都有可俯瞰溪流的陽台,淨雅簡約,佈置原木和藤編的自然材質傢俱,與屋外水花飛濺的小瀑布、溪谷中堅硬的巨岩相互呼應。

H 清萊Chiang Rai
The Legend Chiang Rai Boutique River Resort & Spa

別冊P.6G4　從清萊夜市搭車約15分鐘　124/15 Moo 21 Kohloy Rd., Amphur Muang　910400　雙人房Superior Studio約3,700B起(房價每日調整)　可 www.thelegend-chiangrai.com

　倚著湄公河岸，The Legend精品度假飯店一片紅瓦白牆的蘭那風格建築，樓高不超過兩層，1樓的每間住房都有個備有泰式搖椅的後院，像小型私人別墅一樣舒適。有著強烈泰式氛圍的The Legend，也提供復古人力三輪車遊清萊市區的服務，行程路線包括寺廟參觀、清萊夜市等，若只想到夜市逛逛，另有付費定時巴士。

H 清萊Chiang Rai
Anantara Golden Triangle

別冊P.6G4　飯店距市區較遠，建議訂房時請飯店安排接送　229 Moo 1, Chiang Saen　784084　雙人房約32,000B起(房價每日調整)　可　www. anantara.com/en/golden-triangle-chiang-rai

　Anantara Golden Triangle Resort位於清萊山區制高點，站在泳池或是飯店建築外，整片山林美景就在眼前。飯店擁有一座大象營，可以讓住客體驗做一日象伕、親近大象，其位於華欣的姊妹飯店是泰國大象馬球的主要發起單位，在金三角的這家飯店也因為對保育的關心，2008年被富比士全球雜誌旅行者嚴選「對世界最有責任感」飯店。由於飯店位置就近泰、緬、寮三國邊境，不時還會推出船遊三角洲的套裝行程。

清邁市區
Central

這裡劃出的市區大致是指外環高速公路以內的範圍，包括古城區(Old Town)、與之接鄰的塔佩路(Tha Pae Rd.)、清邁夜市 (Chiang Mai Night Market)周邊、濱河(Ping River)沿岸以及尼曼明路(Nimmanhaemin Rd.)，各分區內的吃喝玩買多半步行就可以輕鬆抵達，規劃遊玩路線時，建議可分區分段玩。

Old Town
古城區

清邁舊城的護城河和城牆，完整的將古城區劃出一個清楚的區域，歷史遺址、古寺廟多半坐落在這一區，兩大週末步行街也在其內，如果可以住宿在古城裡或附近，其實不僅在城區內適合徒步觀光，即便走到夜市、塔佩路也不遠，只是晚上城區內的商家比較早打烊，若太晚回飯店，建議還是搭嘟嘟車接駁比較安全。

通資訊
從清邁機場搭車約10~15分鐘

各具意義的古城門。

泰國最浪漫的慶典——水燈節

水燈節(Loy Krathong)源自素可泰王朝(Sukhothai)的一位王妃，她為了撫慰在雨季水患受農損之苦的農民們所想出來的儀式。舉行時間落在泰曆12月，大約是雨季和守夏節結束之後，傳統水燈是以芭蕉樹幹橫切段為基底，用芭蕉葉、鮮花當作裝飾，中央插上香、燭，祈福祝願後放水流，象徵送走厄運，準備迎接新年豐收。(詳見P.26)

👁 城牆城門

🔖別冊P.4D2,D4,E3,P.5C3　🚌從清邁機場搭車約10~15分鐘　📍位於清邁市區中心

　　清邁原來有2道城牆，外城是一道土牆，內城則為磚牆，如今遺留內城的四角磚牆及5座城門，護城河仍清楚地將舊城區劃出四方範圍。

　　當初北邊被視為清邁城的城首，所以乾帕門(Chang Puak Gate)為皇家專用，東邊的塔佩門(Thaphae Gate)是竹筏碼頭的意思，象徵統管城市的基礎，同時也是清邁的迎賓正門，也因此，每年泰曆12月舉行的水燈節活動，就以塔佩門為起點。

　　南邊有兩座城門：清邁門(Chiang Mai Gate)、松旁門(Suan Prung Gate)，前者以往是商貿通行要道，後者則是15世紀才蓋的城門。西邊的松達門(Suan Dok Gate)通往前身是皇宮花園的松達寺，具有保衛城民的意義。

清邁市區 Central

古城區 Old Town

清邁周邊與郊區→清邁延伸順遊

清邁古城這樣玩！

清邁城牆的四個城角也各自具有代表的意義：東北角Sri Phum代表「大地之光」，影響此城的光榮，是最重要的城角；東南角Katam為「捕魚的陷阱」，影響此城的防禦工事；西南角Ku Ruang抵擋不吉祥的運氣；西北角Hua Rin則是水源之意，影響此城的壽命。

現今的城牆是清邁最後一任統治者Chao Kawila，在18世紀末從緬甸人手中奪回清邁城後重修。

古城區旅程起點——塔佩門
來到清邁古城，幾乎很多旅遊路程標示，都以塔佩門為指標地，明明古城這麼大，也有東南西北城門，連古城外東邊的尼曼明路一帶也很熱鬧阿。但只要仔細研究過清邁市區與城門歷史，就不難發現，塔佩門自古就是商業鬧區中心，至今不論串聯古城內鬧區或是塔佩路商區，最便利。

塔佩門也是所有城門中設有寬闊活動廣場之地，幾乎各大活動都在此舉辦、人潮也最多，因此初次到清邁古城，不知道以哪裡為起點、不知道搭車到哪裡下車？那麼直接定位「塔佩門」就沒有錯！

這樣逛最省力！
四四方方的古城區內，東西、南北直線距離都是1.4km左右，看似不大，但如果你以為一天就能輕鬆走完這個老城，那也真的太樂觀了！

首先，古城裡真的景點、店家不少，尤其小巷弄很多外、死巷也特別多，常常走著走著都在走回頭路。如果有2~3天留在老城區，不妨將城區中央劃個十字，重點除了十字上的軸線外，12點至3點鐘的區域，巷弄內背包客棧、有趣店家密集度也相當高，不妨分區徒步輕鬆走逛，時間不夠的人，騎單車或坐上雙條車來移動，也很推薦。

護城河散策
清邁古城從地圖上看，果真是方方正正被圈圍起來，雖然仍保留城門，但其實城牆大都已經毀損不見，反而地圖上這個四方形，如今確實可見的便是護城河，護城河畔邊有著綠樹掩映，兩岸卻是車水馬龍，但一大清早仍相當適合散步跑步運動之處。城牆一圈約6.4km，出發點推薦塔佩門這邊的河畔、鄰近鬧區最便利；東側則有河畔小綠意公園及造景；南側清邁門外因鄰近城門，河畔小公園裡一早就有炭烤煉乳吐司的早餐攤，很適合運動後的早餐處。

❶護城運河兩岸側車流量大，若騎單車務必注意安全。

Chiang Mai: Old City (Ku Muang) Map

隔個馬路外面就是舊城牆的殘垣，形成強烈對比。

融合古蘭納王國風采與歐洲文藝復興細緻裝飾，宛如法國皇宮鏡廳般華麗。

☕ **Versailles de Flore**

小編按讚 👍

🏠 別冊P.5C2 🚶 從塔佩門步行約30分、從乾帕門徒步10分 🕐 225 Sri Poom Rd. ☎ 3624991 🕐 8:00~17:00 ⛔ 週三 💲 飲料約100B

光是參觀、拍照就值得一來。

　　在一片文青老宅風、韓系極簡風、設計工業風等咖啡館密集的清邁，位在西北角城牆內的Versailles de Flore這家咖啡餐廳，周邊環繞數棟融合歐洲文藝復興&泰北蘭納風建築，尤其後院更有一棟宛如聖堂般的精美建築，在素雅的古城中可說是浮誇到令人驚訝。其實這裡是走古典歐風建築風格的5星飯店附設的後花園建築，一旁就是咖啡餐廳，不住在這裡也能輕鬆入內享用，除了飲料、咖啡，也提供各式餐飲，當然**最令人開心的是，一杯飲料就能在這裡大拍、特拍，讓人有種忽然置身歐洲的錯覺。**

清邁市區 Central
古城區 Old Town
清邁周邊與郊區➡清邁延伸順遊

Ratchadamnoen Rd.·步行街

Sunday Walking St.

⊙別冊P.7 ⊙週日約16:30~24:00(各店不一)

行程務必包含週日的最大理由！有吃、有買、有按摩的熱鬧市集！

Ratchadamnoen Rd.這條從塔佩門一直延伸到帕邢寺(Wat Phra Singh)的筆直街道，**是清邁古城裡的主要道路**，街道兩側開了許多餐廳、商店和旅館，遊客平常可以沿街邊逛邊買，累了便找家餐廳、咖啡館坐下來，感覺十分愜意；而這條街道到了**週日傍晚更搖身一變成為只限行人徒步、走逛的熱鬧市集**，被大家稱為「週日步行街」(Sunday Walking St.)。

這時整條街從塔佩門附近開始出現許多攤商，不只道路兩旁有攤商，街道中央也有攤子進駐，裡頭不但有吃、有買，也有按摩；**商品種類琳瑯滿目，從市場雜貨到獨立創作的生活小物、衣飾都有，美食的選擇也很多**，當地特色零食、小吃都吃得到。而且攤商不僅佔滿整條街，更擴張到與之垂直或平行的巷弄。

由於步行街不只有觀光客，當地居民也會來走走逛逛，在最熱鬧的晚餐時間前後，人多到幾乎可用摩肩接踵來形容，至於價格相對來講，也比觀光夜市便宜一些。

由於每週一次的市集太吸引人了，現在整個攤商不僅占滿了整條街，更擴展到與之垂直或平行的巷弄；市集主辦單位也很用心，經常透過大聲公廣播，希望遊客注意隨身物品，畢竟人多難免有意外。

週日步行街《吃玩買》推薦

僅週日傍晚開始營業的古城內步行街，宛如夜市般，吃喝玩樂兼具，除一般夜市便宜貨，也能發現不少手做創意可愛小物或衣飾，而且小吃也是幾公尺就一個，沿途還會隨時傳來音樂演唱或是演奏街頭藝人，隨處都有驚喜。建議以下亮點都很值得駐足，可以作為逛街時的參考。

買 藝術家設計商品

造型誇張的娃娃、樣式幽默的T恤，這些讓人愛不釋手的商品都是當地藝術家親自設計製成，而且價格也不會太貴，逛市集也可以找到有別於大量生產的創意商品。

買 泰國花紋絲質小袋

絲質小袋可以放手機、零錢，簡單的花紋充滿泰北風情。

買 大象造型商品

布偶、布包、掛畫、卡片……各式各樣可愛又便宜的大象造型商品，有些還是店主親自設計製作，樣式很特別。

玩 邊逛夜市還能欣賞古佛寺

清邁到處都有夜市，但古城這條週日夜市最特別景觀除了超長之外，夜市兩旁沿途更有不少佛寺與佛塔，尤其是夜市最東側的帕邢寺，高聳金色佛塔在夜間閃耀光輝，讓這條夜市更加氣勢不凡。

買 油紙傘

清邁的油紙傘工藝有200多年歷史，其以青竹製成，具防水功能，顏色鮮艷豐富，多以花草、孔雀和大象為圖案。

吃 小吃、果汁便宜到令人流淚

長長的夜市街道上，小吃可說每幾公尺就一個，但光吃小吃覺得沒飽足感？兩旁沿途的佛寺內也別錯過，裡面的廣場幾乎都成為美食攤商區，想吃啥通通都有，10B串燒、35B現打鮮果汁……，200B預算就能一次囊括最多種類美食。

放鬆 露天按摩

站在路邊舉牌邀客人就已經很可愛了，這裡的按摩價錢更是便宜到令人疼，腳底按摩半小時大約100~150B，還有舒適的椅子可以坐，逛街逛累了，可以來這裡修補元氣。

廁所 想方便時就很方便

長達1公里的夜市，加上周邊橫貫的數條巷子，慢慢逛2~3小時也不嫌多，但一路吃吃喝喝，萬一想上廁所怎麼辦？還好塔佩門到盼道寺中間，沿途有2~3個集合小店的購物小廣場，都可以去找看看，廁所須付費大約5B。

清邁市區 Central

古城區 Old Town

清邁周邊與郊區➡清邁延伸順遊

☕ CoolMuang Coffee

小編按讚 👍

🅐 別冊P.4E3　🚶 從塔佩門步行約3分鐘　🏠 81 Mun Mueang Rd.　☎ 2697889　🕐 8:30~18:00(週日至19:30)　💲 咖啡60~120B

> 面對塔佩城牆&護城河的咖啡館。

沿著塔佩城牆廣場往北走，**在城牆盡頭與護城河交接處的路口**，就會看到這個**立面迷你，以紅瓦、木造為主的文青風格舒適咖啡館**。對應眼前優雅的紅磚城牆與護城河風景，僅提供咖啡的這裡也是一派優閒風格，除了主屋，後院也有一個半開放式沙發座位空間，而主屋旁宛如涼亭般的座位區，更有連腳都能一起送鬆的躺椅，**將眼前美景與咖啡讓人在此一起盡享**。搭配美景，咖啡也不馬虎，風味均衡的咖啡相當順口，有花式也有單品，也提供少數幾款非咖啡飲料與常溫小糕餅。

> 正對城牆的主屋，將一整面牆挖空一半變成玻璃窗景。

> 庭院中央還有一座巨大的金色佛塔，裡頭嵌有一座小佛像。

👁 攀安寺 Wat Phan on

🅐 別冊P.4E3　🚶 從塔佩門步行約3分鐘　🕐 約6:00~18:00

攀安寺是**由當時的蘭那王朝國王Phra Muang Kaeo於1501年建造**的，原本在同一時期在西邊的不遠處還建有另一座較小的Chedi Khwan寺，後來這兩座寺廟一起合併成現今這座攀安寺。

攀安寺的建造年代正是蘭那王朝極於發展藝術和文化的時期，這座廟宇的主寺為兩層建築、三角屋頂結構，屋頂和成排的窗門都有著精緻的木雕，和刻畫著生動的佛神故事；**寺廟中央供奉著泰國人認為最美的佛——Phra Chinnarat Buddha**，它同時稱做「成功佛」，許多人相信膜拜祂將會幫助事業、工作或家庭順心。寺內的每根柱子、牆壁和天花板都有著壁畫，描述著一些故事，例如佛陀第一次講道的情景。

💡 週五跳蚤市場 Flea Market Friday

週五可以到攀安寺旁的「週五跳蚤市場」逛逛，這個市集從下午一直營業到晚上。雖然招牌上的中文翻譯是跳蚤市場，但其實不是大家想像的二手市集，這邊販售的商品與一般市集無異，主要販售木雕、藝術創作、布包、服飾、配件，另一頭還有小吃攤及座位區，可以坐下來享用美味小吃。每逢週日舉行週日步行街時，夜市範圍也會延伸至此，小吃攤及座位區附近總是聚集大批人潮。

🏠 位於攀安寺外圍廣場
🕐 週五下午至晚上

🍴 Kad Klang Wiang

📖 別冊P.6D2　🚶 從塔佩門步行約3～5分鐘　🕐 71
Rachadamnern Rd.　☎ 208291　💳 可

　Kad Klang Wiang是一座複合式商場，除了咖啡廳和餐廳，也有泰式按摩店、傳統麵店、義國料理、泰北衣飾店等，甚至連旅行社都有，是**遊逛古城最合適的休憩站**，對於住在附近的遊客也相當方便。

🍴 Girasole

🏠 Ratchapakinai Rd.上　☎ 276388　🕐 10:00～23:00
💲 義大利麵140B起　💳 可

　Girasole是間義大利餐廳，特色在於店裡一些餐點和食材，如義大利麵、烘焙麵包、冰淇淋、優格，包括連基本的醬汁、起士或果醬，都**來自自己的有機農場和果園**，再在自家的廚房以手工製成，食材的新鮮和健康，讓許多在清邁的老外會特別來Girasole用餐。

芒果聖代集結冰淇淋、芒果糯米飯、餅乾等，多種美味一次制霸。

🧁 Punn Smoothies

🏠 Kad Klang Wiang 內　☎ 2515204　🕐 11:00～21:00
💲 芒果聖代95B、芒果糯米飯65B　🌐 www.facebook.com/punnsmoothies

　2022年才新開幕的Punn Smoothies，説是水果吧，但位在這處花園中庭內的**可愛小店鋪內**，菜單可**真是包羅萬象**，果汁、飲料、冰品、甜點、**水果沙拉、輕食早午餐通通都有**，而且營業到晚上，對於只想輕鬆吃點東西或甜點、休息一下，或是每天都得水果多多的人，這裡就是很便利的地方。小小店鋪內乾淨又清爽，食物擺盤也相當可愛，鄰近塔佩門之外，店鋪所在的美食中庭區也有其他餐廳，一群朋友也能各自找到所愛。

小編按讚

聖隆骨寺Wat Chedi Luang

วัดเจดีย์หลวง

🅐 別冊P.5D4　　🅑從塔佩門步行約10~15分鐘　🅖
Prapokklao Rd.　◷約6:00~22:00　🅢成人40B、兒童20B
🅘需注意服裝儀容，服裝不合宜者可用100B押金租借沙龍

混合印度、錫蘭式的佛塔，是清邁古城內最高的建築物。

聖隆骨寺，又稱為「柴迪隆寺」，是一座**混合印度、錫蘭式的佛塔**，原本高90公尺，但在1545年一場大地震時傾倒，現在只剩下大約60公尺高，然而500年來，它一直是**清邁古城最高的建築物**，泰國鼎鼎有名的玉佛(Phra Kaew Morakot)就曾經放在此塔東面的佛龕裡，度過80多個年頭。

14世紀末，蘭那國王King Saen Muang Ma時開始建造聖隆骨寺，想存放他父親的遺骨，但直到提洛卡拉王時才完成。聖隆骨寺幾乎位於整個清邁古城的中心，寺內大門入口左邊的城市柱(Inthakhin)是一尊立佛站在一個小亭子裡，據傳是一位隱士向茵特拉神要求保衛清邁免於軍隊的凌虐，於是茵特拉神便派了兩位夜叉帶了這個神柱賜給清邁。至今每年5~6月之間的Inthakhin節時，城市之柱會受到特別的崇拜。

被信眾以金箔貼滿的立佛。

玉佛的旅行故事

曾經在聖隆骨寺裡供奉的玉佛傳說很多。相傳這尊佛像在西元243年就已經在印度完成，數度在印度和斯里蘭卡輾返，兩國爭奪下無意間讓玉佛輾轉出現在吳哥、寮國、和甘彭碧(Kampangpetch)的寺廟。

1390年，清邁國王將玉佛珍藏在清萊玉佛寺(Wat Phra Kaeo)的塔中，之後因為意外，玉佛竟在南邦停留了將近40年，直到西元1468年，提洛卡拉王將玉佛帶回清邁，珍藏在聖隆骨寺東面的佛龕中。爾後因為泰、寮戰爭，玉佛曾一度被帶至龍坡邦，目前本尊已回到泰國，並完好地被供奉在曼谷玉佛寺。

寺廟前的神龍那伽(Naga)。

與僧侶對話 Monk Chat

泰國僧侶地位崇高，早晨的僧侶供養是清邁生活的一部份。清晨六點開始，僧侶下山接受民眾供養，民眾將準備好的一袋袋飯菜點心並幾朵蓮花，往僧缽置放，發放完畢，便攜老扶幼跪地合掌。僧侶們的神情肅穆，垂眼開始吟誦一段短短的經文，為布施民眾祈福。

供養僧侶時，彼此並不交談。若希望進一步了解僧侶的修道生活，可參加聖隆骨寺的「僧侶對話」(Monk Chat)，這是一項寺院發起的文化交流活動，地點在柴迪隆寺佛塔前的涼亭區。只要看到座位上有僧侶，即可大方坐下以英語交流，主題不限。

🛕聖隆骨寺佛塔前的涼亭區　⏰9:00~18:00

潘道寺 Wat Phan Tao

วัดพันเต่า

🏠別冊 P.4 D4　🚶從塔佩門步行約8~11分鐘　📍Phrapokklao Rd.　⏰6:00~18:00

　潘道寺被譽為清邁古城裡最美的柚木寺廟，「潘道」(Phan Tao)是指「1000個火爐」，原來潘道寺曾是鑄佛場，不少泰北的佛像都出自此地。現在所見的寺廟是洪水後修整而成，其實潘道寺遲至1876年才改為寺廟，這裡最早是蘭納王朝的皇室居所，主殿具有皇殿規模，**最值得注目的是主殿門上的雕飾**，孔雀下方有一隻狗狗，這是因為蘭納建築習俗中，會刻上出資修建者的生肖，而狗就是曾修建寺廟的Chao Mahawong王的生肖，也成了皇家建築的證明。

白色燈籠與長幡

第一次到清邁觀光，通常會對機場、夜市或飯店裡高掛的白色長幡和燈籠(泰國人稱之為「Tung」)帶著疑慮，畢竟掛白布或白燈籠，以台灣傳統習俗來說並不吉祥，但在清邁，這些都是祈福、招好運的意思。每家使用的長幡材質不同，有沙草紙或布，有些古老的寺廟還可見到木造的幡，立在大殿正門，例如潘道寺。

清邁市區 Central：古城區 Old Town

清邁周邊與郊區→清邁延伸順遊

清水模與紅磚、鐵件交錯的咖啡空間，具現代風又呈現穩重風格。

小編按讚 👍

店內也販售許多不同烘培度的咖啡豆。

Manee Mana帶有清新的橙皮香氣。

招牌冰滴咖啡Black Juice。

☕ Akha Ama Coffee Phrasingh

📖 別冊P.7A2　🚶 從塔佩門步行約20分鐘　🏠 175/2 Rachadamnoen Rd.　☎ 2678014　🕐 8:00~17:30　☕ 咖啡 60~110B　🌐 www.akhaamacoffee.com

公平貿易的泰北有機咖啡。

　　Akha Ama由年輕的老闆Lee-Ayu Chupa所創立，**秉持著永續發展和公平貿易的理念，為顧客提供有機栽種的高品質咖啡**，招牌飲品為冰滴咖啡Black Juice，而Manee Mana咖啡則富含橙皮的甜味和香氣，融合微酸的咖啡果實氣味，味道清香獨特；此外店內也販賣自家烘焙的咖啡豆及蛋糕甜點。

　　Akha族為清邁高山區的少數民族，過去族人以種植鴉片為生，Ama則是族人對母親的稱呼語，Akha族人改種植咖啡後，Akha Ama Coffee更發展出有機、永續的種植方法，從種植狀況的掌握到自家烘焙、沖煮，讓一杯咖啡真正實踐從產地到餐桌的過程，透過產銷更幫助了咖啡農相互提升品質、將泰北高品質咖啡推向世界。

　　這家**位於帕邢寺前的Akha Ama系列分店**，兩層樓的寬闊咖啡空間，中央工作臺上方空間挑高直達2樓，將咖啡香氣與氛圍毫無遮擋送達每個角落，不論單品或花式咖啡，吸引許多咖啡嗜飲者報到，**熱門程度常常一位難求**。

小編按讚 👍

🍽 The House by Ginger

📖 別冊P.4E3　🚶 從塔佩門步行約10分鐘、從三王像步行約12分鐘　🏠 199 Moon Muang Road　☎ 287681　🕐 餐廳10:00~23:00、The House Lounge17:00~23:30　💳 可　🌐 www.thehousebygingercm.com

融會東西方特色的居家生活商品及料理，完全展現Ginger的品牌概念。

　　Ginger是創辦1997年的品牌，以設計生活起居類用品為主，風格融合北歐式的簡潔與東方的活潑色彩。而The House by Ginger是由Ginger經營的**小型複合式商場**，裡面有餐廳、咖啡廳、精品店鋪和骨董店鋪，分散在庭園的四周，整體很像一間豪宅。

The House food & Kitchen Bar by Ginger

🕐 10:30~22:30　💲餐點約180B起　💳可　🌐 www.facebook.com/thehousefoodandkitchenbar

位在庭院北側一幢玻璃屋裡的The House food & Kitchen Bar by Ginger，**菜色和Ginger的品牌一樣融會東西方特色於一體**，早上11:00之前以供應豐盛的西式早餐為主，11:00之後則全天候可吃到泰式的粄條、飯、沙拉、咖哩等料理，以及西式的漢堡、義大利麵、炸魚和薯條等；酒單及特調飲料選擇眾多。除了用餐外，餐廳裡也展示不少Ginger所設計的商品。

Ginger Shop

在The Ginger & Kafé的後側，就是商品的展示區，商品項目五花八門，包括服裝、提包、飾品、娃娃、抱枕、家具等生活用品，大致分成兩條產品線，一線是全新的設計，許多產品在民族色彩裡添加進摩登的創意，例如手工縫製的泰絲枕頭、抱枕，或是貝殼製的飯碗、菜碟等，瑰麗的色彩和獨特的質地讓人很難不多看一眼；另一線是歷史悠久的珍貴骨董，蒐羅自泰國、中國或其它國家，經過悉心整理，光芒完全不讓新品專美於前。

The Ginger & Kafé

The Ginger & Kafe創意菜單與空間裝飾，承襲品牌風格，在法式家具與西歐氣質的營造之外，又融入些許非洲風情。除了供應道地泰式佳餚，也有不少三明治與薯條的西式餐點組合；特色是擺盤與視覺呈現都相當新穎，卻絲毫不減在地風味，其中泰式綜合前菜包括春捲、炸蝦餅與暱稱「泰國檳榔」的椰子空心菜等，通常做成一口大小的份量，頗為精緻。青木瓜炸螃蟹將茄子、豆子與軟殼蟹攪拌，口感豐富酸甜，是泰北的招牌菜色。

清邁市區 Central

古城區 Old Town

清邁周邊與郊區➡清邁延伸順遊

帕邢寺Wat Phra Singh

小編按讚

วัดพระสิงห์วรมหาวิหาร

📖 別冊P.5C3　🚶 從塔佩門步行約15~20分鐘　📍Singharat Rd.　⏰9:00~18:00　💲進入主殿20B

> 集結重要的蘭那藝術精華，佛像、壁畫、藏經閣都是焦點。

　　帕邢寺集合了許多最重要的蘭那藝術精華，寺廟原名為Li Chiang Phra寺，自從西元1367年，一尊獅子佛被供奉在此，就改名為帕邢寺，泰文原意為獅子廟。

　　關於獅子佛，源自印度Bodhgaya，被認為是高貴且稀有的佛像。獅身體態有些豐滿，頭上的佛光類似蓮花苞、袈裟自然繞在左肩上，尾端垂落在胸前。寺裡的萊卡僧院(Viharn Lai Kham)就是當時為了要供奉這尊獅子佛而建造的，但現在供奉在院中的佛像是尊複製品，真品據傳是在清邁國立博物館。僧院中另一項重要的珍藏就是牆壁上的繪畫。這些畫以描繪早期北方的日常生活情景還有緬甸宮廷的狀況著稱，筆法細膩。

　　此外，一進寺門的右手邊，矗立一座最典型的北方藏經閣，下面有架高的基臺，外牆有灰泥神仙、佛像浮雕，上方的木造藏經閣有精緻的木雕，可說是寺裡傳統藝術精華之處。

認識蘭那寺廟Lanna Temple

嚴格來說，清邁一直到1932年才正式納入泰國的版圖，在此之前，整個泰北，包括清邁南方的南奔(Lamphun)、南邦(Lampang)，仍擁有自己的統治者，維持著700多年前蘭那王朝的習俗、信仰，以致於整個區域在建築、藝術的發展，相較於中部大城、曼谷的緊密交融，顯得較為獨立。不過，由於受到緬甸、中國雲南以及周邊鄰國的影響，蘭那藝術，尤其在寺廟建築上有了微妙的影響與結合。如果要認識蘭那文史藝術，可以先從古城的寺廟開始。

寺廟建築

泰國最基本的廟宇建築通常會有大雄寶殿(Ubosot)、僧院／佛堂(Wiharn)、佛塔(Chedi)、鐘塔、藏經閣、聚會廳、涼亭、火化處。

磚瓦或木造屋瓦
鳳尾
山形牆
僧侶休息處入口
門廊
那伽

建築要件

其中除了從建材和樣式去瞭解，蘭那寺廟還有一些基本要件。

屋簷

蘭那山形牆下的屋簷特色就是雕工細緻，中間部份有垂墜尖弧，若是緬甸統治時期建造的廟宇，則屋簷呈單一圓弧，沒有中央垂墜。在帕邢寺、清曼寺、布帕壤寺等都可看到標準的蘭那屋簷。

蘭那佛像

蘭那佛像分成前、後兩期，前期受到較多清盛(Chiang Sean)、柬埔寨佛像的影響，後期則再融合素可泰佛像的特色。

前期佛像的特色是呈雙盤式結跏趺坐在蓮花座上，右手做觸地印，僧衣覆蓋左肩，身材矮胖，佛胸圓大、肩帶垂到胸前，帶端似蜈蚣齒狀，頭比較圓，下巴有一凸出的結子狀，嘴巴小，唇有輪廓線條，眉毛高，頭上的髮螺較大，頭頂的佛光呈蓮花苞狀。

後期佛像則是單盤式結跏趺，坐在平整的佛座上，肩帶垂到肚臍，身材同樣壯碩，佛臉呈鵝蛋型，口微張，髮螺變小，佛光做火焰狀。

那伽

身形和龍相似的那伽(Naga)廣泛運用在婆羅門教的藝術作品中，通常和印度神Vishnu有關。在泰北出現的那伽據說是源自高棉(柬埔寨)，由那伽護衛的階梯代表彩虹天橋，象徵從人間通往天堂，階梯的盡頭還有兩尊守護夜叉，代表天堂的守衛。雖然在全泰國的寺廟裡，尤其是大門前的樓梯扶手或是牆面上都會出現有「保護」意味的那伽，但只有在清邁(泰北)，才會出現單頭龍，其他地區以單數倍數出現，最多為9頭。

獅子

舉凡在清邁廟前看到這尊挺拔瘦長的獅子，就是緬甸統治時期建造，或是受當時文化影響而打造的廟宇。在素帖寺(Wat Phra That Doi Suthep)和柴孟恭寺(Wat Chai Monglol)都有。

曼寺每年4月1日都會
行宗教活動，抬Phra
Tang Khamani佛像
行繞城一周。

清曼寺Wat Chiang Man

วัดเชียงมั่น

別冊P.7A2 從塔佩門步行約10~12分鐘、從三王像步行約9分鐘 Ratchaphakhinai Rd. 約8:00~18:00

清邁的第一座寺廟就是清曼寺，清邁建城時，蘭那王朝的明萊王在此紮營，監督整個工程的進行。寺中最古老的建築就是由15隻大象承載的塔，另有兩座蘭那式僧院，較大的一座僧院在1920年曾重修過，**佛壇前造於1465年的立佛，是到目前為止清邁發現最早的佛像**。較小的僧院供奉具有造雨神力的兩座佛像Phra Sila與Phra Sae Tang Khamani。

Phra Sila是一尊浮雕，疑似是8世紀時來自錫蘭或印度的珍品，Phra Sae Tang Khamani則是一尊10公分寬、15公分高的小水晶佛像，在明萊王攻下哈瑞彭恰(Haripunchai)前就已經存在，後來隨著明萊王到清邁。

泰國創意設計中心 清邁分館

TCDC Chiang Mai 👍小編按讚

🏛別冊P.4E2 🚶從塔佩門步行約15分鐘、從三王像步行約20分鐘 ⏱1/1 Muang Samut Rd. 🕐10:30~18:00

在清邁也能逛TCDC！材質展及主題展覽值得一訪。

🚫週一 🌐www.tcdc.or.th/chiangmai 💰圖書館以會員制，第一次入館可憑護照免費使用，之後須辦理年度會員證

　想了解泰國商業設計，絕對不能錯過泰國創意設計中心(Thailand Creative & Design Center，簡稱TCDC)，TCDC最早成立於2005年，而在2013年，位於清邁的分館也成立了，成為第一座地區分館。

　這座設計簡潔卻醒目的建築共有3層樓，1樓是CMYK Café及舉辦各種主題展覽的Gallery，可以在展覽中發現泰國設計的精采創意。2樓是TCDC資源中心和「Material ConneXion Chiang Mai」材質展覽，資源中心內有超過6,000本設計相關書籍，也有期刊、多媒體資料等，提供會員借閱；而材質展覽收藏了超過7,000種織品及材料，每次展示250種材料樣本，可以藉此了解商業設計潮流。3樓則為辦公室及會議室。

一進到店內寬闊大廳，有舒適等候區外，也販售Blooming Spa香氛用品。

Let's Relax Spa - Chiang Mai Thapae分店

🏛別冊P.7D2 🚶從塔佩門步行約6分鐘 ⏱97/2-5 Ratchadumnoen Rd. ☎2043751 🕐10:00~24:00 💰腳部按摩60分600B ⭕可 🌐letsrelaxspa.com

　來到泰國不論走到哪個城市，先按摩就對了！舒適又合理的價格，讓人幾乎不按摩就等同沒來過泰國。這家知名老牌連鎖的按摩店，在清邁也有多家分店，這裡則是老城區內唯一一家，也是店面空間最舒適的一家，**粉紅古典優雅的獨棟氣派建築，提供顧客舒適又充滿情調的按摩享受空間**，雖在清邁也有很多各式按摩店選擇，但想要享受高級一點點的、又怕亂選踩地雷，這裡提供諸多Spa按摩療程選擇，幾乎不需特別網路爬文研究、進去就對了。

🍴 Huen Phen Restaurant 👍小編按讚

🏛別冊P.7B3 🚶從塔佩門步行約12~15分鐘 ⏱112 Rachamunka Rd. ☎0818821544 🕐8:30~16:00、17:00~22:00

供應泰北小吃及風味餐食，好味道深受名人喜愛。

　Huen Phen的好味道深獲泰國選美小姐、網球名將的喜愛，旅遊生活頻道的主持人紐約大廚安東尼波登，也曾大力讚賞。餐廳**午餐供應的都是泰北小吃**，包括咖哩麵、泰北式雲南米線(Knom jen numngew)等，**晚餐則有康托客等風味餐食**。店裡最特別的是一道改良小吃——以碎豬肉加剁碎的豬肝、豬腸，用大辣椒、蒜、紅蔥一起燒，將豬血拌進煮好的泰國米飯裡，加上蔥末、香料等，用芭蕉葉包起後蒸熟食用，味道不腥不辣。

🧘 Fah Lanna Spa

小編按讚 👍

🅐別冊P.4D3 🅑從三王像步行約7分鐘 🅞57-57/1 Wiang Kaew Rd. 🅑416191 🅞10:00~22:00(最後預約到21:00) 🅢傳統泰式按摩1小時700B 🅒可 🆄www.fahlanna.com ❶事先預約任一項療程,可提供清邁全市區範圍內免費接送服務(包括送機至清邁機場)

使用有機生產的優良產品,悉心呵護顧客。

　　Fah Lanna Spa以**泰北傳統的按摩手法、香薰療法**,為人們疲憊的身心重獲能量。秉持著服務家人的心情,Fah Lanna Spa所使用的產品都是有機生產的優良產品,同時顧及消費者和服務人員的健康。

　　除了傳統泰式按摩、腳底按摩、香薰油按摩外,招牌療程像是華蘭納靈氣按摩(Fah Lanna Karma)、華蘭納招牌療程(Fah Lanna Signature Treatments)都很熱門;華蘭納靈氣按摩必須提前24小時預約。

茶飲也都是以泰國的香草植物調成,喝起來格外清涼消暑。

☕ Fahtara Coffee

小編按讚 👍

🅑0846235999 🅞7:00~21:00 🅢咖啡50B起、招牌茶飲150B 🅒可 🆄www.fahtara.coffee

在熱帶度假氛圍中享用咖啡,還能幫助偏遠山區兒童。

　　Fahtara Coffee是由Fah Lanna Spa經營的咖啡廳,據守在Spa的入口處,分室內及戶外座位區。儘管室內有冷氣,戶外座位區因為有高大的樹木遮蔭,還有一架不停運轉的水車,同樣涼爽且更具有熱帶的度假氣氛,所以都很受歡迎。

　　Fahtara Coffee的咖啡,**選用泰北山區栽種的咖啡加以烘焙**,濃郁香醇,每一杯咖啡的收益都直接贊助到泰國偏遠山區的學齡兒童;餐點方面有西式的三明治、牛排、義大利麵,也有泰式的炒粄條、咖哩等,選擇多樣化。

清邁市區 Central

古城區 Old Town ➤清邁周邊與郊區➤清邁延伸順遊

☕ OON Poshtel╳Café

小編按讚 👍

📖 別冊P.6E1　🚶 從塔佩門步行約5分
鐘　🏠 56 Chaiyaphom Rd.
0856538489　🕐 9:00~17:00　💲平均
消費約100B起　🌐 www.facebook.com/oonposhtel

> 充滿粉色浪漫的咖啡廳。

　　坐落在能夠眺望清邁護城河的位置，**結合旅宿與咖啡廳**的OON Poshtel╳Café，可說是鬧中取靜的好去處。它原本只是一間青年旅宿，但創辦人認為旅宿樓下的空間十分可惜，因此重新改造，以粉色和白色系為主，並選用木質調的家具擺設於店中，打造出清新、浪漫的氣氛。

> 以新鮮野莓混合優格打成的Mixed Berry Shake(綜合莓優格冰沙)是店內另一招牌。

　　而在OON Poshtel╳Café中能夠享用的飲品，同樣也充滿著可愛的風格，像是名為Lychee Rose的義式蘇打水，用了荔枝、玫瑰花瓣與蘇打水調和而成，清澈透明的氣泡水中，閃爍著粉嫩光暈，光是用看的，就能感受到滿滿的少女心。

🥤 Fruiturday

小編按讚 👍

📖 別冊P.6E2　🚶 從塔佩門步行約3分
鐘　🏠 Rachadamnoen Rd.
0882608585　🕐 8:30~23:30　💲水果
冰沙49B起，芒果口味冰沙及果昔59~79B，Fruit
Family 99B　🌐 www.facebook.com/fruiturdaycnx

> 種類豐富的果汁及冰沙、果昔，瓦解天氣的酷熱！

　　走在炎熱的清邁街頭，總想走進冷飲店躲避豔陽，這間位於塔佩門附近，**主打各式果汁及冰沙**的Fruiturday就很受歡迎。Fruiturday開業於2014年，目前在清邁已有10間店面。店家推出芒果、奇異果、椰子、草莓等一系列的水果冰沙，也有加入牛奶或優格的果昔，其中光是芒果口味就有5種以上的選擇。店內的擺設趣味且溫馨，讓人心情也跟著明亮起來。

Wat Sumpao Thai Massage

小編按讚

別冊P.6D2 從塔佩門步行約3分鐘 158/2 Ratchapakhinai Rd 213468 週一至週六9:00~20:00、週日9:00~23:00 身體按摩、足部按摩皆1小時140B

> 寺廟裡的鄉土Spa，師傅手法不錯，重點是很便宜！

　　清邁大街小巷有不少Spa、按摩店可以選擇，但相對於有專門店面的，這種位於**寺廟裡的街頭按摩反而別有特色**。在寺廟裡的按摩很簡單，小房子裡一排放椅子做足部按摩、一排鋪床墊做全身按摩，裡頭沒有空調只有簡單的風扇，即使這樣，也不覺得悶熱；反倒因為師傅手法不錯，很容易讓人沈沈睡去。這種寺廟按摩很鄉土，**重點是價格很便宜**，感覺在台灣按摩1小時的錢，在這裡可以享受一整天。

入境隨俗，放國歌時請立正站好

　　每天早上8:00和晚上18:00，泰國的車站、電台、公園等公共場所都會播放泰國國歌，聽到國歌時，所有人都必須停止動作、立正站好。而這樣的景象在週日步行街也會發生，就算是滿街正在逛街購物的顧客、正在推銷商品的商家，所有人都會像是「時間暫停」一樣，停止動作，很是壯觀。下次到了泰國記得入境隨俗，聽到泰國國歌時立正站好。

> 藤編店有許多有趣品項，編織質量也不差，吸引許多歐美觀光客聚集。

> 各式香料、花草茶，便利的包裝，想煮出道地泰味，就靠這一包！

FOR RENT

松撒市場

小編按讚

Somphet Market

別冊P.4E3 從塔佩門步行約7分鐘 131/3 Mun Mueang Rd. 約清早~16:00 綜合香料包100~150B、小籐編茶盤50B

> 古城內好吃、好逛傳統市場。

　　就位在鄰近Sense Massage的隔壁路口巷弄裡，從車水馬龍的運河前大馬路轉進去，景象、氣氛忽然變得很不一樣，從早營業到下午的這個傳統市場，對住在古城區塔佩門這側的觀光客而言，是**很適合早起逛市場或來這裡吃早餐**的地方。市場規模不大，但蔬果、雜貨、熟食、小吃樣樣有，但下午蔬果攤已收攤，雜貨小吃等一樣營業。這裡因位置便利，加上所臨的巷子附近背包客棧不少，可以看見不少外國人來這裡尋寶嚐鮮、甚至採買。不買菜的話，這裡也**因應觀光客需求，有各式便利的香料包、花草包、雜貨藤編等可以買**。

Sense Massage Somphet

小編按讚 👍
在地人都推的高CP值Spa。

📍別冊P.4E3　🚶從塔佩門步行約8分鐘　🏠191/2-3 Mun Mueang Rd.　☎0903202778　🕐11:00~22:00　💲腳部按摩1小時350B　🌐sense-massage-somphet.business.site/

在清邁老城內總共有3家分店的Sense Massage，其中位置最便利的便是位在塔佩城門附近的這家，如果你不想坐在大馬路邊按摩，卻又不想花太多錢去較高級點的按摩店，那麼Sense Massage剛剛好的優雅氣質，正好滿足需求。**腳底按摩1小時僅需350B，但空間及設備、按摩功夫一點都不馬虎**，按摩前的飲料、洗腳去角質，然後就可以躺在舒適的躺椅上，提供的頸枕還有著淡淡的精油Spa香氣讓人放鬆，1小時的腳底按摩+肩頸，**甚至可以讓人舒服到睡著**，這裡有不少歐美人士前來，更是在地人也大推的高CP值Spa店。

> 老城內擁有3家店，每家風格設計都不同，值得一家一家去朝聖。

> 按摩後的飲品和美味米餅的組合，幾乎是各家按摩店的定番。

💡 **熱門時段及熱門Spa店一定要預約**

清邁雖然各式價位、各式風格按摩Spa店非常多，但看中這不錯的Spa店想安排按摩的話，建議不要嫌麻煩，路過、經路就趕快預約起來！千萬不要以為現場再詢問就好，通常假日、熱門時段、熱門店，有的甚至2天前就已預約全滿，尤其每天走路走到累、逛街逛到腰酸背痛，花個400~600B好好放鬆一小時，絕對超值，天天都可以來按一下！

> 以大碗裝滿果泥，再鋪上芒果、木瓜、酪梨、火龍果、堅果碎、香蕉乾、椰子粉等，頗具飽足感。

Khun Kae's Juice Bar

小編按讚 👍
從早到晚潮洶湧的果汁吧

📍別冊P.4E3　🚶從塔佩門步行約12分鐘　🏠19 3 Mun Mueang Rd.　☎3783738　🕐9:00~19:30　💲Smoothie Bowl (碗裝果昔) 90B

這裡從早到晚人潮總是滿滿滿，**受歡迎的原因在於採用有機蔬果外，各式蔬果汁大都50~60B佛心價**。光看到吧檯上滿滿各色蔬果就讓人元氣滿滿，但一看果汁單就傻眼，也太多太多選擇，對英文有障礙的別擔心，總之大都是依據想要明目、皮膚漂亮、排毒……各式蔬果汁組合説明，反正閉上眼隨便點都不會出錯。

也推薦來這裡享用滿滿一大碗公裝的Smoothie Bowl，健康又清爽，當早餐、午餐或補充蔬果，滿滿一碗絕對滿足。

Herb Basics

小編按讚 👍

📍別冊P.7C2 🚶從塔佩門步行約5~8分鐘 🏠174 Prapokklao Rd. ☎326595 🕐週一至六9:00~18:00、週日14:00~22:00 💰500B以上可 📱www.herbbasicschiangmai.com

清邁知名Home Spa品牌，天然草本製作，超受遊客歡迎！

如果喜歡**天然草本**製作的Home Spa用品，千萬別錯過這家清邁本地的品牌小店。Herb Basic的產品多**以泰國本地生產的香茅、檸檬葉、山竹、米、椰子等當作素材**，製作出從頭到腳、從身體到家裡各式香氛、香皂、保養清潔用品，產品選項多、價格便宜，包裝樸實無華且透著淡淡清香不刺鼻，而且費用平實，送禮自用兩相宜。

店裡也有賣線香架、手足按摩用具、泰式藥草包等。

麗菈泰式按摩

小編按讚 👍

Lila Thai Massage

📍別冊P.7C2 🚶從塔佩門步行約8~10分鐘 🏠86-88 Ratchadamnoen Rd. ☎327243 🕐10:00~22:00 💰麗菈泰式完整按摩2小時700B 📱可 🌐www.chiangmaithaimassage.com

讓更生人習得一技之長，以手法純熟、態度親切的按摩服務出名。

創辦人Naowarat Thanasrisutharat過去曾在清邁女子監獄擔任總監，**為了幫助受刑人出社會後能展開新生，便創辦了這家Spa**，讓她能習得一技之長，避免因為缺乏就業機會重新走上犯罪之路。因此，這裡的芳療師不但都經過長達180小時的嚴格按摩訓練課程，手法純熟，在心態上也懂得珍惜自己的工作，對客人更是親切尊重。

推薦療程有麗菈泰式完整按摩──在長達2小時的療程中，可以分別獲得足部、手部、背頸肩部和頭部的按摩，與泰國草藥香包熱敷，讓人從頭到腳都獲得全方位呵護，迅速讓身心獲得重生、釋放壓力。這裡的Spa療程皆提供中文說明。目前在清邁共有6間分店。

A.U.A 泰英文語言學校

A.U.A Language Center

📍別冊P.6D2 🚶從塔佩門步行約3分鐘 🏠24 Ratchadamnoen Rd. ☎214120 📱可 🌐www.auathailand.org

有不少人是因工作或個人興趣而參加語言課程。A.U.A(American University Alumni)是**泰國相當知名的語言學校**，以教授英、泰語為主。在清邁的分校就位於古城裡、近塔佩門，課程分有團體和小班制，時間也很彈性，若計畫長時間停留清邁，或想學學泰語，A.U.A無論在時間和費用上都經濟實惠。

店門外茂盛的熱情九重葛，是最明顯店招。

NOWHERE COFFEE BREWERS

📍別冊P.4E3 🚶從塔佩門步行約11分鐘 🏠20 Moon Muang Rd. ☎5538670 🕐11:00~20:30 💰咖啡80B

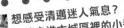

帶點chill、頹廢自由風，可躺可坐、或盤坐，總之一切自由。

　喜歡不受限的自由派嬉皮風格？這家咖啡館把座位區整個搬到大大的院子裡，沒有一桌一椅的固定風格，端杯咖啡，盤腿坐在小涼亭裡，或是隨意就著一張椅子、自由調整喜歡的院內角落方向皆可。這裡白天是一家**氣氛自在的咖啡館，直接採購在地咖啡豆支持咖啡農的好產品，全部以手沖方式、無論冰熱都能展現好風味**。夜晚則變身成奔放音樂演出的咖啡&酒吧處，圍繞院落的建築2F也有服飾賣店，院落旁宛如用廢棄木、茅草隨手搭建的吧檯、涼亭處，讓人感受熱帶特有的悠閒風。

想感受清邁迷人氣息？
那就走進古城區裡的小巷弄吧

　清邁之所以迷人，在於充滿生活感的巷弄中，沒有車水馬龍的車子呼嘯而過，偶爾一段短牆塗鴉彩繪，巷弄中的老屋、民宅、隱密的咖啡館、餐廳、果汁小舖、古寺院等，還有滿滿綠樹間隔其中，好像都沒商店的感覺，但卻又會忽然在花蔭中隱約現身，讓散步其中充滿小驚喜也不會太張揚。與人滿滿的放鬆慢活感，越放慢腳步、越能感受到屬於清邁式「鬆」的奧義。

古城區內租個單車自在又暢快

如果停留在古城區1~2天，又想每個角落通通好好探索一下，那麼利用一台腳踏車絕對是最快速的方式。古城內很容易能找到租腳踏車處，租金一日約落在80~150B左右，大都以24小時計，因此也不用擔心傍晚得急著回去還車，如果只是單純古城內騎乘，只需便宜的車款、甚至連變速都用不上。但新舊款就有自己的荷包預算，新款大都會有防褲腳捲入的防護架，穿寬長褲、長裙的就務必租這款。另外規劃路線時，注意死巷、單行道也特別多，若看不懂到底哪條是單行道，稍暫停看看車行方向就知道了，另外，務必、務必注意，泰國都是左駕，可別騎到對向去了。

❶租單車要帶護照、也需押金約1,000B不等

入鄉隨俗！單雙號停車規範？

不論租單車、租機車，騎上路很簡單，但停車時到底可以停哪裡呢？清邁的路邊可以停，也有收費停車場可選。路邊停車的話，總之看到大家車停在哪，就往那邊停就對了，只要避開人行道邊陣有劃紅白線的區段、也不要阻擋道交通&人行通道，維持基本停車禮儀大都不會出錯。但有一點絕對重要，那就是停車必須依日曆上的單號，就停在門牌單號這側，雙號日就停雙號門牌這側。清邁老城內路面窄小，若兩側都停很快交通就大打結，至於單號、雙號哪裡找？老話一句，看大家今天停馬路哪一邊，跟著停就對了！

❶單車勿必租有帶鎖的；機車務必戴安全帽、國際駕照，以防經常性臨檢，不要心存僥倖。

傳統泰式風格布紋，變身成流行的半月包。

🎁 Chanya Shops and Gallery

🗺 別冊P.7C2　🚶 從塔佩門步行約10分鐘　⏰ 147/1 Ratchadumnoen Rd.　☎ 3245996　🕘 9:00~21:00　💲 布飾大象鑰匙圈35B、半月包約400B

塔佩路上沒有尼曼明路一樣有大型購物區、百貨，稍具品牌的專門店也大都開在那邊。古城區裡中央的Ratchadumnoen路，則比較偏向能找到不少小物或手作的小店舖集結的小商區，而位在中間路段的這處小商場，宛如一個迷你小市集一樣，**聚集了將近10多家小舖，如果時間沒辦法趕上週末假日夜市，這樣一個小小區，也能滿足逛街樂趣**，可找到各式大象可愛小物，也很適合採買小禮物送人。當然服飾、包包、飾品、鞋子、木刻飾品等實用品項眾多，帶點手作設計風格，價格平實，也都很好買。

🍴 Aroon Rai

ร้านอรุณไร

🏠 別冊P.6E2　🚶 從塔佩門步行約3~5分鐘　🚪45
Kotchasam Rd.　☎276947　🕐12:00~21:30　🍽綠咖哩
飯55B、芒果糯米飯50B

自稱店內有清邁最好吃的咖哩，類似自助餐檯上
有各式咖哩讓客人選點，外國、本地客人都有，也可
以單點泰北口味的料理。說真的，要真的比較在地口
味，Aroon的咖哩有辣度、有點香氣，但味道吃起來
其實並不如招牌上寫的精采。

認識蘭那王朝
生活。

🏛 蘭那民俗生活博物館

Lanna Folklife Museum

🏠別冊P.7C1　🚶從塔佩門步行約10~12分鐘　🚪Phra
Pokklao Rd.　☎217793　🕐8:30~17:00　🚫週一及潑水
節　💲全票90B、半票40B　🌐www.cmocity.com

與三王像及清邁城市藝術暨文化中心對望的蘭那
民俗生活博物館，同樣是一幢乳白色的殖民風格建
築，但與其說它是博物館，不如說是一個展覽場，展
場的空間不大，**裡面真正的古物並不多，而是有一系
列說明文件反映泰北地區的文化、歷史、信仰與習
俗**，大約1個鐘頭左右可以盡覽，對於認識清邁是個
不錯的導引。

👁 蘭那建築中心

Lanna Architecture Center

🏠別冊P.7C2　🚶從塔佩門步行約5~8分鐘　🚪117
Ratchadumnoen Rd.　☎277855　🕐8:30~18:00(週日
至21:00)　💲門票免費　🌐www.lanna-arch.net

蘭那建築中心隸屬於清邁大學的建築系，展館本
身就是一座兩層樓的老屋舍，館內沒有精緻華美的展
場布置，主要以學生或當地藝術家的作品展覽為主，
並以簡單模型和圖文，解構清邁幾個重要的廟宇與
建築的今昔樣貌。

充滿創意和想像力的設計師小店。

Supachet Studio

📍別冊P.7C2 🚶從塔佩門步行約5~8分鐘 📍56/2 Rachadamnoen Rd. ☎0899501329 🕐週一至週六10:30~18:00，週日10:30~21:30 💲馬克杯580B起，項鍊600B起 💳可 🌐www.facebook.com/supachetstudio

Supachet Bhumakarn本身是藝術系科班畢業，對繪畫擁有高度熱忱，2002年起在清邁的夜市販售畫作，後來也開店創業。2012年8月開設了這家以自己名字命名的小鋪，**既是店面也是工作室**，販售各種馬克杯、陶瓷器皿、擺飾、T恤、布偶和大大小小的畫作。

細看店裡諸多作品，大象、貓、兔子、鳥等是最主要的圖像，因為大象不但是泰國的代表圖騰，也是藝術創作者Supachet本人的自我投射，而貓則是他的最愛、兔子象徵想像力、鳥則象徵自由。Supachet期許自己在忙碌之餘，不要失去想像力和自由。2015年，店內也開放了2樓的空間，展示Supachet個人的藝術創作。

20:00過後現場每天有免費演唱，讓氣氛更加悠閒舒適。

©Supachet Studio

Lanna Square

📍別冊P.4E3 🚶從塔佩門步行約9分鐘 📍5 Ratvithi Rd. ☎4090000 🕐17:00~24:00 💲肉串燒烤套餐99B、泰式海鮮炒河粉150B

洋溢悠閒氣氛的露天音樂美食區。

小編按讚👍

在Crusty Loaf Bakery後方、巷子裡一道高牆圍繞，白天經過也許不會發現，但入夜後燈光亮起，這裡成為一處美食音樂的享樂地。2023年才新加入美食戰區的這裡，**不同於夜市裡的吵雜美食區、或是擁擠的餐廳，這裡宛如無人知曉的天地般，舒適又放鬆，許多外國人都愛來此用餐聊天。**四周由大約30個美食攤位所圈起的中庭內，放滿矮桌椅，有現打果汁冰品、燒烤、西式，有日式也有泰式，更有冰櫃區各式飲料，3、5好友或一個人，都能在這裡享受音樂放鬆用餐，是想遠離街上人潮的好地方。

©Supachet Studio

清邁市區 Central ·古城區 Old Town ·清邁周邊與郊區 ·清邁延伸順遊

清邁市區 Central

古城區 Old Town

清邁周邊與郊區 清邁延伸順遊

帶來好運的廟宇。

◉ 端迪寺 Wat Duang Dee

วัดดวงดี

🚩別冊P.7C2 🚶從塔佩門步行約10分鐘 🏠158/2 Ratchapakhinai Rd

這座廟的泰文名意指「好運」，曾有稗官野史流傳說有一位端迪寺的和尚，曾任短期的蘭那國王，但其歷史並不可考。端迪寺內有一座非常美的藏經閣，雖然沒有帕邢寺的藏經閣經典華麗，但牆上的雕刻和整體樣式，仍讓人忍不住駐足端詳。

🍴 清發

🚩別冊P.7C1 🚶從塔佩門步行約12分鐘、從三王像步行約2分鐘 🏠43 Intawarorot Rd. ☎327262 ⏰6:00~15:00，賣完為止 💰海南雞飯40B起，沙嗲10串60B

Intawarorot路上有不少小吃店，其中**創立於1957年**的清發就很有人氣，也是不少旅客會特地造訪的店家。這間老店**以海南雞飯及豬肉沙嗲最出名**，點上一份海南雞飯，配上夠味的沙嗲，100B左右就很滿足。店家每天早上六點開賣，因為生意很好，往往中午就會賣完。另外，店內有中文菜單，也有不少店員會說中文，點餐完全沒困難。

◉ 三王像

Three Kings Monument

🚩別冊P.4D3 🚶從塔佩門步行約10~12分鐘

👍小編按讚

清邁建城歷史的見證，紀念三王的友好聯盟。

在清邁城市文化中心前方有座**三王像**，鐵鑄3位面對面的俊美男子，**分別是素可泰王朝的藍干亨王(King Ramkamhaeng)、帕瑤(Phayao)的南蒙王(King Nagm Muang)以及當時清萊的明萊王(King Mangrai)**。

當時由於中國元朝氣勢如虹，為了擴展領土而使出「聯泰制緬」的策略，泰北的素可泰王朝也以進貢方式維繫兩國之間的和平。但在1287年，元軍南下攻占緬甸浦甘(Pagan)後，藍干亨王迅速與當時泰國北方兩大勢力，南蒙王、明萊王締結盟約，誓言維持和平，並共同維護邊界安全。他們終其一生都維持這樣的聯盟關係，明萊王在建造清邁城時，兩位國王也鼎力相助，集結9萬人協助建城。這座塑像不但紀念一段友好聯盟，同時也記錄了清邁建城歷史重要的一頁。

認識清邁發展歷程的最佳去處。

🏛 清邁城市藝術暨文化中心
Chiang City Arts and Cultural Centre

📖別冊P.4D3 🚶從塔佩門步行約10~12分鐘 📍Phra Pokklao Rd. ☎217793 🕐8:30~17:00 ⛔週一 💲全票90B、半票40B 🌐www.cmocity.com

　　位於Phra Pokklao Rd.與Tambon Sriphum兩條大馬路的交叉口上，清邁城市藝術暨文化中心的建築本身完成於1924年，是一幢殖民風格的典雅乳白色建築，**原本是皇室使用的廳室、清邁城市柱的所在地**，在清邁第7位國王Inthawichayanon過世後，他的女兒便將這幢建築讓給地方政府使用，目前裡面分為兩大區塊：東側部分屬於永久展示場，以15個廳室展出這個城市完整的歷史脈絡；西側則以短期活動為主，好讓大家了解清邁傲人的過往，進而更珍惜現有的習俗與文化之美。

🎁 Chiang Mai Cotton

小編按讚 👍

精選對環境無害的布料及染劑，製作天然棉質布衣。

📖別冊P.7C2 🚶從塔佩門步行約8~10分鐘 📍141/6 Ratchadamnoen Rd. ☎089757 5659 🕐週一至週六10:00~19:00、週日10:00~22:00 💲上衣490B起 💳可 🌐www.chiangmaicotton.com

　　店主因為自己學服裝設計，深知化學染料對於環境和人體的不良影響，便自己開業，親自**挑選質優且製造過程對環境無害的布料、染劑來進行設計與剪裁**。衣褲多為棉質，圍巾則另有泰絲材質，樣式剪裁簡單、用色高雅，如果喜歡棉質布衣，或是本身對於不良布料有易過敏體質，應可在Cotton Chiang Mai店裡找到合適的衣服。店內另有棉麻製作的彩色零錢包、鉛筆盒等可愛小物。

清邁市區 Central

古城區 Old Town

➡清邁周邊與郊區➡清邁延伸順遊

🍴 The Writers Club & Wine Bar

🅐別冊P.7C2 🚶從塔佩門步行約8~10分鐘 🏠141/3 Ratchadamnoen Rd. ☎814187 🕐12:00~午夜 ✅可

　　2003年就開店至今的The Writers Club & Wine Bar，算是**清邁的老牌餐廳**了，來吃的有不少是熟客；於2015年過世的老闆是位英國小說家，這也就是為何餐廳名稱叫做「Writers」了。餐廳**料理以泰國老闆娘拿手的泰國菜為主**，菜色偏家常口味，價格平實，還有中文菜單。

☕ Rich Coffee House

🅐別冊P.4D2 🚶從塔佩門步行約20分鐘，從乾帕門步行約2分鐘 🏠67/1 Sri Poom Rd, Tambon Si Phum ☎223838 🕐7:00~20:00 💲咖啡50B起 🌐www.richcoffee-house.com/index.html

　　以傳統木屋打造的Rich Coffee House，以自製糕點為號召，**店內的巧克力、點心、餅乾和蛋糕，全是手工自製**，看起來可口誘人；店內位子雖然不多，所幸戶外座位大且舒服，坐在屋簷樹蔭下喝杯飲料、吃塊蛋糕，簡單消磨一下午也能自得其樂。

> 在這裡不論做哪一種療程，皆贈送藥草足浴和綠茶鹽去角質。

🧍 Khunka Massage

> 小編按讚 👍
>
> 古城主街上的人氣Spa，套裝療程讓人獲得完整呵護。

🅐別冊P.7C2 🚶從塔佩門步行約8~10分鐘 🏠80/7 Ratchadamnoen Rd. ☎0807772131 🕐10:00~22:00 💲Promotion 2小時590B ✅可 🌐 www.facebook.com/Rachadamneon

　　推開Khunka Massage的大門，撲鼻而來的精油芬芳，讓人心情立刻放鬆了下來；這是古城主街上一家生意很好的Spa，**主推療程是它們的1號套裝療程——Khunka Signature**，芳療師將綜合客人的身體狀況，以較為傳統的手法，提供90分鐘的精油按摩和藥草包熱敷，以及60分鐘的臉部芳療；另外，套裝療程2——Touch of Your Senses也很受歡迎，內容包括60分鐘的腳部按摩、90分鐘的泰式按摩和30分鐘背、肩和頸精油按摩，全程3小時的完美呵護，讓人獲得完整的Spa洗禮。

Jok Sompet

🍴 別冊P.4D2　🚶 從塔佩門步行約 10~12分鐘、從三王像步行約14分鐘　🏠 Sri Poomm Rd.　🕐 24小時　💲 20~50B

可當早餐也可當消夜，吸飽鮮甜湯頭的粥品好美味！

在泰國，清粥可以當早餐也可以當宵夜，而且在點菜時粥和稀飯可要分清楚，粥(Jok)就像廣東粥，整鍋熬到米粒不成形，稀飯(Khao Dom)像台式鹹稀飯，米飯粒粒分明。

清邁舊城北方就有一家**老字號粥品店**，無論是粥或是稀飯都可以選擇要魚、雞、豬還是內臟等配料，稀飯上桌前撒上切碎的蘿蔔干和細蔥，粥品則撒上一把炸過的米粉和蔥、薑，米飯吸飽了湯頭的鮮甜，加上細蔥的香氣畫龍點睛，每一口都美味。

SP Chicken

ไก่ย่างเอสพี

🍴 別冊P.7A2　🚶 從塔佩門步行約 18~20分鐘　🏠 Soi 1 Samlan Rd　☎ 0805005035　🕐 10:00~17:00

人氣東北烤雞，醬料提味最加分！

原開在古城東北牆角的這家烤雞店，於2013年5月搬到現址。看到店家招牌寫Kaiyang(東北烤雞)，通常八九不離十就是賣泰國東北菜(Esarn Food)，基本的菜色就是烤雞、青木瓜和糯米飯。SP Chicken供應的烤雞體積不大，肉質和一般肉雞相似，**烤製火候適當**，最重要的提味大臣就是店家以魚露、蔥、辣椒等製作的醬料，蘸上雞肉，不僅有潤滑口感的效果，也很夠味。

鬧中取靜的小而美咖啡館。

Coffee Lovers

🍴 別冊P.7A3　🚶 從塔佩門步行約15~18分鐘　🏠 175/1 Ratchamanka Rd.　☎ 275561　🕐 7:00~18:00　💲 椰子汁60B、奶茶50B、鬆餅58B

相較於Ratchadamnoen Rd.這條主街，與之平行的Ratchamanka Rd.進出同樣方便，但環境清幽多了，Coffee Lovers這間咖啡館就坐落在這條街上，店面沒有過多的裝飾，但幾盆綠色植栽、幾張木質桌椅，並以可愛動物為造型的小木雕妝點其間，卻也簡單構築出一種日式小咖啡館的情調，在這裡點杯飲料、吃塊小點心，就能感受清邁初始清麗優雅的氣質。

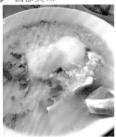

👁 Kalm Village Chiangmai

👍 小編按讚

🅐 別冊P.4D4 🚶 從塔佩門步行約18分鐘、清邁門6分
鐘 📍 14 Soi 4, Phrapokklao Rd. ☎ 1152956 ✉
9:30~18:30 🚫週三 ✅可 🌐 www.kalmvillage.com

集結展覽、咖啡、購物與休憩的工藝中心。

2021年才新開幕的Kalm Village，雖然獨自藏身在西南側的古城區內，但絕對值得特地來一趟。**融合泰式住宅風格與現代設計的8棟建築**，在此圈圍出2個中庭，而這8棟各有2~3樓高的建築也以2樓廊道互相串連，各建築也有獨自功能，**包含藝廊、商店、餐廳、咖啡館、圖書館、多功能空間**，以泰國編織圖騰為意象置入不同建築細節，**將清邁及泰北的工藝、民間藝術、文化風格、設計在此分享給大眾**，更棒的是，這裡是免費進入參觀，不論3層樓的藝廊展覽空間、圖書館、中庭等，宛如一處微聚落，適合在此悠閒待上2~3小時。

位在3F的Kalm玻璃涼亭，能眺望老城古寺美麗的風景。

泰式建築的中庭象徵聚攏，悠閒氣氛也將不同地域人們在此聚攏。

🔘 Kalm Archive & Gallery

🅰 Kalm Village內入口左側 💲 免費

位在入口左側這棟木造格狀外觀建築，就是藝廊所在，每一層樓的面積雖不大，但展覽作品卻相當精彩，**1樓不定期更換展覽內容外，2~3樓則為泰國各地工藝、織布、染布等傳統常民工藝常設展**，雖是常設展，但仍會定時更新不同展示品，精彩的收藏透過展示空間的獨特設計，讓老工藝展現驚人面貌，尤其織品圖案各個精彩細緻，讓人越看越著迷。

店內一角也附設陶瓷、藤編工藝品販售，售價稍高，但質感絕對上乘。

☕ Coffee House

🏠Kalm Village內庭1F ⑤咖啡95B、陶製小茶杯約150~350B ❗進入圖書館需拖鞋，咖啡飲料可帶進去、甜點需在店內用畢

充滿古典風格的**Coffee House**，位在Kalm Village內庭最底端的角落，**被芭蕉等植物環繞，營造出充滿靜雅的氣質**，這裡的咖啡跟茶、花草茶，都以在地生產為來源，可以點杯咖啡、茶或甜點，享受一個人的時光。咖啡館內有樓梯直通2樓圖書館，也可把飲料端到樓上，翻看自己喜歡的藝術書籍。當然如果想要享受樹蔭下陽光，到中庭享受天光也很棒。

光隨意逛逛看看，也有逛逛傳統工藝中心般的滿滿收穫。

🎁 Lifestyle Stores

精挑來自泰國的工藝居家精品，以及織布或染布製作的各式服飾、包包、布製品，各式各樣的多元品項，**將傳統工藝再轉化，成為適合現代人生活中的新主角**，3個店鋪分散在Kalm Village內的不同建築空間中，在上上下下穿梭建築之間時，美麗的工藝品不經意就在眼前展現，價格高低皆有，可以細細挑選工藝職人設計好物帶回國，實用與質感兼具。

Oasis Spa

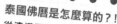

小編按讚 👍

🏠 別冊P.7A2　🚶 從塔佩門步行約15~20分鐘　📍4 Samlan Rd.　📞920111　🕙10:00~22:00　💲Queen of Oasis/ King of Oasis 2小時3,900B、The Voyage of Golden Lanna 1.5小時5,900B　💳可　🌐www.oasisspa.net

從清邁起家,打造一方城市Spa綠洲。

Oasis Spa於2003年在清邁首度設點,目前在曼谷、芭達雅和普吉島各有分店,在清邁則有5家。位於古城區的Oasis Spa,**採傳統蘭那式建築,主打精緻Spa療程**,在古城裡打造一方如其名的城市Spa綠洲,並曾多次獲得泰國國內各項Spa獎項。

Oasis Spa**所使用的產品都是泰國本地品牌或天然素材**,其中最受歡迎的療程就是源自印度的Ayurveda Package,或是以金箔和嚴選精油,搭配Oasis自製音樂,由兩位按摩師跟著音樂節奏推按的The Voyage of Golden Lanna Massage,據說不僅舒緩肌肉疲勞,也可恢復肌膚光澤。

泰國佛曆是怎麼算的?!

從清邁買包米餅回家當伴手禮,但……你發現了嗎?有效日期竟然到2566年!!什麼米餅這麼厲害啊,你沒看錯喔,但這年份標的可是泰國的佛曆,雖然一般商品不太常這樣標示,但如果發現年份太浮誇,那可能就是以佛曆標示的年份喔。佛曆是以佛陀釋迦牟尼涅槃圓寂年起算為第1年,也就是西元前543年,因此西元年數字加上543,就是佛曆的年份,怕傻傻分不清楚?那就用台語543來記、超好記吧。

街邊店的門面雖小,但店鋪其實延伸向內,品項陳列相當多。

Loyfar shop

🏠 別冊P.7C2　🚶 從塔佩門步行約10分鐘　📍Rachadamnoen Rd.　📞271877　🕙9:00~17:00　💲12生肖造型迷你珠寶盒33B　💳可　🌐loyfar.com

窄小的黑色調店面,雖然位在人來人往的古城中央大街上,低調的風格很容易就被忽略,但只要眼神閃過這店鋪,很難不被店內那閃耀七彩色澤的美麗錫器所吸引。這家以**銀、錫器設計為主軸的店,設計師將銀、錫器與珠寶、銅、玻璃等器皿做異材拼搭,設計出各式各樣讓人愛不釋手的精品**,從裝飾用的各式大型錫製器皿,到手掌大小的可愛裝飾動物、項鍊等,實用型的餐桌用品、書桌用品也都不缺席,不愛傳統銀錫器長相、卻想找個特殊設計品,這裡絕對能發現想要的。

走在稍微搖晃的竹橋上，當蓮花盛放季節，更加美不勝收。

杰林寺 Wat Jedlin (Wat Chetlin)

วัดเจ็ดลิน

🏛別冊P.4D4　🚶從塔佩門步行約15分鐘、清邁門4分鐘　📍Prapokkloa Rd.　☎814315　🕐04:00~17:30(週一、日8:00~16:00)　💲免費

　　與大名鼎鼎的柴迪隆寺位在同一條路上，同為古寺，但這裡明顯靜謐許多，**古寺內有著美麗的大水池、蓮花、木橋、竹橋、古石造佛塔、僧人房舍等**，小巧卻充滿各式不同風景，也提供課程等，讓這個古寺也吸引不少歐美外國觀光客前來一探。進入佛寺最讓人印象深刻的便是大門前那個石造的佛頭雕像，這景致也成為杰林寺標誌性風景，但更多人喜歡去佛寺後方的大水池，**美麗的竹橋、老馬車造景等**，也意外成為網美打卡地點。

🍴 **Onthiprot**

อ่องทิพย์รส

🏛別冊P.4D2　🚶從三王像步行約6~8分鐘　📍179/3 Phrapokklao Rd.　🕐17:00~4:00　🍜魚丸麵35~40B、豬骨麵35~40B、大排骨湯35~40B

小編按讚 👍

簡單的湯麵及大排骨湯卻有高人氣，美味的湯頭就是決勝關鍵。

　　傍晚一開始營業，這家麵店的人潮就沒斷過，其實**店家賣的項目很簡單，就是各式湯麵和大排骨湯**，而用餐人潮之所以湧進，一個是因為麵點的湯頭真的很美味，清爽帶著肉類燉煮的甜香，如果不加任何泰式佐料，光喝清湯也很舒服；另一個招攬人氣的原因就是年輕店主據說是電視名人，客人點餐時總會大聲地向料理台方向覆誦，令人印象深刻。

清邁市區 Central

古城區 Old Town

清邁周邊與郊區▶清邁延伸順遊

☕ Crusty Loaf Bakery

🔲別冊P.6D1 🚶從塔佩門步行約8分鐘 📍28 Ratvithi Rd Lane 1 ☎4510438 🕐9:00~18:00 🚫週二 💲英式早餐套餐275B、肉桂捲40B 🌐unirishpubrestaurant.com/bakery/

有提供傳統英式早餐的麵包店。

位在U.N. Irish Pub & Restaurant旁、隔著小巷弄對望的Crusty Loaf，是其姊妹店，與其說是姊妹店，更像是U.N. Irish的起源點，原本以烘培坊起家的這家Pub餐廳，將最拿手的麵包烘焙獨立出來後，提供更多種類的**麵包、甜點、餅乾外，也以麵包發展出各式餐盤美食**，尤其對於習慣西式早餐的人、麵包控者，絕對要來報到。各式早餐風格豐儉由人，可以一個斯康加一杯咖啡，也可以三明治、烤土司，或甚至**來份讓人飽到天蓋頂的傳統英式早餐，早餐、午餐、下午茶都能找到不同美味輕食**，麵包、飲料、餐點選擇相當豐富，肉桂捲更是人氣品項。

豐盛的英式早餐，2人一起享用份量都很足夠。

可以在店內用餐外，也能到隔壁Pub的庭院享用早餐。

☕ Into the Woods

🔲別冊P.4D2 🚶從三王像步行約8分鐘 📍191-193 Prapokklao Rd. ☎218101 🕐9:00~20:00 💲咖啡50B起、蛋糕約95B起 🌐www.facebook.com/intothewoodscafe

走進「Into the Woods」，就像走進童話森林，牆上彩繪著小紅帽在森林中的背影，店內也有如同大型樹木般的裝潢，書架上有不少故事書，並且處處擺放著玩具公仔，環境很是童趣。店裡供應咖啡、甜點和正餐，點上一杯咖啡，上頭同樣充滿童話風的拉花是一大亮點。

🍴 The U.N.Irish Pub & Restaurant

📖別冊P.6D1　🚶從塔佩門或三王像步行約6~8分鐘　🕐24-24/1 Ratchawithi Rd.　☎03-214554　🕘9:00~24:00　💳可　🌐www.unirishpub.com

這家由一位澳洲人創立的愛爾蘭式酒吧，從1998年8月開幕至今，最早以麵包烘焙起家，後來才逐步成立餐廳及酒吧。原本地面層有一間附設的Crusty Loaf Bakery烘焙坊，每日現烤的麵包和手工派餅備受讚譽，不過目前已獨立出來，搬遷至西側約10公尺處。

店裡空間廣闊，有兩層樓，**樓上的陽台座適合欣賞過往人群，樓下則有露天的啤酒花園**。氣氛輕鬆，從室內的裝飾可以看出店主是體育活動的愛好者，電視螢幕隨時放映著足球、Formula 1、冰上曲棍等運動競賽的轉播。

每週四晚上還舉辦猜字謎遊戲，因此西方客特別多。

🍴 乾帕門夜市

Chang Phuak Gate Market

📖別冊P.5D2　🚶從三王像步行約10~15分鐘　📍Chang Phuak城門北側　🕘18:00~24:00

乾帕門位於清邁舊城的北端，簡稱北門，城門外的長方形廣場在白天集結成傳統的市場，到了晚上則是熱鬧的夜市，而且**這個夜市只有賣吃的，各式各樣的泰國北方小吃像是熱炒攤、海鮮攤、燒烤、豬腳等齊聚一堂**，也有提供座位，感覺比較像是慣稱的「大排檔」，亂中有序，相當熱鬧。

豬腳飯份量不多，還可以繼續吃下其他東西。

🍴 鳳飛飛豬腳飯

🕐17:00~24:00　💲豬腳飯小份30B、大份50B

在乾帕門夜市之中，不難發現有一個攤位生意特別好，隨時排著長長的人龍，而且站臺的老板娘總是畫著完整的妝、穿得美美的、還戴著一頂帽子，仔細看的確是位頗有個性的美女，這就是傳說中的「鳳飛飛豬腳飯」。**豬腳看似普通，但滷得入味又有彈性**，帽子皇后果然不是只有噱頭而已。

👍小編按讚

認得帽子皇后準沒錯！超人氣的好吃豬腳飯。

清邁市區 Central

古城區 Old Town

清邁周邊與郊區→清邁延伸順遊

北門爵士樂俱樂部

North Gate Jazz Co-op

(地)別冊P.4D2　(交)從三王像步行約10分鐘　(住)91/1-2 Sripoom Rd.　(電)0817655246　(時)19:00~24:00　(休)不定，隨時公布在Facebook上　(價)啤酒60B起　(網)www.facebook.com/northgate.jazzcoop

每晚都有現場音樂演奏，吸引各地爵士樂迷。

　位於乾帕門內側的North Gate Jazz Co-op，是由幾位老外創立的爵士樂俱樂部，2007年成立至今，已陸續集結不少「樂林」同好，不大的空間裡，**每天晚上9:30開始即有現場音樂演奏**，氣氛隨性，飲料價格很平易近人，每週二是「Open Jam」之夜；每週四的Gin & Tonic更是買2送1。經常舉辦主題派對。

Little Cook Café

(地)別冊P.5D2　(交)從三王像步行約13分鐘　(住)Sahasripoom Place, Maneenoparat Rd.　(電)0857141189　(時)18:00~21:00　(休)週日　(網)www.facebook.com/littlecookathome

街頭藝術家的慢食生活，以實驗性的搭配揮灑創意。

　街頭塗鴉藝術家Kobby改換媒材，放下噴漆罐，轉以Little Cook的「慢食」來宣示他的生活風格。**店內菜色簡單，只有沙拉、披薩、義大利麵、漢堡和牛排，但每日食材和擺盤皆不相同**。為了尋找品質最好的新鮮食材，Kobby每日親至市集採買，週日則遠赴郊外湄林區的農牧場，甚至新闢一畝園圃自栽清邁少見的蔬菜香草。菜色雖固定，調理的方式卻十分即興，有如在盤中塗鴉一般揮灑肆意。

在漢堡旁放置西瓜，充滿實驗風格的奇思妙想。

小編按讚 讚

☕ Fern Forest Café

🅰別冊P.5D2 🚶從三王像步行約12分鐘 🏠54/1 Sigharat Rd. ☎0846161144 🕗8:30~20:30

www.facebook.com/pg/FernForestCafe

> 私宅改建咖啡館，糕點及咖啡很受歡迎。

　　在古蹟寺廟圍繞清邁古城裡，這座**由醫生夫妻私人宅邸改裝的庭園咖啡**，若不是有招牌指示，其實還蠻容易錯過的。店主擁有自己的咖啡園，咖啡品質自行控管，現煮咖啡香醇不酸，口感佳，搭配店家自製手工蛋糕或甜點正對味。這家咖啡廳不僅受到當地人喜愛，中午時間有不少客人來外帶糕點或咖啡，就連曼谷旅遊刊物《BK》也將 Fern Forest Café列為編輯推薦的清邁人氣咖啡廳之一。

廟宇也有生肖

據傳，有12顆佛祖的舍利子分別放在泰北12座廟宇，而這12座廟剛巧可分別依其建造年代來推算當年生肖，例如素帖寺是屬羊、南邦鑾寺(Wat Phra That Lampang Luang)屬牛，信徒在重要日子或是本命年時，都會去屬於自己生肖的廟祭拜祈福。

👁 羅摩利寺Wat Lok Molee

วัดโลกโมฬี

🅰別冊P.5D2 🚶從三王像步行約15~20分鐘 🏠Manee Nopparat Rd. 🕗8:00~17:00 🌐www.watlokmolee.com

　　寺廟建於**14世紀末**，正殿山形牆下的垂墜尖弧以及精細雕刻、大門前的單頭那伽，都是很明顯的蘭那佛日建築，大殿後方的佛塔，厚實的四方基座上層是多層次以及四角有凹進的高塔，樣式和素帖寺的金塔一樣。**有趣的是，寺廟的紅磚正門上有著華麗的白色花型圖騰裝飾，門旁以卻克里王朝寺廟常見的猴神(羅摩延那神話人物)當作門神。**而大佛塔旁有12座仿泰北12座廟宇的小佛塔，每座佛塔旁各自有12生肖的動物塑像，信徒可按自己的生肖來奉獻祈福。

清邁市區 Central
古城區 Old Town
→清邁周邊與郊區→清邁延伸順遊

🍴 Khao Soi Maesai

小編按讚
ดี

又香又辣又濃的咖哩麵，一碗實在吃不夠！

◎別冊P.5C2 ◎搭乘到Varada Palace飯店，步行約1分鐘 ◎Ratchaphuek Rd. ☎213284 ◎週一至週六8:00~16:00 ◎週日 ⑤咖哩麵45B ◎www.facebook.com/khaosoi.maesai.chiangmai

　　咖哩麵(Khao Soi)是泰北出名美食，很多餐廳或小店都有賣，其中這間Khao SoiMae Sai是清邁相當有名的咖哩麵店，開業於1989年，被不少人公認是清邁最好吃的咖哩麵！

　　點咖哩麵時可以選擇要加雞腿、豬肉或者牛肉，湯頭又香、又辣、又濃郁，並且加上了酸菜和洋蔥，即使炎熱的天氣可能會讓人沒什麼食慾，但這碗麵吃下去真的超級開胃，一碗麵很快就會見底，難怪口碑絕佳。店裡也提供冰水，需要的話可以取用。其實這裡賣的麵類不只咖哩麵，也有米粉或其他麵條可以選，在這裡點餐也不擔心語言的問題，菜單上泰文、英文、中文都有，非常方便。

這間是清邁出名咖哩麵店，一定要來試試看。

基層還有一圈陶甕裝飾。

👁 帕烘寺 Wat Phuak Hong

วัดพวกหงษ์

◎別冊P.5C4 ◎從三王像步行約15分鐘 ◎Samlan Rd.巷內(在Soi 7巷子對面) ◎約4:00~17:30

　　帕烘寺靠近松旁門，一進門就可以看見一幢美麗的僧院，金色配上紅色的鑲板，是典型的蘭那式僧院。

　　但是**此寺的重點景觀是屋後少見的圓錐型7層塔**，其於1517年建造，塔上有52個佛龕，裡面坐著冥想佛，可能受到中國式寶塔的影響才有此形狀。

👁 古道寺 Wat Koo Tao

วัดกู่เต้า

◎別冊P.4D1 ◎從塔佩門步行約25~30分鐘、從三王像步行約20~25分鐘 ◎約8:00~17:00

　　古道寺的全名叫Wat Weru Wan Ku Tao，Weru是竹子的意思，Wan是釋迦牟尼將5個缽化成1個缽的傳說，Ku就是埋骨灰的地方，Tao就是缽的形狀，所以全部的意思就是「**竹林旁埋葬骨灰的缽形佛塔**」。據傳是葬著一位被兄弟惡意派往前線而戰死的緬甸王子的骨灰。

　　古道寺果真有數排竹林，但最大的看頭還是那不尋常的塔，由5個類似和尚的缽形物組成，上面並覆有多彩的琉璃片，可惜現在塔被漆上白漆，古樸的樣貌不在。在圓塔旁有座融合佛教和婆羅門教的廟宇，牆上的圖騰甚至是大殿裡的佛像，都不像泰國寺廟常見的樣式。

牆上貼滿Huen Muan Jai參加美食電視節目的介紹。

 Bird's Nest Café

▲別冊P.5C3 ✈從三王像步行約15分鐘 ❑11 Sinharat Soi 3 ☎0959140265 🕗8:30~18:00 🈲週二 💲平均消費100B起 🌐www.facebook.com/birdsnestcafe

不僅供應有機素食，也販售小農的有機農牧產品。

位於古城西側，已經相當接近城牆的Bird's Nest Café，外觀是一幢非常普通的民房，大門屋頂故意蓋著些茅草，還真有鳥巢的意象。

2009年開業的Bird's Nest Café，從裡到外都貫徹追求自然的理念：兩層樓的空間幾乎沒有什麼裝潢，只以質樸的桌椅、坐墊迎接客人；**供應的餐點都是有機栽種的食材所烹調的素食**；店裡擺設的商品，也都是與泰國當地的小農合作，展售一些有機生產的農牧產品，像是蜂蜜、花生醬、水果乾、T恤等。無論是西式的沙拉、濃湯、麵包、甜點，還是泰式的咖哩料理，餐飲口味都頗獲好評，素食者不要輕易錯過。即使這裡盡量「去現代化」，還是可以免費無線上網。

拌入豬肉末、豬肝，酸辣帶勁的Lab Moo Khua。

泰北咖哩麵。

豬肉末煎蛋khai Jeaw Moo Sab。

Huen Muan Jai

▲別冊P.5C2 ✈搭乘到Varada Palace飯店，步行約1分鐘 ❑Soi Ratchaphuek, Tambon Chang Phueak ☎404998、0897012894 🕗10:00~22:00 🈲週三 💲平均消費約200B 🌐www.huenmuanjai.com

Huen Muan Jai的老闆曾經上過泰版型男大主廚，是清邁當地家喻戶曉的名人，Huen在泰北方言中的意思為「家」，Muan Jai則是「歡喜之心」，以蘭納風格的木屋建築建造，提供著美味而平價的道地泰北料理，**是許多泰國人心目中的清邁必吃餐廳！**

泰北菜系以糯米當主食，受到氣候及農業發展的因素，泰北人喜愛酸、辣口味和樸實的擺盤方式，而來到Huen Muan Jai，絕對不可錯過泰北道地美食咖哩麵，以及**拌入豬肉末、豬肝、洋蔥、青蔥，加上魚露、檸檬汁、泰式香料調味的辣味涼拌菜Lab Moo Khua**，以生菜包上，配上一口糯米飯和冰鎮的象牌啤酒，絕對是一大享受。

👁 清邁門

Chiang Mai Gate

🚩別冊P.4D4　🚶從塔佩門步行約15分鐘　📍Mun
Mueang Rd.

　距離塔佩門最近的城門便是清邁門，而在東南西北城門中，**清邁門僅次於塔佩門、也是個周邊相當熱鬧的城門**，只不過這邊的熱鬧是屬於傳統市場、傳統市集這類的熱鬧，週日夜市在古城中央、週六夜市便是在這裡。展現古樸風貌的清邁門，以往這裡便是商人聚集並出入頻繁的城門，穿越城門往城內直走，沿途便是杰林寺、柴迪隆寺、城市柱、盼道寺、三王紀念碑等所在處，往南則是打銀街、素攀寺所在，**也是一個適合規劃旅遊時的參考中心點。**

空間保留了原始的結構以及水磨石地板、製冰機支架，飄散著歲月姿態的安靜空間。

小編按讚 👍

☕ Beam&Col. coffee bar

🚩別冊P.5D5　🚶從素攀寺步行約4分鐘　📍
12/8 Wua Lai Rd Soi 3　🕘9:00~24:00　💲咖
啡120B、炙燒鮭魚芒果沙拉220B

將地方創生與藝術工藝活化的發信地。

一台電腦或一本書，來這裡度過午後不被打擾的舒適時光。

　從小銀廟萬文寺後門出來右轉，幾公尺後看到的停車場走進去，便是這處低調不易發現的Weave Artisan Society組織的根據地。這裡原本是一處廢棄近50年的製冰廠，**在一群有志一同的藝術家活化後，成為串聯各種工藝藝術、連接社區&藝術&民眾的開放式窗口**，有了人來人往的空間，許多好的概念便得以推展。首先打開的冰工廠1~2樓的挑高空間內，設置了**結合Beam&Col. 咖啡、Green Smoked 餐廳和Bar OT酒吧的綜合共用空間**外，其中一角則是藝廊空間，無視覺遮蔽地讓訪客不論用餐、喝咖啡、品藝術，或是夜晚來杯小酒聊天、聽聽現場音樂演奏演出，每一個轉頭都是不同的風貌與體驗。

🍴 清邁門夜市

📍別冊P.4D4　🚶從三王像步行約12分鐘　🚪清邁門外側
🕐18:00~24:00

　　位於舊城南端的城門名為清邁門，也有人簡稱為南門，這裡有一處傳統市場，市場外側到了晚間就集結成夜市。

　　這個夜市和北端的乾帕門夜市類似，都是以吃的為主，只是乾帕門有座位區，適合坐下來立即享用；而**清邁門攤販不一定有座位，比較適合打包買回家吃**。舉凡魚丸湯、米粉、魯味、炸物、醬菜、燒烤、甜點等各式各樣的泰式小吃，甚至連日式的壽司幾乎應有盡有，分布在馬路兩旁，而車輛持續從中川流而過，如何過馬路是項高難度的挑戰，也算是另類道地的泰國味。

> 也可報名參加巧克力工廠參觀＆巧克力DIY，每天下午一場，需預約。

🎁 🧁 Siamaya Chocolate Factory & Flagship Store

📍別冊P.5D5　🚶從素攀寺步行約4分鐘　🚪位於Beam&Col. coffee bar後院　📞979212333　🕐10:00~18:00　💲巧可力飲100B、小巧克力(單條)70B　🌐siamayachocolate.com/

> 有包裝的巧克力條，從原料到各式口味選擇豐富，而且只要看得到的商品，通通提供試吃！

　　同樣隸屬於Weave Artisan Society組織所在地的舊冰工廠內，只要從Beam&Col. coffee bar點餐櫃檯邊的門走出去，穿過迷你的中庭，就會發現另一棟老工廠建築，裏頭便是Siamaya這家巧克力的旗艦店&生產工廠。

　　2017年自清邁發跡並創設，由於**堅持自產地親自採購有機&高品質可可豆**，並透過自家烘焙、製作，以確保全程品質掌控外，並且能最大限度兼顧環保、降低碳足跡，更令人驚喜的是，這裡的巧克力也**因應在地風土，開發出泰茶、芒果、瑪莎拉茶、榴蓮等口味**，而且產品從巧克力、巧克力醋、各式巧克力零食到品牌專屬的設計生活雜貨等都有，這裡更有巧克力吧可以點飲品及糕點享用。

打銀街・週六步行街

Wualai Rd.・Chiang Mai Walking St.

◉別冊P.5C5D5 ◎從三王像步行約15~20分鐘 ◎Wualai Rd. ◎週六步行街約週六16:00~23:00(各店不一)

相傳在清邁國王建都時,從清萊請來銀匠和打造佛像的師傅都被聚集於此,加上過去這條大道是進出清邁門的重要商道,整條街上都是銀器店,形成一座「打銀村」,這些店家都以現金交易,也可議價。然而好景不常,昔日維持好一段時間的繁榮盛景的打銀街,現在只剩下大概10間店鋪,真正有打銀師傅駐店的商家更少,有很多只做工廠批發零配件,現在街道中央還留有一座水泥牛塑像,是以當時馱運商品的牛隻當作標誌,見證過往的風華年代。

打銀街雖然沒落,所幸**週六步行街固定在打銀街上開市,不少攤販來此擺攤**,也吸引人潮湧入。從Wualai Rd.和Chang Lor Rd.交界一直往南將近1公里的街上,約莫從下午4:00開始人潮湧進,**由於在地人多,目前攤商的售價與物品都比觀光夜市來的有趣且便宜**,有一些年輕人自己設計商品擺攤,像是背心、泰北風手帕等基本款商品價格都很低,唯有手工銀飾價格維持既定水準。

> 價格也是在地消費,百元泰銖就可以買得開心、吃到飽。

去打銀街感受特殊打銀職人氛圍

即使不是在週六的打銀街市集日前來,其實從清邁門慢慢徒步過來,有時在街道上,就會聽到鏘鏘鏘……清脆的金屬敲擊聲在街角某處響起。沒錯,這便是屬於打銀街的特有「聲景」。

以往這裡是銀、錫製品等職人聚集地,除了可見銀製品店鋪外,最具代表的素攀寺,更將職人們的工藝,推向藝術層級的高點。以敲擊來製作出各種圖騰、紋路甚至打製成浮雕圖案,不斷地敲敲敲……這便是職人們工作風景,有時經過店鋪邊就能看見,相當奇趣。

🎁 Wualaisilp銀飾店

◉別冊P.5D5 ◎從三王像步行約15~18分鐘 ◎108-110 Wualai Rd. ☎275171 ◎8:00~21:00

Wualaisilp銀飾店是**目前街上比較具規模,而且還有16位打銀師傅執業、屋子前後仍保留工作區的店家**。經營60多年,Wualaisilp絕大部份商品是手工銀飾,老闆娘說,只有一些制式小飾品委由工廠處理,店面販售大部份為含銀量92.5%的飾品、餐具器皿,另有大件藝術品或為寺廟打造的裝飾,買多可議價。坦白說,打銀街上的銀飾樣式比較傳統、保守,倘若想找一些基本款或民族風的首飾不難,但偏向現代設計的商品就得到週日步行街或尼曼明路(Nimmanhaemin Rd.)找找。

> 除了頂蓋與部分裝飾，其他部分多以錫為素材。

女性不可以進入寺院本殿?!

素攀寺可說是來清邁推薦必去的寺院，結合藝術工藝、以銀錫等金屬打造的寺境內的本殿，更是視覺、藝術的經典，但很可惜，女生卻只能在大殿的樓梯前止步、無緣入內一探熠熠生輝的內部。原來是北泰一帶，會在本殿建築下埋藏神聖的祭品、聖物等，而女性有月經的因素、在宗教裡被視為不潔，因怕神力遭受損害，而禁止女性進去。但也別因噎廢食，其實整個本殿建築內外都美，光貼近看寺殿外面的牆、入口、屋簷、守護神獸等，也很值回票價，絕對值得花個50B門票進去。

❶目前清邁市中心的寺院幾乎不會禁止女性或是收取門票，市區內大約僅存這裡跟城市柱因聖物因素，仍有這項禁忌。

素攀寺Wat Sri Suphan

🅰別冊P.5D5 🚶從塔佩門步行約20~25分鐘、從三王像步行約20~23分鐘 ⏰9:00~21:00 💰50B

500年前，清邁國王曾在此建廟，現在所見金碧輝煌的廟宇是原地重建，除了寺廟正殿兩側，以傳統銀雕刻出一幅幅佛祖的故事令人驚歎外，**寺廟最吸引人的莫過於位於廟宇右側，用銀和錫打造的佛殿。**

這座在陽光下閃閃發光的銀色廟宇，目前只有最上方的華蓋和部份裝飾是純銀打造，殿內供奉的佛像，據傳已有500年歷史。由於建築下方埋有許多當時清邁王建立寺廟的聖物，根據傳統，為避免冒犯神靈，這座殿堂，女性不能進入。

> 融合蘭納風格與緬甸風格的佛塔，四周有著4隻高舉雙手撐起佛塔的獅子浮雕。

◉ 清邁小銀廟萬文寺

Wat Mun San

🅐別冊P.5D5　🚶從素攀寺步行約3分鐘
🅐13 Wua Lai Rd.　◐自由參拜

　　從素攀寺出來，往打銀街方向過了水牛雕像這個路口，馬上會看到一條植物夾道的幽靜小巷，走進去除了沿途有幾家頗具風情的銀飾店舖外，路底就會看到氣息古樸的清邁小銀廟萬文寺。**又稱小銀廟的這個萬文寺，歷史也相當悠久**，根據紀載可能在1438年就有了紀錄，這裡當時是聚集許多高僧之處，他們專門替皇室翻譯一些文字檔案，直到18世紀初，這帶已經聚集形成許多銀匠工人的社區了。

　　這裡雖不及素攀寺耀眼輝煌，但**寺院本體仍裝飾不少銀匠的雕琢裝飾，而且女性是可以入內參拜的**，院內粗壯的大樹帶來一絲幽靜外，後方的古佛塔，也可以看到相當特殊的石獅裝飾。

同場加映：南奔的寺廟建築之美

南奔(Lamphun)及南邦(Lampung)早在清邁之前建城，8世紀時，原居住在泰國中部佛統的孟族人(Mon)北移，當時是由查瑪塔威女王(Chama Thewi)掌政的哈瑞貢差(Haripunchai)，是北部最早建立的王朝。女王育有二子，並差派兩人各自管理南奔、南邦。南邦現今因為還有馬車行駛而被暱稱為「馬車城」，南奔則為北部龍眼最大產區。南奔距離清邁不過30~40分鐘的車程，如果時間允許，或是對蘭那文化有興趣建議可造訪以下2座廟宇。（南邦詳見P.216）

帕塔哈瑞貢差寺Wat Phra That Hariphunchai
วัดพระธาตุหริภุญชัย

帕塔哈瑞貢差寺是當地相當重要的廟宇，不僅是因為裡面供奉佛祖舍利子和頭髮，也是泰北最古老的寺廟，建廟歷史可溯至9世紀，據稱過去所有所有清邁國王，無論在哪裡建都，都一定會來先廟拜禮佛參拜祈求國泰民安。廟的整門有對巨大的石獅子，內部保有一座大雄寶殿、舊佛塔和全寺最古老、45公尺高的大金佛塔，以及一座磚紅色的藏經閣、全世界最大的銅鑄撞鐘。

⌂南奔市中心InthayongyotRd.　⏱約6:00~18:00

查瑪塔威寺Wat Chama Thewi
วัดจามเทวี

查瑪塔威寺以哈瑞貢差王朝的女王名命名，又稱古庫寺(Wat Kukut)。寺裡最重要的建築就是Mahapol Chedi和Ratana Chedi兩座佛塔，Mahapol Chedi分有5層，每一層、每一面都有3個壁龕，每個壁龕一尊佛。至於Ratana Chedi，塔高11.5公尺，建於13世紀，崁在佛塔壁龕裡的佛像頭方、頭髮成立起的螺旋狀、耳長、眉毛相連，是典型的孟族佛像樣式。

⌂Chamathewi Rd.(距南奔市中心約2公里)

遊

清邁市區 Central

塔佩路 Tha Pae Road

清邁周邊與郊區→清邁延伸順

Tha Pae Rd.
塔佩路

以塔佩門為起點,沿著塔佩路向東直行的這條約800公尺的路上,聚集了不少吃喝玩買的店鋪,由於直直的一條路遊逛輕鬆,不少店家也頗具特色,向來就是遊客喜歡停駐的熱鬧街道;另外這裡的飯店、旅館也很多,因為不但周邊好逛好買,前往古城和清邁夜市也都步行可達,地利之便成了吸引之處。

交通資訊

塔佩路
◎從清邁機場搭車約10~15分鐘
◎從古城三王像步行約12~15分鐘
◎從清邁夜市步行約10~15分鐘

來來來,精打細算換匯看這裡!!

旅遊清邁大部分的人都會選擇到當地再換匯,畢竟泰幣換太多沒用完,反而困擾,到當地分批換最恰當,而且當地換匯也比台灣划算。但要注意,當地換匯店相當多,也不是隨便換匯都划算,像是離塔佩門越近的最貴。來到清邁,做過功課的都知道,位在塔佩路上的mr.pierre絕對是首選,光是NT$1,000換成泰幣,與老城中心的換匯店相較,可多換到將近90B,足夠多喝一杯咖啡了,缺點是僅此一家、週日休息。第二手選擇是Super Rich,在古城內,也是僅此一家。

建議在台灣可以先換大約2,000~3,000B,其餘帶台幣到當地換即可,畢竟抵泰就需要一些交通花費,有些民宿飯店甚至要求鑰匙的押金,當然錢包裡有其他零星外幣,都可以帶去換一換,換匯很方便,但記得帶護照備查。

mr.pierre ◎9:00~18:00 (週日休)
Super Rich ◎8:30~20:00 (無休)

Ratana's Kitchen

🅐別冊P.7B4　🅟從塔佩門步行約3~5分鐘　🅐320-322 Tha Phae Rd. 🅑874173 ◎7:30~23:00 🅢清邁麵70B、泰式炒麵60B ◎可 🅤www.facebook.com/ratanaskitchen

小編按讚 價位平實、味道好,深受自助客喜愛的餐館。

距離塔佩門不遠,**餐廳提供招牌泰北料理**,包括清邁麵(Khao Soi)、清邁香腸(Chiang Mai Sausage)、泰式炒麵(Pad Thai)和烤沙嗲等,西式餐飲則有基本款的比薩、漢堡、牛排、薯條。由於**曾獲英文旅遊導覽書《Lonely Planet》、《Rough Guide》介紹**,加上價位平實,店裡自然有不少西方自助旅行的遊客來用餐。

從店面到作品都很隨心所欲又自然！

John's Gallery

小編按讚👍

獨樹一格的藝術家小店。

ⓐ別冊P.7B4 ⑤從塔佩門步行約3~5分鐘 ⓐ330 Tha Pae Rd. ⏰9:00~21:00

身兼店主和畫家的John，將他各式各樣的商品畫作，懸掛在店門口的蔓籐枝幹上，**在塔佩路上獨樹一格**。看似洞窟的小店擺滿了許多作品，能在其中尋找喜歡的畫作也是一種樂趣。John的畫風屬於隨心所欲的自然派，他可以邊和客人說話，不到5分鐘就完成一幅畫，從T恤到袋子，所有的畫都呈現在布料上，就連John的名片也是一大張布。由於畫風質樸自由，吸引許多到清邁觀光的外國客人歡迎，甚至有日本人請John到東京舉辦個人展覽！John在塔佩路上共有兩間店，兩店距離不遠，另一間主要販售木雕、飾品等。

Siamaya Chocolate

ⓐ別冊P.7C4 ⑤從塔佩門步行約3分鐘 ⓐ8 Chang Moi Kao Rd. ☎9212333 ⏰10:00~19:00 ⑤室內香氛-城市系列390B ⓒ可 🌐siamayachocolate.com

與清邁城門南側的Siamaya屬同一系列店，而這裡的便利市中心位置，成為巧克力控最好掃貨的地點。親自至來自世界各地農場採買的可可豆，製作過程完全自家掌控，**高品質與多元創意風味，難怪也是世界巧克力競賽的常勝軍之一**，手掌大小的包裝，讓人能一次囊括最多口味一次入袋。除了巧克力，**店內有一半空間則銷售來自合作夥伴、Weave Artisan Society 與藝術家們一**起設計和製作的產品，像是蠟燭、擴香劑、馬克杯、筆記本等都有，而且以有機原料製作，講求設計外也與環保意識連結，也讓生活質感也講究世界公民責任。

世界香氛City系列，泰北清邁的玫瑰氣息，輕鬆帶回國回味。

清邁市區 Central

塔佩路Tha Pae Road

➡清邁周邊與郊區➡清邁延伸順遊

融合緬甸特色寺廟。

Indigo

別冊P.7B4 ◎從塔佩門步行約5~8分鐘 ◎209 Tapae Rd. 0875077908 ◎10:00~20:00 ◎可 www.hilltribehouse.com

以設計創意重新詮釋泰北部落織品，展現大方高雅的氣質。

2011年成立的Indigo服飾店，**店主本身是位泰國知名的設計師**，以位於清邁北方的Doi Saket為基地，**專業蒐羅各式各樣的泰北山地部落織品，把這些手工的質感加上不同的設計創意**，旨在設計出既有傳統的味道、又摩登時尚的服裝和飾品，而且可以和你原有的衣飾和諧地混搭，無論是日常生活或是特殊場合都可以隨興運用，毫無不協調的感覺。

Herb Basics

別冊P.7A4 ◎從塔佩門步行約3~5分鐘 ◎344 Tha Phae Rd. 234585 ◎週一至週六9:00~20:00、週日12:00~20:00 ◎護唇膏39B起 ◎可 www.herbbasicschiangmai.com

Herb Basics是專業生產手工香氛、精油、清潔與保養用品的公司，**利用泰國盛產的天然植物，如香茅、檸檬葉、山竹、米、椰子等素材，製造出適合人體肌膚的日常用品**。從香皂、蠟燭、線香、洗浴品、按摩精油、香水、護唇膏等無所不包，香味自然清新，造型獨特討喜，價格又平易近人。塔佩路上的這家分店規模雖小巧，但產品齊全，還可以找到結合本土的陶瓷、木製品等周邊產品，包裝成套裝的組合，買回家就可以在家中自己享受Spa。

瑪哈彎寺Wat Mahawan

วัดมหาวัน

別冊P.7B4 ◎從塔佩門步行約5分鐘 ◎約6:00~18:00

歷史與緬甸息息相關，寺中可見緬甸式建築與蘭那建築。

瑪哈彎寺的起源可追溯自17世紀末緬甸占領時，建築融合了許多緬甸的特色，尤其是靠近馬路的那一棟僧院，是由一個有錢的緬甸柚木公司贊助，約建於19世紀末，**屋簷下可以看見雕刻著緬甸式神仙、類似斗拱的柚木支柱**，很可愛。

寺中還有緬甸式的塔與藏經閣，但是大雄寶殿與最大的僧院是蘭那式建築，最大的僧院於1957年曾經重修，裡面有緬甸式的佛像與壁畫。

Kesorn Arts

📖別冊P.7C4 🚶從塔佩門步行約5~8分鐘 📍154-156 Tha Phae Rd. ☎874325 🕐9:30~18:00 💰泰北風小布 包10B起、少數民族刺繡布400B起 💳可

　　Kesorn Arts店裡主要**以泰北少數民族的衣飾為主**，包括拼布、藍染、女生戴的頭飾、銀飾、手工繡布等，雖然店裡擺設有點隨興，倘若對泰北少數民族的舊物、老銀飾或織品有興趣，倒是可以細細挑選，找到特殊的民族風衣飾。

泰北少數民族老服飾。

👁 布帕壤寺

Wat Buppharam
วัดบุพผาราม

📖別冊P.7C4 🚶從塔佩門步行約5~8分鐘 📍Tha Pae Rd 💰20B 🕐8:00~17:00 🌐www.watbuppha.org

混和緬甸及蘭那風格的寺廟，兩座僧院都值得細看。

　　布帕壤寺就在聖方寺的對面，西元1497年由King Muang Kaew建造，正值蘭那王朝佛教最興盛的時候，是座**混合緬甸和蘭那兩種風格的寺廟**，最吸引人的是年代久遠的小木造僧院，有超過300年的歷史，19世紀末曾經修復過，屋宇還保存原樣，風檐上及廊柱上的細緻灰泥裝飾依舊叫人心動，有點傾斜的前門讓人有種年華老去的感嘆。**緊鄰小木造僧院的是一座較大的僧院**，也有200年的歷史，走在兩座院間的小道上，思古之幽情油然而生。

　　左邊新建造的僧院則是色彩斑爛、金碧輝煌，與單沈老舊的僧院像是兩間不同的寺廟，塑著金色鳥人的風檐特別值得細看。

12生肖有大象？！

清邁因為鄰近中國，受到華人生活影響比曼谷更明顯，而且融合在地不同信仰、民族習俗，呈現出另一種混搭的在地文化。像是12生肖，如果仔細觀察，部份泰北長幅或有些將12生肖擺在一起的圖騰中，通常會多出1隻大象，據說是因為泰北有不少回教徒，他們認為豬是不潔淨的，所以用大象來取代豬。

👁 聖方寺Wat Saen Fang

วัดแสนฝาง

🅐 別冊P.7C4 🅑 從塔佩門步行約8~10分鐘 🅞 Tha Phae Rd. ⏰ 8:00~17:00

要找到聖方寺得眼睛尖一點兒才行,因為它雖然位在塔佩路旁,但是入口卻是店家旁邊的一個小鐵柵門,進了鐵柵門是一條約50公尺的小巷,沿著牆壁的兩隻納迦護衛著遊客進入寺門。寺內的白色高塔裝飾非常華麗,塔尖金色的陽傘、小鈴噹及周圍同樣戴著金色小陽傘的小塔,好像在陽光下跳舞高歌,熱鬧非凡。僧院與大殿屋頂皆是新修的紅綠瓦頂,鮮艷的色彩反襯出格外平靜的午後寺廟。

> Raming Tea House的建築有著歲月痕跡掩不住的優雅氣質。

☕ Raming Tea House

🅐 別冊P.7C4 🅑 從塔佩門步行約8~10分鐘 🅞 158 Tha Pae Rd. ☎ 234518 ⏰ 8:30~17:30 💲 下午茶套餐190B,一般餐點約90~200B 🌐 www.ramingtea.com

> 老舊建築作為茶館重生,從視覺到味覺都貫徹在地品質。

1986年由Raming茶公司的老闆購入以前,這裡曾是建材行和牙醫診所,當時屋況頗為殘破,經過新主人的適當整修,2003年做為茶屋的型態開放,還獲得清邁建築協會授予的最佳建築保存獎項。挑高的屋頂,保留下來的傳統建築元素,門窗上的雕刻,仍有著歲月痕跡掩不住的優雅,寬敞的空間與通透充足的光線,更帶來滿室的恬淡與溫馨。

前院1樓展售本地瓷器品牌——**Siam Celadon**的各式茶具及餐具,經過明亮的天井,兩側各有一間展售泰北服飾與種類豐富的可愛手工雜貨、香氛肥皂的空間,售價都不昂貴,非常誘人。從天井往內,才是整片開放式的用餐區,由於強調一切都是「泰國製造」,除了茶具器皿選用前院的Siam Celadon品牌,供應的咖啡與茶飲原料也是來自Raming公司,在泰北高山自營的茶園與咖啡園,陳列在玻璃櫃裡的點心選用在地素材,同樣由自家廚房研發烘焙,從視覺到味覺都貫徹在地的風格與品質。

☕ Brewginning Coffee

小編按讚 👍

街拍美到爆的人氣咖啡店。

⚑ 別冊P.4E3　⚑ 從塔佩門步行約5分鐘　📍260 Chang Moi Rd.　📞1126060　🕐7:00~19:00　💲咖啡80~120B

與塔佩路平行的Chang Moi路，雖不若塔佩路熱鬧豐富，但夾雜一股清邁日常生活感的街道，仍處處有著讓人驚豔的店鋪&咖啡館，這條路上最指標的點便是Brewginning Coffee，這裡幾乎隨時人潮爆滿。位在街角的這棟兩層樓老屋，夾雜著老屋原始的古樸味道、卻又適巧地被摩登風格所融合，清一色年輕人盤腿選座在自己舒適的角落，幾乎沒有桌子的情況，階梯狀的座位區，是這裡呼應咖啡館logo的顯著風情。但其實更多人都是拿著一杯咖啡站在街角，邊聊邊喝，輕鬆宛如歐美酒吧風情，週末傍晚的DJ帶來音樂，讓這裡的年輕熱情更高漲。

老闆的自信的咖啡手藝，吸引來媒體的報導，加上咖啡館色調風格讓街拍美到爆，讓這裡從一大早人潮滿滿、街角總是滿滿咖啡香。

麗又顯眼的磚紅色牆壁與階梯座椅，與街外風景無遮蔽的相對望。

藤編店滿滿商品加上優雅的路牌標誌，意外成為網美拍照熱門景點。

隨意坐在路邊、站在路邊端杯咖啡，就是一幅最舒適不做作的咖啡風景。

🎁 lee heng furniture 藤物店

小編按讚 👍

หวายน้ำ ณิ้ ช้างม่อย

滿滿滿的藤編物品店

⚑ 別冊P.4E3　⚑ 從塔佩門步行約5分鐘　📍262 Chang Moi Rd.　📞251408　🕐9:00~17:30

就位在知名咖啡店Brewginning Coffee正對面，幾乎來了咖啡館就會順便把這家**藤物店當網美背景、拍好拍滿，當然這裡不僅好拍，其實也非常好逛又好買**，鄰近有聚集數家藤製品的這條路上，以這裡人潮最多，店內有各式草編帽、包包、藤包、棉線編織包、小飾品、木製品等，**所有商品全都從天花板一路到地板掛滿滿，走在店內宛如穿梭在藤編雨林中，相當有趣**，商品大小都有，價格不是最便宜，但也都在平價範圍內，不想到處花時間逛，這裡也很適合買來自用或送人，都相當實用。

🍴 Kasem beef noodle shop

小編按讚 👍

ร้านเกษมก๋วยเตี๋ยวเนื้อ

📖別冊P.4E3 🚶從塔佩門步行約12分鐘 📍6 Thanon Sithiwongse, Tambon Chang Moi ⏰7:30~16:30 💰牛肉麵70B、炸餛飩20B、泰式奶茶20B

在地人大推的美食牛肉麵店。

　　如果問問清邁本地人，有什麼推薦的在地美食老店，那麼這家以賣牛肉麵為招牌的店家肯定入列。Chang Moi路是清邁老華人移民的大本營，因此有牛肉麵之類的華人飲食一點也不稀奇，但歷經長久的融合，這邊的飲食自然也帶有在地的不同滋味，尤其能夠歷經近一甲子仍被在地人喜愛，美味絕對經得起考驗。鄰近中華街市場、瓦洛洛市場的這一帶，幾乎觀光客絕跡，但用餐時間一到，人潮就自動聚集而來，且幾乎是在地人居多。

　　店家名氣來自於在地客支持外，**大碗又便宜的高CP值**也是廣受歡迎的原因，這裡牛肉麵有湯、有乾選項，即使湯麵的滋味也顯著清爽、湯頭甘甜。無辣不歡的人，則可自加醬料調整，不吃牛肉也有豬肉選項，而必點的炸餛飩也酥脆入味，其他像是丸子麵也有不少擁護者。

推薦各式調味咖啡，以柑橘類融合冷萃或Espresso，加入氣泡水、黑糖等，完美比例展現咖啡的新風景。

老店必備的整組公雞碗盤，用餐時吃起來滋味更道地。

☕ Gateway Coffee Roaster

小編按讚 👍

優雅老屋二樓上的咖啡館。

📖別冊P.4E3 🚶從塔佩門步行約5分鐘 📍50300 Chang Moi Rd Soi 2 ⏰9:30~17:30 💰Thapae Gate咖啡145B、Lost Star咖啡150B 🌐www.graphcoffeeco.com

　　從山谷裡的一家小小的木屋咖啡館起家，如今以清邁為最大據點的 GRAPH咖啡體系，佔據了許多清邁的優雅角落。Gateway Coffee Roaster也是體系的其中一家，落腳在這棟超過60年的優雅老屋內，雖然在熱鬧的塔佩路上，但入口從巷子進去、上到二樓咖啡館，卻是意外的**幽靜老派空間**，非假日時間，陽光透過陽台悠緩撒入，點一杯滋味豐沛的冷萃調味咖啡，每一口都迷人。

　　這裡**綜合了咖啡館、烘豆空間，更設有一處寬廣的專業咖啡杯測室**，所有店內令人激賞的泰北產咖啡風味，都在這裡不斷被品評、測試、完美配比後，才進到前台沖泡提供。平日的這裡是一人帶一台電腦在這裡享受安靜空間，店內也提供店家自豪的烘焙糕點，喜歡這裡的咖啡，也可以買咖啡豆回去沖泡。

Chiang Mai Night Market
清邁夜市

以往清邁就只有昌康路(Changklan Rd.)的觀光夜市,現在因為古城多了兩條週末步行街,分散了觀光夜市人潮,以致於觀光夜市在週日也封街做步行街。從塔佩路與昌康路口開始,綿延700公尺長的夜市,遍布街道兩側的攤販不說,還有一、兩棟購物商場及夜市區,足夠消磨一整晚。由於泰北以木雕聞名,可以在此找到大大小小的木雕作品,其他也包括藺草編織手提袋、相框、泰北織品等手工藝品。

從塔佩路往南便可以走到這裡,形成一個L型路線的區域,清邁夜市區也可以步行至聚集許多河濱餐廳的Charoenraj Rd.,無形中連成一個吃東西、買東西的廣大腹地。

通資訊

◎從清邁機場搭車約10~15分鐘
◎從古城塔佩門步行約10~15分鐘
◎從濱河沿岸Rarinjinda Wellness Spa Resort步行約15分鐘

主力是美食的年輕市集。

Anusarn Market

🏠 別冊P.6D4　🚶 從塔佩路與昌康路口步行約8分鐘　📍 Changklan Rd.
17:00~23:00

清邁夜市區必逛夜市,週末步行街之外的首選。

從昌康路上走進Anusarn Market的入口,會發現這個夜市占地廣大,最外圍首先看見一些販售零食、果乾及小飾品的商家,接著就是一整區的攤商,主要販售泰北織品、服飾、木雕、燈飾、工藝品及飾品等,價錢還算物美價廉,也有議價空間。夜市內也有泰菜餐廳等飲食區,加上攤商多,如果行程無法安排在週末逛週六或週日步行街,也很推薦來此逛逛。

昌康路上的大型夜市。

清邁草垛夜市
Ploen Ruedee Night Market

🏠 別冊P.4F4　🚶 從塔佩路與昌康路口步行約3分鐘　📍 Changklan Rd.
週一至週六18:00~24:00

清邁夜市區的夜市新血。

清邁草垛夜市算是清邁夜市區中比較新、風格較年輕的一個,面積雖然不算大,評價卻很不錯。這裡是一個主打美食的市集,主要有烤魚、烤雞、烤香腸、咖哩麵、炒海鮮、香蕉煎餅、麵食等泰國料理,也會有些異國小吃,選擇非常多元,座位區上坐滿用餐的人潮,感覺很熱鬧。

至於商店雖然不只主力但也不可或缺,像是服飾、皮件、包袋、小吊飾等等都有,品質也不錯,一旁還有按摩店可以紓壓。夜市中央有一個主舞台,每晚都有現場演唱,坐在廣場上的椅子或草堆上,享受一個舒適的夜晚吧!

Kalare Night Bazaar

小編按讚 👍

📖別冊P.6E4 🚶從塔佩門沿著塔佩路步行至昌康路,步行約15分鐘 Changklan Rd. ⏰18:00~23:00

聚集海鮮大排檔、泰式小吃、冰品,尋找美食來這就對了。

Kalare Night Bazaar也被稱為清邁觀光夜市,與清邁夜市對街而立。兩棟商場原本內部都是獨立的小店面,在經過一番大整修後,變成**外圍保留較多的商鋪店面,中間廣場則以美食攤位為主**,類似百貨公司裡的美食街,齊集海鮮大排檔、泰式小吃、冰品等,以方便逛夜市的人想找吃的到這裡來就對了。

Let's Relax (Chiang Mai Pavillion)

小編按讚 👍

逛完街不怕鐵腿,知名連鎖Spa在這設點!

📖別冊P.6E4 🚶從塔佩路與昌康路口步行約6分鐘 📍145/37 Changklan Rd., Chiang Mai(位於麥當勞後方) ☎818498 ⏰10:00~24:00 💲泰式按摩1小時600B、精油按摩1小時1,300B 🌐www.letsrelaxspa.com

Let's Relax是泰國知名連鎖Spa品牌,在曼谷、清邁、普吉島等地都有分店。該品牌旗下的按摩師或芳療師都經過專業訓練,手技純熟、力道適中,**清邁分店就位在夜市裡,瘋狂購物的前後去放鬆一下正好。**

真味牛肉粿條
Rote Yiam Beef Noodle

小編按讚 👍

牛肉滷得恰到好處,香氣四溢的牛肉麵。

📖別冊P.6D5 🚶從塔佩路與昌康路口步行約13分鐘 📍164/48 Changklan Rd.(清邁香格里拉大酒店斜對面) ⏰8:00~21:30 💲牛肉粿條50~100B

店家招牌上開門見山寫著提供清邁最好吃、優質的牛肉麵,從不間斷的用餐人潮就可以得到驗證,2020年至今連續**榮獲米其林必比登推薦**。店家鍋爐上熱著香氣四溢的牛肉湯,麵條可由客人挑選,**想吃飽一點還可以加進牛肉丸,湯頭鹹香適中,牛肉也滷煮的恰到好處**,確實是市區內值得一嘗的好味道。

Along Ping River
濱河沿岸

這裡所指的濱河沿岸(Ping River)是從11號高速公路附近一路沿著濱河到南方另一端與高速公路的交接口。

其中最熱鬧的地區要算是Nawarat橋到Nakron Ping橋之間的「Wat Kate」地區，因為這個精華地段過去有座商貿碼頭，所有從中國南下經商的船隻都會停在這裡上岸，華人多數也是從這裡移入清邁，目前像是The Gallery、Oriental Style所在的屋舍，以及Rarinjinda Wellness Spa Resort留下的木造宅邸都是過去風華歷史的見證。而今，濱河區聚集許多河畔餐廳、精品飯店，加上距離夜市不遠，也成為清邁另一熱門觀光地。

交通資訊
◎從清邁機場搭車約15~20分鐘
◎從古城塔佩門搭車約10分鐘
◎從清邁夜市步行約15~20分鐘

☕ Woo Cafe

小編按讚 👍

🚩別冊P.6G2　🚶從Rarinjinda Wellness Spa Resort步行約3分鐘　🏠80 Charoenrajd Rd.　📞003717　🕙10:00~18:00　休週三　💲泰式米沙拉395B、蛋糕150B起、飲品約80起　f www.facebook.com/Woochiangmai

環境優美、食物美味，充滿藝術氣息的人氣咖啡館。

Woo Cafe的全名為「Woo Cafe‧Art Gallery‧Lifestyle Shop」，坐落於一棟白色的獨立建築物中，周圍被林木和植栽環繞，環境相當清幽，不過當走進店鋪中，又會發現店內坐滿客人，而且在地人也不少，可見其高人氣。

Woo Café是座**結合餐飲、藝廊、生活選品的複合式商店**，店內布置極美，充滿花卉及植栽，就連蛋糕櫃旁也都是花卉擺飾！店內供應咖啡、茶飲、蛋糕，也有義大利麵、沙拉、泰北咖哩麵、炒麵等主食，這裡的餐點評價非常高，像是最有特色的**招牌泰式米沙拉(Rice Salad)，將各種食材與雙色米飯一起拌入沙拉盆中**，實在是一大視覺享受；另外泰式海鮮酸辣湯炒飯也很推薦，口味酸酸甜甜的相當夠味。

不論餐前餐後都推薦到商店的區域逛逛，這裡可以找到如Thann、Torboon等泰國品牌，也有不少是Woo和泰國設計師合作的商品，像是服飾、餐具、生活用品。店鋪二樓則是藝廊，展示泰國的當代藝術作品。另外，因應近年遊客越來越多，Woo Cafe的店員大多都會一點中文，而且原本純文字的菜單如今也加上料理照片，可感受到其服務的用心。

蛋糕架旁邊都是花卉擺飾，美到讓人忘記要選蛋糕。

米沙拉的雙色米飯分別用蝶豆花和火龍果調色，其他食材包括青芒果、椰子、香茅、泰國青檸葉、糙米等，店員會將食材到入沙拉碗中拌勻。

☕ Khagee cafe

🔺別冊P.4F4 🚶從塔佩門步行約25分鐘、搭車約8~10分鐘,從清邁夜市步行約10分鐘 🏠29 30 Chiang Mai-Lamphun Soi 1 ☎0829757774 🕐9:00~17:00 💰咖啡95B起 🌐www.facebook.com/khageecafe

改建自百年老屋的小巧咖啡館,展現生機盎然的美好。

位於城東濱河畔的Khagee咖啡館,改建自一座百年老屋,在泰文裡意為「新鮮」的店名,亦有生機盎然之意。室內的磚牆塗白,簡單一盞工業風格的吊燈和木檯,小巧的空間裡雖然只有六張桌子,但來客卻接連不斷;陽光透窗,空氣中微塵浮動,照亮一室朦朧迷離的美好。店內由老闆擔任咖啡師,調製各種飲品,老闆娘則負責烘焙師的角色,為玻璃箱補上新出爐的麵包,並製作搭配**馬斯卡彭起司、香蕉切片和自製野莓醬的香蕉麵包派**,浸潤了酸甜野莓醬汁的香蕉麵包嚐來清新微甜,是店裡的人氣甜點。

站在天橋往下看,擁擠繁忙的上下貨風情,成了許多攝影師愛好的取景地。

有許多賣布料的店家。

🏛 中華街老市場區
Chinatown

🔺別冊P.6F2 🚶從塔佩門步行約15分鐘 🏠Chang Moi Rd. 🕐約9:00~19:00(各店營時不一)

各式布料、便宜好貨都在這裡。

一般中華大街大都是美食餐廳居多,但**清邁的這個百年唐人街區卻很不一樣,幾乎是購物商家為主**,擁擠又龐雜的各色店鋪齊聚,清一色把商品擺到看不見店鋪外觀,一家接著一家,因無法清楚看懂街廓線條,讓人逛著逛著就迷失其中。即使抓準了方向,但**這裡商品真在五花八門、價格又便宜**,即使不小心路過,都真的很難全身而退。

這邊以**布料、服飾、居家用品等為大宗**,有點類似批發街區的氛圍,又或者香港夜市街區,幾乎各商家無不把商品擺到最滿狀態,想找泰式風格布料自己縫製衣服、或是想找泰北少數民族風格物品,這裡都很多,而好逛好買的瓦洛洛市場也在這裡,一整個串連,是個殺很包的好地方。

🍴 Deck One

🔺別冊P.6G3 🚶從塔佩門搭車約8~10分鐘 🏠1/14 Charoenrajd Rd.(Rarinjinda Wellness Spa Resort對面) ☎302788 🕐8:00~22:00 💳可 🌐www.thedeck1.com

位於Rarinjinda Wellness Spa Resort對面、濱臨河岸這一側的Deck One是一家Fusion風格的餐廳,2008年開始營業,**料理融合了泰國、中國、義大利、法國等烹調手法,讓人既可吃到傳統的木瓜沙拉、酸辣蝦湯等,又多了一層時尚的西洋風貌,美味與健康兼具。建築、裝潢同樣融合了泰國與摩登特色**,更有浪漫的河景佐餐。

Rarinjinda Wellness Spa Resort的房客有用餐優惠。

Deck One和Rarinjinda Wellness Spa Resort其實屬於同一企業集團經營,又有地利之便,所以開幕至今一直作為飯店的附屬餐廳,房客可免費至此享用自助式早餐,其他時間前往用餐亦有折扣優惠。

☕ Still.Coffee&Life

小編按讚 👍

以大片窗景將老城吸入眼底。

🏠別冊P.6F3 　🚶從塔佩門步行約12分鐘 　📍20, 1 Wichayanon Rd.(Worawat商場4F) 　📞9144692 　🕐9:00~17:00 　💲冷萃調味咖啡120~140B

打開門一走進這間咖啡館，清晨時的陽光從碩大的玻璃牆灑入，時光宛如在此凝結的錯覺。位在中華街、瓦洛洛市場鄰近**隱密商場內的咖啡館**，與外面街道的紛雜擁擠氛圍，形成極度衝突對比，以一杯咖啡時光凝望老街人來人往也充滿療癒。

這家位在Worawat商場4樓的咖啡店，隱密到連入口都很難找，商場左側底端幾乎被商品擋住視線的電梯，是唯一入口，上了4樓，大約又是一陣錯愕，因為是個空無一物廢墟般的空間，若不是靠馬路側隱約傳來音樂與小小招牌燈光，真的很難發現。但一連串的迷航跟驚奇，絕對值得你找到這裡。店內提供咖啡、茶等飲品為主，連糕點都很稀有甚至很少出現，**推薦招牌便是以柑橘類調味的冷萃冰咖啡，咖啡風味帶點酸甜**，清爽口感很適合暑熱的天氣。

來自清邁、清萊產地咖啡，大都落在中淺烘之間，可以喝到豐富的層次。

下午時刻面西的大窗可見落日的老城街昏黃天空，也是推薦的來訪時間。

2樓藝廊空間讓人從現代轉換到優雅法式沙龍情懷，古董畫作、家具成為空間主角。

連桌椅空間都特意拉開的大距離，讓喘息&舒適感在此無所不在。

☕ GRAPH contemporary

小編按讚 👍

工業風格與古董老派光暈交錯

🏠別冊P.4G4 　🚗從塔佩門搭車約11分鐘 　📍177 Charoen Muang Rd. 　📞5673330 　🕐9:00~17:00 　💲清邁產地單品手沖150B 　💳可 　🌐www.graphcoffeeco.com

離老城區有點距離的San Pa Koi這區，相對尼曼明路的觀光化風貌，越來越多風格小店開始把目標移置於此。遺留不少近現代老屋的這區域，因早期商業風情，讓老屋融合倉庫、歐洲裝飾建築等特色，也開始吸引不少觀光客來訪。

也因遠離市中心，讓這裡得以享有難得的舒適氛圍，**同樣隸屬GRAPH的系列店**，直接以整棟**2層樓老屋改建**，將現代與法式沙龍風貌融合，保留老屋最大元素，讓這空間流洩著一股悠悠時光況味。無庸置疑的**高品質泰北精品咖啡，無論單品、創意咖啡通通能品嚐到**，也有提供糕點類及自豪的咖啡選豆，可以買回家沖泡。

清邁市區 Central

濱河沿岸 Along Ping River

清邁周邊與郊區→清邁延伸順遊

1922年在清邁火車站啟用後，這處市場就成為當地相當熱鬧的農產品轉運地。

🍴 Kanomjeen Sanpakoi 👍 小編按讚

市場裡的米其林平價美食。

📍別冊P.4G4 🚗從塔佩門搭車約11分鐘 🏠11 1 Tasatoi Alley, Tambon Chang Moi (Thongkam市場裡) 📞1923023 ⏰11:00~23:00 ❌週日 💲辣豬肉米線40B

　與San Pa Koi菜市場以十字大路口相隔的Thongkam市場，規模明顯小很多，但很多人來這裡的目的不是逛是市場，而是慕名一碗連續4年獲得米其林必比登推薦的泰式米線。這一碗碗不論是香辣豬肉口味米線，或是咖哩、綠咖哩、紅咖哩等米線，可說是在地人平時的果腹美食，而這**深藏市場裡的店，竟能從2020年起就年年都獲得必比登推薦，可見老店的實力與美味，絕不在話下。**

　雖在市場裡，但乾淨又動線清晰的點餐規劃，不論懂不懂泰語，都沒啥問題，看照片點就對了，令人流淚的銅板價格，但豐富配料食材，吃到最道地的風味，而且點了米線後，也可隨手加點一旁已包裝好的單點小食，而配菜的生豆芽等則可無限制取用，相當大方。

🍴 San Pa Koi Market 👍 小編按讚

看清邁人飲食吃什麼，這裡最齊全。

📍別冊P.4G4 🚗從塔佩門搭車約11分鐘 🏠218 Charoen Muang Rd. 5:00~20:00

　從GRAPH咖啡店斜對面的小巷子走進去，便是San Pa Koi Market這處傳統菜市場，**當地人採買蔬菜、肉品、海鮮、水果、熟食、香料等日常料理用品的這處傳統市場，意外地乾淨又整齊**，所有食材都分類在各自的區塊，讓採買相當效率又舒適。

　即使沒有烹煮的需求，但光走走看看也充滿樂趣，像是陌生沒見過的蔬果、令人充滿好奇的香料醬料到底用在何種料理場合、熟食區令人食指大動的各式美味。其實也不用太糾結，這裡非觀光客取向、價格便宜，不論熟食或水果，都能買回飯店享用，設有美食攤區域，也是直接用餐的方便選擇。

免費的生菜配菜，可自由取用。

香辣豬肉口味米線，配料豐富，但辣度不低，店內也有賣冰飲可以解辣。

🍴 The Riverside Bar & Restaurant

📍別冊P.6G2 🚶從Rarinjinda Wellness Spa Resort步行約1分鐘 🏠9-11 Charoenrajd Rd. 📞243239 ⏰17:00~1:00 ❌週二 💳可 🌐www.theriversidechiangmai.com

　The Riverside Bar & Restuarant頂著清邁第一家音樂餐廳的頭銜，在濱河邊已營業20年，雖然這兩年因為地主將地收回，但不減其聲譽，**是清邁在地多數人推薦的Live House。餐廳供應的菜餚包括泰、中、日、西等料理**，酸辣蝦湯(Tom Yam Kung)為求食材新鮮，使用泰北產的淡水蝦；另一道料理Savoury Riverside Basket則取自中國的雀巢料理，將刨成粗絲的芋頭炸成碗狀，再將白果、蟹、蝦等材料燴煮放入，完全中式口味。

🍴 The Good View

🔰 別冊P.6G2　🚶 從Rarinjinda
Wellness Spa Resort步行約1分鐘
🏠 13 Charoenrajd Rd.　☎ 241866
🕐 10:00~01:00　💲 Deep Fried
Pork's Knuckle 420B　💳可　🌐 www.goodview.co.th

> 河畔經典餐廳，享用料理時還能享有絕佳河岸視野。

小編按讚 👍

展售藝術品的美食餐廳。

濱河畔最早創立的經典餐廳之一，**The Good View**如其名，擁有絕佳的河岸視野與一旁的寬闊綠地，讓國外遊客在輕鬆的氛圍裡體驗清邁假期。The Good View以店家招牌的小花Logo為設計主軸，門口也有一間寄售生活用品與服飾的小店，頗有異國風味。寬闊的用餐空間擺設大量的木質桌椅，走道顯得有一點擁擠，但由於是開放式的格局，加上眼前濱河的流水，仍然讓人覺得心曠神怡。

　　The Good View主要供應泰、中、日三國料理，還有部份創新西式餐點。招牌菜色有道地的「香腸拼盤」，以及炸得皮脆肉軟嫩的「炸豬膝」，搭配酸菜、馬鈴薯泥，蘸上以美奶滋、魚露、蕃茄醬以及檸檬汁製成的特調沾醬，非常美味。

🍴 The Gallery

小編按讚 👍

🔰 別冊P.6G2　🚶 從Rarinjinda
Wellness Spa Resort步行約2分鐘　🏠
25,27,29 Charoenrajd Rd.　☎ 248601
🕐 12:00~23:30　🚫 週日　💳可

> 建築結合中式與泰式風格，店鋪則融合藝廊與美食。

　　這間曾受到美國前第一夫人希拉蕊與許多國際旅人青睞的餐廳，建築融合了中式與泰式風格，門口並懸掛寫著「永源」中國字樣的木區。

　　現任主人Surachai Leosawasthiphong 的祖父，是1892移民至此的中國人，他建造了The Gallery的建築，最初開設的以販賣絲棉織品為主的商店，直到1989年，才由後輩在後方加蓋一棟泰北傳統的柚木建築，成為現在的河岸餐廳。

　　進到The Gallery，先是看到前方的中式院子，這個小藝廊空間展售各式民俗風的工藝品，取名The Gallery，就是**歡迎許多人來寄賣他們的創作與藝術品**，在這裡可看到一些獨特的精緻飾品與骨董畫作，也很適合喜歡原創設計的客人來挖寶。

　　穿越中庭來到後方的泰式建築，才真正見到河岸餐廳的寬闊樣貌，富有高低層次的用餐座位，旁邊圍繞著質樸且悠閒的植栽綠意，**主要供應泰北料理與部份結合中國味的美食**。

晚間有現場樂團或DJ表演，呈現另一種露天派對的熱鬧。

清邁市區 Central

濱河沿岸 Along Ping River

清邁周邊與郊區 清邁延伸順遊

🛍 The Healing Family Foundation

別冊P.6G2 　從Rarinjinda Wellness Spa Resort步行約3分鐘 　2 Na Watket Rd. 　244393 　8:30~16:00 　週六及週日 　包包120B起、T恤350B起、卡片40B 　www.hffcm.org

> 輔導身障兒學習一技之長，販售優質手工圍巾、T恤及包包！

如果家中有身心障礙的孩子，家長不免會為他們的未來生活感到憂心。The Healing Family Foundation創辦人的兒子有腦部方面的障礙，所以很早就關心這樣的議題，他在一趟日本考察結識了相關的慈善組織，專門幫助有身障兒的家庭，耐心輔導這些孩子建立自信心，進而習得生活一技之長。他回國後便積極奔走，於2005年成立這個協會，**輔導身障兒學習織布等一技之長，讓他們及其家庭都能有信心、有能力繼續快樂地生活。**

在缺乏政府經濟支援的情況下，這裡的環境與設施相當簡單，幸好協會位於觀光客頻繁經過的地段上，他們**在協會中販售自己手工製作的T恤、包包、飾品、圍巾等商品**，種類及款式都很豐富，經常能獲得遊客的青睞，讓協會得以繼續運作。

🍴 Hinlay Curry House

別冊P.6G2 　從Rarinjinda Wellness Spa Resort步行約3~5分鐘 　8/1 Na Watket Rd 　242621 　8:30~17:00 　週三 　www.facebook.com/HinlayCurry/

> 自家研發的獨家咖哩配方，廣獲食客好評。

從137 Pillars House繼續往巷子裡走，可以找到Hinlay Curry House。這家位於住宅區裡的小巧餐廳，女主人是有英國血統的泰國人，而男主人是位華人，男主人因為酷愛咖哩料理，常常自己研究配方和做法，然後邀請好朋友們到家裡共享，廣受好評，在眾親友的鼓勵下，2005年終於在自家庭園外側開設了這家餐廳。

Hinlay Curry House所使用的咖哩都是從新加坡挑選進口，口味和清邁市面上其他可以吃到的咖哩料理不太一樣，搭配不同的肉類或蔬菜又會做不同的變化，這些年來已博得不少擁護者的心，在網路上的評價相當高。

🎁 Oriental Style

別冊P.6G2 　從Rarinjinda Wellness Spa Resort步行約2分鐘 　36-44 Charoenrajd Rd. 　245724 　8:30~18:00 　可 　www.orientalstyle.co.th

Oriental Style主要以沉靜具質感的木雕家具與泰國手工藝品為主力產品，後來也開發出**棉質商品系列**，從沙發套到抱枕套，簡單卻有質感，可以讓居家擁有整體的風格。目前Oriental Style是由兩位設計師創作各項商品，各種線條優美的燭台也是頗受注目，以泰國國寶動物大象為品牌標誌的Oriental Style。另外生產許多獨家商品，例如杯子、T恤，模樣相當可愛。

發源自清邁的泰國知名泰絲品牌。

Forest Bake

📍別冊P.4F3 🚶從Rarinjinda Wellness Spa Resort步行約3~5分鐘 🏠8/NHA Wat Kaet 1 Alley ☎0919288436 🕐9:00~17:00 🚫週三 💰平均消費約250B 📘www.facebook.com/forestbake

　　Forest Bake身處於濱河畔的小巷弄裡，外觀像是私人別墅般優雅隱密，內部則相當清新自然，有露天草地坐席、樸實溫馨的小木屋麵包烘焙坊，以及一旁的咖啡館餐廳，Forest Bake採自助式點餐，餐點皆可外帶或內用，也可以選擇到咖啡館點杯飲料和用餐，或自行挑選喜愛的戶外位置，享用美味餐點。

　　Forest Bake每日皆會手工製作不同的蛋糕、麵包等西點，也會依據不同的節慶特製限定糕點，烘焙坊內以藤編籃子搭配乾燥花草裝飾，顯得十分浪漫夢幻，麵包及蛋糕的口感紮實濕潤，並富有麵粉的香氣，不過麵包及甜點都非常搶手，建議把握時間盡早到訪，以免向隅。

🏠Vila Cini

📍別冊P.6G2 🚶從Rarinjinda Wellness Spa Resort步行約2分鐘 🏠30,32,34 Charoenrajd Rd. ☎246246 🕐8:30~18:00 💳可 📘www.vilacini.com

　　源自清邁的VILA CINI是泰國知名的泰絲品牌，以增進生活樂趣、舒適、手工、自然、講求品質等概念，**選用最優良的泰絲，運用傳統精良的技術製作出各種居家生活相關商品，如桌巾、抱枕等，也會運用於小型的相框、收納盒甚至筷子套等品項**，90%以純手工製作的泰絲商品是由第三代經營者身兼設計師的Sapavit所發展。位於濱河邊的分店，是一棟擁有140年歷史的建築，內部空間相當寬敞，另一家分店則在艾美酒店樓下。

半露天座位區，相當有度假的氣氛。

Forest Bake每日提供不同手工甜點蛋糕。

泰國民俗風服飾。

🎁Nussara

นุสรา

📍別冊P.6G2 🚶從Rarinjinda Wellness Spa Resort步行約2~3分鐘 🏠66 Charoenrajd Rd. ☎0622523545 🕐10:00~20:00 🚫週日 💳可

　　Nussara是老闆兼設計師的名字，展示空間分為前後兩區，中間隔著一處綠意盎然的水池花園，很像走進中國傳統庭院的感覺，優美靜謐，穿過圓洞門就是豁然開朗的另一區，暈黃的燈光營造出更獨特的購物體驗。入口牆上掛著一幅手工織作的圖畫，彷彿也說明了**這裡展售的服飾與配件，從織品布料的挑選，到最後的剪裁，都由設計師親自操刀製作，透過現代風格賦予傳統泰國民俗布料全新的質感。**

清邁市區 Central

濱河沿岸 Along Ping River

清邁周邊與郊區▶清邁延伸順遊

茶館櫃檯旁有很多包裝精美的茶具和茶葉禮盒,送禮自用都合適。

粉紅城市茶館

Vieng Joom On Tea House
เวียงจูมออนที เฮ้าส์

◐別冊P.6G2 ◐從Rarinjinda Wellness Spa Resort步行約3分鐘 ◐53 Charoenrajd Rd. ⌚246392 ◷10:00~18:00 ✕週三 ◉下午茶兩人595B ◉可 ⓦwww.vjoteahouse.com

高貴不貴的下午茶,明星、貴婦都是常客。

　粉紅城市茶館的店主為了一圓父親的異國茶館夢,便在清邁河邊開設以印度粉紅城市齋浦爾為主題的印泰風情茶館,目前在清邁Central Fesival百貨也有分店。

　茶館供應專業調茶師配製的59種茶品,建議嘗試店家特調,像是招牌茶品**Vieng Tea就巧妙地混合歐洲紅茶、粉紅玫瑰和薄荷**,口感相當豐富。店家不僅在茶品上用心,身為醫生的店主親自設計菜單,連**可口的下午茶糕點都是素食、低卡**。店經理透露,就因為有好茶、舒適的環境,價格又是高貴不貴,許多泰國貴婦和明星們都是店裡常客。下午茶以人數計算,包括一壺茶品和三層架糕點、水果等。

🎁 Kome Tong

◐別冊P.6G2 ◐從Rarinjinda Wellness Spa Resort步行約4分鐘 ◐114Charoenrajd Rd. ⌚302401 ◷10:00~22:00 ◉可 ⓦkometong.wordpress.com

　Kome Tong是由設計師Rattanaphol Taja所開設,**店內擺設的都是充滿設計師個人創作質感的瓷具餐具、居家生活用品、服飾……件件充滿了個人風格的手感**,讓人愛不釋手。Rattanaphol Taja每年都有新作品,且積極參加泰國各項設計評比或展覽,也曾獲《Travel + Leisure》雜誌的肯定;店內的展示品則經常更新,雖然品項不多,但原創力十足。

🧁 Cake Baan Piemsuk

◐別冊P.6G1 ◐從Rarinjinda Wellness Spa Resort步行約5分鐘 ◐165-167 Charoenrajd Rd. ⌚0857088988 ◷9:30~18:30 ◉椰子奶油派105B ◉www.facebook.com/baanpiemsuk

　一間可愛的老房子,簡單的裝潢裡擺設了幾張桌椅,卻坐滿了年輕的學生,老闆在櫃檯後面忙得不亦樂乎。Cake Baan Piemsuk販售**每天新鮮製作的多款手工蛋糕、派餅、餅乾**等,產品口味眾多,**其中又以椰子奶油派最受歡迎**,自然的椰子香、濃郁的口感再搭配咖啡等飲料,果然具有難以抵擋的誘惑力。還有香蕉、芒果奶油、巧克力等口味可供選擇。

👁 Wat Ket Karam

วัดเกตการาม

🔺別冊P.6G1　➡️從Rarinjinda Wellness Spa Resort步行約5分鐘　🏠96 Charoenrajd Rd.　🕐6:00~21:00　💲門票免費

　　寺廟據稱有將近500年歷史，廟裡的佛塔則供著佛祖的遺物，這座廟所在區域其實比廟本身更有歷史意義。在曼谷卻克里王朝時期，清邁移入許多來作生意的外國人，其中又以中國人為大宗，而當時大家乘船從濱河進來，多半都停留在這座廟附近，成為商貿聚落的開始。**廟裡目前有座博物館──Wat Ket Museum**，收藏清邁早期的文物，可免費入場參觀。

非營利組織販售的愛心織品、飾品。

🎁 Sop Moei Arts

小編按讚 ดี

🔺別冊P.6G1　➡️從Rarinjinda Wellness Spa Resort步行約5分鐘　🏠150/10 Charoenrajd Rd.　☎️0644907000　🕐週日至週五10:00~18:00，週六12:00~17:00　💳可　🌐www.sopmoeiarts.com

商品展現泰北民族創意，以營收做為村民生活補助。

　　已有30年品牌歷史的Sop Moei Arts，在曼谷與清邁各設有店面，從產品設計到展場陳列，都由在泰國土生土長的老闆Kent一手包辦，用趨近抽象藝術的表達方式呈現當代泰北民族創意。

　　Sop Moei Arts其實是非營利組織設立的商店，主要是輔導那些居住高山的克倫族村民就業，並將他們以手工做成的織品或編織籃，透過店鋪和外界聯繫，將商品銷售到村落之外，所有營收扣除基本開銷，約有60%回歸到村落，當作孩子的獎助學金或在地生活輔助。

　　細逛Sop Moei Arts的店內商品，從桌巾、寢具、服飾、竹編籃子到各式布袋器皿，會發現做工細緻，色彩與圖騰都很有高山民族的純樸熱情特徵。近來還增加了一些專為居家生活所設計的新產品，諸如珠寶置物盒等等，在傳統型態之外也隱隱透出現代的身影。

清邁市區 Central

濱河沿岸 Along Ping River

➡清邁周邊與郊區➡清邁延伸順遊

Elephant Parade House Wat Khet

🔺別冊P.6G1 🚶從Rarinjinda Wellness Spa Resort步行約5分鐘 📍160 Charoenrajd Rd. ☎0856946448 ⏰10:00~20:00 💲350B起 💳可 🌐www.elephantparade.com

販售繽紛多彩的大象模型，以藝術之力籌措救援基金。

順著河濱往北走，Elephant Parade House門口矗立著一隻繽紛的彩繪大象，讓人忍不住停下腳步。大象自古以來是泰國神聖與吉祥的代表，然而近年來包括泰國、印度、斯里蘭卡、緬甸等世界各地的大象，似乎面臨了生存危機，**為了拯救大象，大象巡遊(The Elephant Parade)協會決定開設店鋪，企圖以藝術的力量籌措救援基金，同時喚起大家重視大象的生存權。**他們廣邀藝術家彩繪大象模型，不少國際知名的藝術家也陸續主動加入。大象視模型大小、色彩而價格有所差異，如果想畫一隻自己專屬的大象模型，也有可以DIY彩繪的版本。Elephant Parade目前在清邁尼曼明路也有店面。

每種花色都有專屬的名稱、編號，然後限量生產，購買者也將獲得一張證書。

ComeDara

🔺別冊P.6F1 🚶從Rarinjinda Wellness Spa Resort步行約5~6分鐘 📍193 Charoenrajd Rd. ☎0864217191 ⏰11:00~22:00 💲平均消費約400B 💳可 📘www.facebook.com/Comedara/

濱河夜景搭配五星美食，還有現場演奏讓人享受浪漫夜晚。

ComeDara是河濱東岸一家泰國料理餐廳，從2005年開業至今，一直以**提供道地的泰北風味菜為主**，不惜重金延聘曾在五星級飯店裡歷練過的主廚，所以廚藝頗受好評。**店裡的炸鯛魚佐青芒果醬、香草蜂蜜烤肋排、鳳梨蝦烤飯、北方蒸薑河蝦等都是熱賣的招牌菜。**晚間不但可欣賞河濱夜景，也有現場音樂演奏，而且**提供中文菜單**，可見來自華語世界的食客相當多。

Kao Soi Samerjai

ข้าวซอยเสมอใจ ฟ้าฮ่าม

🗺 別冊P.4F1　🚗 從清邁夜市搭車約10分鐘　📍391 Moo 2, Charoen rat Rd.　📞0817648723

⏰ 時間：7:30~16:30　🍜咖哩麵50~70B、沙嗲60B

　　Kao Soi Samerjai已經營20多年，是**Faham街上專賣Khao Soi的老字號麵店**。客人可選擇雞(Kai)、豬(Mu)、牛(Neua)以及豬肉丸，店家自調的咖哩粉加進美味湯頭中，並加入些許椰漿，吃時，會附上一盤切好的榨菜、紅蔥、檸檬，可自行加進湯頭裡調整味道，經典滋味一吃就叫人難忘。

> 除了咖哩麵之外，店裡的沙嗲也是招牌菜，千萬別錯過。

Huan Soontaree Vechanont

🗺 別冊P.4F1　🚗 從清邁夜市搭車約15~20分鐘　📍208 Soi Pa Tan　📞0838608196　🕐16:30~23:00、現場演唱18:30~22:00　🍴單點料理約200B　💳可　👍www.facebook.com/huansoontaree

　　Soontaree Vedchanont是清邁相當知名的民謠歌手，現在就在這家自己開設的餐廳開唱，出版過食譜的她對料理的美味自有其一定要求。**店裡菜色以泰北料理為主**，再加進一些獨門配方，像是使用蔗糖烹煮的泰北咖哩豬肉，取紅、黃咖哩各半，烹調出來自然和一般單用紅咖哩的香氣不同。另一道是少見的手工菜無骨炸魚(Boneless Serpent-Head Fish Stuffed with Pork)，得仔細挑開魚皮、去骨，把魚肉混合豬肉、蛋、泰式香料後，再塞回魚身一起炸，吃時蘸辣椒醬一起享用，口味獨特紮實。

> 清邁版民歌餐廳。

> 各種泰式零食及乾貨等，幾乎都能買到，價格也算公道。

小編按讚 👍

Waroro Market

🗺 別冊P.6F2　🚶 從清邁夜市步行約8分鐘　🕐7:00~18:30(各店不一)

> 眾多新鮮花果、美味熟食攤，夜晚周邊的路邊攤也精采。

　　濱河邊的Waroro Market是清邁市區的花果市場，全天候供應各式花卉、水果，由於聚集多家水果攤販，到這裡挑選時令水果價格合理，選擇也多。其中每年7~9月盛產的粉紅龍眼可千萬別錯過，肉質肥美汁鮮甜，果肉帶著淡粉色是其特徵。另一種北部常見水果Ka-Ton，黃色外皮、外觀扁圓，肉酸仔甜，當地人多半用鹽水醃過後當甜點食用。

　　白天在市場內有很多熟食攤，包括現烤泰北香腸；另外像是泰式奶茶、咖啡、腰果、芒果乾、榴槤乾、龍眼乾等各種泰式零食及乾貨等，幾乎都能買到，價格也算公道；而晚上周邊的路邊攤也很精采，大約7點後攤販全部開始做起生意，美味小吃俯拾皆是。

Nimmanhaemin Road
尼曼明路

One Nimman風格帶點歐風，一開幕立即成為大家拍照打卡的最新景點。

GRAPH是時下最受歡迎的咖啡館之一，供應多款清爽的特調咖啡。

逛街累了，可以到Let's Relax休息一下再繼續血拼！

🍴 One Nimman

📖別冊P.8B1　🚗從古城三王像搭車約10分鐘；從Think Park步行約1分鐘　🏠1 Nimmanhaemin Rd.　☎080900　🕐11:00~23:00　🌐www.onenimman.com

2018年新開幕的One Nimman，和對街的Think Park風格完全不同，Think Park主要聚集小設計品牌，主推平價雜貨選品；而One Nimman則是**集結了藝文、娛樂、餐飲及購物為一體的時尚潮流商場，聚集的多為中高價位的知名品牌**，另外也以多間著名美食餐廳進駐為特色。

One Nimman聚集不少有名的餐飲品牌，如泰式料理的Nara、Ginger Farm、西餐廳Happy Frog等，其中一大亮點是清邁最受歡迎的咖啡廳之一「**GRAPH Café**」，以極簡風格為主的GRAPH，擁有強烈的自我主張，堅持使用泰國當地所產的咖啡豆，手工研磨，利用不同的口感層次，突出每一款咖啡豆的獨特個性，實踐「少即是多」的精神；另外，來到聚集多間服飾品牌的「**Outfit of the day**」，可以選購當地品牌服飾。

在商店部分，著名的連鎖SPA店Let's Relax、香氛品牌Panpuri及Harnn都能在這裡找到。另外，在One Nimman的服飾店中，有相當多間為泰國民族風，不乏風格獨具、令人驚豔的設計服飾；而以手作編織包為特色的清邁品牌Torboon也在此。

🛍 一條龍天空購物大道

All One Sky Avenue

這裡是完全為了觀光客而設的大型賣場，從鱷魚皮包、各式熱門泰國保養品、美妝、香氛，到餅乾、果乾等零食，應有盡有，絕對能**一次買齊你需要的伴手禮**。另外要提醒大家，這個賣場叫做一條龍真的不是浪得虛名，進賣場以後就只有通往出口的單行方向，一定要逛完才行。

以濃縮咖啡調和蘇打水、檸檬與黑糖，創造出令人驚豔的清爽口感。

☕ GRAPH One Nimman

🏠1F ☎080900 🕐11:00～22:00 💲GRAPH No.16咖啡150B ⊘可 🌐www.graphcoffeeco.com

　　GRAPH系列店中位置最精華的一家，雖然店鋪不大，但**以深色調，透過鋼件、石牆風格設計，呈現穩重又定靜的氣質**，完美轉換店內與店外氛圍，將外頭洶湧的往來人潮喧囂屏除，是在One Nimman逛累時，最佳推薦歇息處。店內空間雖小，但仍能提供各式經典咖啡品項、甜點，咖啡豆、品牌自創商品也都有販售，如果真的客滿擠不進去，那就直接外帶吧，在One Nimman中庭，也很容易找到一方座位歇息品嚐美味咖啡，而且讓人感動的是，**即使是外帶杯，該呈現的美味細節一樣堅持不打折**。

Nimmanhaemin Road
尼曼明路

清邁市區唯一店鋪，喜歡品牌商品的話，只能這裡買。

🏠 TORBOON

🏠1F ☎1797822 ⏰11:00~21:00 💲零錢包290B、側背淑女包5,850B
可 💳www.torboon.co

即使是簡約的穿衣風格，也能輕鬆搭配的包款品牌。

Torboon是**清邁的手作編織包品牌**，以清邁傳統的編織技藝結合皮革材質，**Torboon曾經獲得清邁產品設計獎、環保創新產品獎等肯定**，並在2016 Pop up Asia(亞洲手創展)來台灣展出時，廣受好評。

「Tor」為編織的意思，而「boon」則是設計師的名字，Torboon致力於結合傳統工藝，發展出符合時尚潮流，且價格合理的配件單品，產品從小型的零錢包、手拿包、帽子，以及大型的各式包款，並擴展至鞋子、服飾、家飾用品等，帶質感而優雅的設計，不論搭配任何服飾都沒問題。

Torboon結合傳統工藝，Torboon發展出符合時尚潮流，且價格合理的配件單品

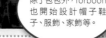
除了包包外，Torboon也開始設計帽子鞋子、服飾、家飾等。

🍴 Hong Taow Inn

👍別冊P.8B1 🚶從Think Park步行約2~3分鐘 🏠95/17 Nantawan Arcade, Nimmanhaemin Rd. ☎218333 ⏰11:00~22:00 💲單點約85B起 可

人氣泰北菜餚及泰國中部料理。

店名稱為「Inn」其實是家供應泰式料理的餐廳，**菜單不僅有泰北菜餚，其他中部常見的炸魚餅、鍋巴沾咖哩等，都是店家的人氣料理**。因為環境舒適，又坐落在尼曼明路口，深受遊客喜愛。

看起來普通的家庭式餐館，料理一點也不普通。

以綠色植物、大量木飾與竹簍燈籠，營造出既悠閒又帶點傳統風格的空間。

小編按讚 👍

🍴 Ginger Farm Kitchen

🏠1F ☎080928 🕐11:00~22:00 💲人均消費400~500B ✅可 🌐www.gingerfarmkitchen.com

大受歡迎的熱門泰北美食餐廳。

原本從事流行與零售業務的母公司，因一個有機自有農場的契機，而開啟了以自家農場生產的有機蔬果、肉類等所開設的餐廳，GINGER FARM KITCHEN成為一處串聯農場與餐桌最短距離的美食天堂，**以提供傳統又純樸的泰北菜色為主，輔以融入部分西式菜餚**，以食物的風味所呈現的滋味，讓添加劑在此無用武之地。

除了自家農產生產外，也與長期合作的有機小農食材，透過每季不同的旬滋味，提供美食饕客一個講求健康、永續又美味的聚餐地。餐廳就位在人潮熱鬧的ONE NIMMAN旁，即使價格在清邁來說，屬於中高，對身體毫無負擔的美味，讓這家餐廳一到用餐時間，幾乎座無虛席，想來此用餐強烈建議務必先預約。

宛如來到泰北農家裏的各式傳統菜色，人多人少都很好點。

🏛 Srisanpanmai

📖別冊P.8B2 🚶從Think Park步行約3分鐘 🏠6 Soi 1 Nimmenhemin Rd. ☎271243 🕐10:00~18:30 💲圍巾300B起、衣服550B起 ✅可

Srisanpanmai的老闆出身自泰北知名的紡織村，**專賣各種少數民族如傣族的服裝，以及融合現代與蘭那傳統風格的服裝**，適合在一般生活中穿著，搭配牛仔褲或T恤更能現出與眾不同的品味。店裡骨董木櫃裡擺滿許多色彩鮮豔的服裝，也有布面抱枕、三角枕；後段與2樓則是更多骨董服裝，大多是女裝。3樓則是展覽室。

Nimmanhaemin Road
尼曼明路

清邁市區 Central 尼曼明路Nimmanhaemin Road

清邁周邊與郊區→清邁延伸順遊

> 如果面對咖啡單有選擇困難症,選店內招牌推薦就對了。

☕ **RISTR8TO**

小編按讚 👍

清邁必喝咖啡廳之一!

Ristr8to Original

📖 別冊P.8B2　🚶 距ONE NIMMAN徒步3分鐘　📍15/3 Nimmanhemin Rd.

☎ 215278　🕐 7:30~18:30　**f** www.facebook.com/Ristr8to

Roast8ry Lab

📖 別冊P.8C2　🚶 距ONE NIMMAN徒步3分鐘　📍14/3 Nimmanhemin Rd.　☎ 0855305360　🕐 8:00~17:00

不論你花多少時間在尼曼明路上遊逛,RISTR8TO咖啡館是最不該錯過的一家店;店面不大,生意卻好到驚人,所有人都是為了一杯好咖啡而來,這裡甚至**被譽為全清邁最好喝的咖啡。**

店主Arnon Thitiprasert在2007年因緣際會在澳洲的咖啡館打工,並受到獲得世界咖啡拉花大賽冠軍同事影響,開始習得咖啡技能,而後靠著自己對咖啡的專注與熱情,也於2011年在荷蘭舉辦的世界咖啡拉花大賽中,獲得第6名榮耀,之後回到家鄉開了這家RISTR8TO。這裡所有的**咖啡淬取皆以Doppio Ristretto的方式調製**,風味更加精萃,這裡不緊拉花精彩,連咖啡本體的豆子也可以選擇。如果你擠不進RISTR8TO也沒關係,距離1~2鐘程的後巷有另一家Roast8ry Lab,這裡跟本店風格大不相通,半開放式座位風格,大夥就坐在巷弄邊露臺上享受陽光與咖啡,輕鬆恣意。

> Roast8ry Lab風格舒適明亮。

💡 **為了反毒,竟讓清邁咖啡館百花齊放**

泰國的咖啡種植歷史並不悠久,最早紀錄大約1824年開始,因貿易商人帶來咖啡植栽,而開始在泰國南部盛行種植羅布斯塔品種。

泰北開始種植咖啡則是晚至1970年代,當時泰北金三角一帶的山岳部落居民,盛行種植罌粟之外,也常以燒山方式進行耕種,森林環境的破壞加上毒品的侵害相當嚴重,因此前泰皇蒲美蓬便下令進行了一項「皇室計畫Royal Project」,鼓勵山岳居民改種咖啡與水果,以根絕毒品侵害並保育山林。而適合冷涼山地環境的阿拉比卡種咖啡,變成了這邊生產主軸,海拔達1,000公尺以上的區域,種出的咖啡豆品質好,加上越來越多咖啡師人才輩出,讓清邁、清萊等泰北一帶,咖啡館蓬勃發展,品質水準也不斷躍升。

🧁 Guu Fusion Roti & Tea

小編按讚 👍

📖別冊P.8B2 🏠從Think Park步行約3~5分鐘 🏠15/4 soi 3 Nimmanhemin Rd. ☎0828988992 🕘9:30~1:30 🍴Roti 45B起 👍www.facebook.com/guufusionrotiandtea

> 少見的煎餅專賣店，悠閒享受香蕉煎餅或脆煎餅甜點。

Guu Fusion Roti & Tea位於Soi 3巷口，這間Roti煎餅專賣店**主打多種口味的甜鹹煎餅，而且煎餅還分為一般的煎餅及脆煎餅兩種**。在這裡可以吃到泰國街頭常見的香蕉煎餅，店家也做了一些口味上的變化，像是加上美祿粉、巧克力醬、起司、冰淇淋等，另外像加入了「金絲(甜蛋絲)」及鮮奶油的脆煎餅也是店裡的招牌，不過吃多了還是會感覺太甜，不嗜甜的人要稍微注意。另外，店內也供應咖啡、泰式奶茶、茶飲、蛋糕及在地菜餚等餐點。

> 鮮奶油的脆煎餅，吃多了也不膩。

> 店內也備有常溫餅乾、小點心區可以點來吃。

🧁 Saruda Finest Pastry

小編按讚 👍

📖別冊P.8B2 🚶距ONE NIMMAN徒步3分鐘 🏠12 Nimmanhemin Rd. ☎8670868 🕘10:00~21:00 🍴橘子蛋糕(Orange bliss)200B、雪人(Snowy)185B 💳可 www.facebook.com/SarudaPastry/

> 宛如藝術精品般的法式甜點。

師承世界冠軍名師的這家法式洋果子店，以甜點型態來說在清邁也算相當稀有，在同類型競爭不多的這裡，**但這家法式甜點店的手藝水準，可說真的令人激賞**，看著一個個在玻璃櫃內的甜點，宛如精品般細緻可口，即使不是甜點控的人，恐怕都忍不住想點一個來品嚐看看。不論是做成一朵花、或是擬真的美味水果外貌、或是宛如一個星球，真的沒有切開的瞬間，都很難判斷入口後將呈現何種驚喜滋味。

針對季節特產，會變化不同食材所呈現的蛋糕外，不同的節慶也是來此尋覓節慶法式蛋糕的最大樂趣。像是耶誕節決不能少的雪人、耶誕樹、耶誕老公公等，都以可愛姿態一個個排在櫃中等待欽點，而長銷款的橘子蛋糕，則是從華人新年的必備吉祥水果而得到靈感。

側邊：清邁市區 Central 尼曼明路Nimmanhaemin Road 清邁周邊與郊區 清邁延伸順遊

🍴 Kao Soy Nimman

小編按讚 👍

📍別冊P.8C2 🚶從Think Park步行約6分鐘 🏠137 Soi 7 Nimmanhaemin Rd. ☎894881 🕐11:00~20:00 💲綠咖哩雞麵75B

> 裝潢質樸有特色，服務親切的咖哩麵店。

Kao Soy是一種泰北非常普遍的麵條，把雞蛋與麵粉調和成麵身炸至金黃色，煮的時候加入以咖哩醬調製的湯汁和不同口味的配料，就是一碗好吃的咖哩麵。

Kao Soy Nimman的咖哩麵口味眾多，包括雞腿咖哩麵、綠咖哩雞麵、海鮮咖哩麵、煎蛋咖哩麵、泰北香腸咖哩麵、蘑菇咖哩麵等，湯頭濃郁、辣勁十足，就連平常不太敢吃辣的人也揮汗稱讚。除了咖哩麵外，這裡也點得到其它道地的泰北料理。店內裝潢和店名一樣質樸，以木製或竹編的桌椅、大紅燈籠營造出泰北傳統氣氛。服務態度非常親切周到。

> 口味多元，湯頭濃郁，讓人回味無窮。

☕ 🅷 The Barisotel by The Baristro

小編按讚 👍

📍別冊P.8B3 🚶從Think Park步行約8分鐘 🏠7/2 Soi 9 Nimmanhaemin Rd. ☎0934944599 🕐8:00~21:30 💲咖啡每杯約60B起；住宿每晚約2,800B起 🌐www.facebook.com/thebarisotelbythebaristro

> 超人氣的純白咖啡店，這間分店同時也是旅店。

The Barisotel by The Baristro以白色的氣質空間和創意特調咖啡在近期紅遍社群網路，這裡是 Baristro的第二間分店，在最潮的尼曼明路上插旗。三層樓的空間中，除了一樓咖啡店之外，樓上更增加了住宿設施，讓人可以住進這純白又有設計感的環境裡。

> 店內的純白空間相當有氣質，特調咖啡的變化也很豐富。

咖啡店裡的純白空間很有氣質，大理石紋路的桌面、白色座椅、燈具，配上乾燥花更顯雅致，而大面積的玻璃門得以引入自然光線，令氣氛更有活力，令每位來到店裡的客人都忍不住拿出手機或相機狂拍照片。店裡販賣的飲品、輕食和Baristro其他分店都相同，招牌飲品包括多款特調飲料，像是「**Baristro Mocha**」是店家特調摩卡，杯緣還會上一層巧克力醬；而「**Black Coconut**」則是椰子汁加上濃縮咖啡、椰子肉，喝起來非常清爽。店裡以濃縮咖啡做化的飲品還有許多，很多都走清爽路線，在大熱天是很好的選擇。

> 曼谷人氣烤吐司老店在清邁的唯一分店。

Mont Nomsod

> 人氣老店的清邁分店，口味眾多的烤吐司點心。

📖別冊P.P.8B2 🚶從Think Park步行約5分鐘 🏠45/21 Nimmanhaemin Rd.(位於Soi 7和Soi 9中間) ☎214410 ⏰15:00~23:00 💰烤吐司17B起 🌐www.mont-nomsod.com

Mont Nomsod是**來自曼谷的人氣烤吐司老店**，1964年開幕至今，已有超過50年歷史，店家共有4間分店，3間在曼谷，清邁唯一的分店就在尼曼明路上。**店裡的吐司和醬料都是自家製作**，最基本的口味是烤糖吐司，其他還有煉乳、巧克力、奶油玉米、芋頭、草莓果醬等選擇。飲品部分推薦鮮奶、奶茶，店家還有販售多種口味的冰淇淋。

Rubber Killer
用回收輪胎皮製作配件。

📖別冊P.8B3 🚶從Think Park步行約8分鐘 🏠26/1 Soi 11, Nimmanhaemin Rd. ☎0842699464 ⏰10:00~20:00 🌐www.rubberkiller.com

Rubber Killer是泰國設計師Saroengrong Wong-Savun創立的品牌，**品牌產品以廢棄的輪胎內胎為設計材料，製造出包、鞋、配件等商品**。

這間位於尼曼明路的店面是Rubber Killer的旗艦店，店內擺放琳瑯滿目的產品，其中最有特色的像是以輪胎內胎做成的郵差包、皮夾、背包等包款，不僅每款包上面的胎皮紋路獨一無二，仔細看更會發現有些款式的提帶或背帶是以車用安全帶回收製作，既耐用又充滿設計感。另外也推薦運用胎皮製作的帆布鞋款，款式相當帥氣。

> 半戶外露臺區，將山景、城市美景全部無邊框的映入眼簾中。

FOHHIDE
俯瞰城市風景的頂樓咖啡館

📖別冊P.8C2 🚶距ONE NIMMAN徒步4分鐘 🏠5F, 14/2 Nimmanhaemin Rd. ☎2365442 ⏰週一至週四8:00~17:00，週五至週日8:00~18:00 💰咖啡、茶70B起，單品手沖120B起

位在5樓，這家可遠眺群山的低調隱密風格咖啡小店，其實入口很不明顯，尤其僅容2~3人的電梯也微微令人感到驚心，但其實一抵達咖啡館，欣喜的心情很快就能消除方才的緊張感。小小的咖啡館，以木作規畫出半戶外露臺區及室內區，走小清新風格，是離開街道車水馬龍、可居高覽景的舒適咖啡館。面對著鄰近尼曼一號購物中心及**城市近景，加上橫貫遠方的山脈遠景，光這裡的view就很值錢，而且只需5樓高度就能享有**。

> 約4點多就會陸續又有人報到，大家的目標就是從山脈後方下降的夕陽。

小小的咖啡館雖然座位有限，但卻因將牆最大量的**以玻璃窗來連結外面，明亮的光線讓小空間一點也不覺擁擠**，甚至還擠出一方小空間陳設銷售咖啡器具、不同設計師的設計雜貨小物等。

☕ Smoothie Blues

🅐別冊P.8B2 🅑從Think Park步行約5分鐘
🅒32/8 Soi 6 Nimmanhaemin Rd. 🅓227038
🅔7:30~20:00 🅢藍色冰沙70B

裝潢簡單、清爽的Smoothie Blues，以供應美式早餐、沙拉、三明治、現打的新鮮果汁、冰沙等為主，**尤其作為招牌的冰沙，真材實料又大杯**，非常適合清邁的天氣，以價格而言也非常超值。和店名同名的藍色冰沙（Smoothie Blues）是以芒果、鳳梨和百香果等性格鮮明的水果一起打成的冰沙，口感綿密而且酸酸甜甜的，的確非常消暑。此外，也能吃到奶昔、芒果糯米飯等其它甜品。

為了飲食均衡，來點蔬菜吧！

🍴 The Salad Concept

🅐別冊P.8B3 🅑從Think Park步行約7分鐘 🅒49/9-10 Soi 13 Nimmarnhemin Rd. 🅓894455 🅔11:00~22:00 🅢沙拉60B起

吃太多沙嗲、清邁咖哩麵嗎？！**The Salad Concept有多樣新鮮沙拉，要純蔬食或是加一點魚或豆腐都可以。**店主當初為了父親的癌症，全家改吃沙拉輕食，不僅身體狀況改善也減輕體重，由於吃沙拉吃出心得，遂設立這家沙拉專賣店。店裡供應的醬汁都是店家親自調製，還有新鮮水果冰沙可以搭配用餐。

🍸 Infinity Club

🅐別冊P.8A2 🅑從Think Park步行約8分鐘 🅒Soi 6, Nimmanhaemin Rd. 🅓400085 🅔18:00~00:30 🅢門票200B；20歲以下禁止進入 🅝可 🅤www.facebook.com/infinityclub.chiangmai

在尼曼明路的6巷，有一大片重整的空地，新生的街道上出現了一家規模頗大的俱樂部，叫做Infinity Club，門口有尊穿著蘇格蘭裙、口吹風笛的士兵塑像，以及一座英國經典的公共電話亭。這間裝潢成**英倫風情的夜店**，有現場樂隊表演，也有由DJ掌握節奏的舞曲播放，聲光效果頗佳，氣氛相當熱鬧。就營業時間看來，正好接收其它夜店打烊後還想續攤的夜貓族。

英倫風夜店，彷若置身英國。

Warm Up

小編按讚👍

🍸別冊P.8A4　📍從Think Park步行約10～12分鐘　☎400677　●可　🕐20:30～01:00　💻www.facebook.com/warmupcafe1999

> 場地結合Live House與Pub，與當地人嗨整晚！

　　Warm Up開業以來一直是**清邁年輕人最愛去的酒吧**。活動場域前半段是Live House，每天有3組樂團分三個時段現場演唱；後半段是Pub，由DJ播放電音或流行舞曲。店內沒有低消限制，就算只是點一杯啤酒，也可以和當地年輕人High一整晚。此外，客人需20歲以上才能進場，所以來此請記得攜帶身分證件或護照備查。

Khun Mor's Cuisine

🍴別冊P.8B4　📍從Think Park步行約12分鐘　☎053-226379　🕐8:30～22:00　💲粿條湯50B起、炒河粉129B　●可

　　店老闆是一位醫生，所以泰文店名就直接取名為「醫生的料理」，Khun Mor指的就是醫生。**店裡菜單絕大多數是老闆 Srisuda Laothong的私房食譜**，料理都是泰北口味，人氣單品除了粿條湯，塞滿香料的泰北香腸也相當受到歡迎。

> 喜歡吃漢堡嗎？來就對了！

Beast Burger

🍴別冊P.8B4　📍從Think Park步行約12～14分鐘　📍Soi 17 Nimmanhemin Rd.　☎0801241414　🕐11:00～14:00、17:00～21:30　●週日　💲漢堡190B～250B　💻www.beastburgercafe.com

　　Beast Burger**為了漢堡愛好者而生，強調現點現做及新鮮食材**，不用冰過再解凍的肉，麵包沒有添加防腐劑或化學原料，烹飪過程也採取完全透明化，只要坐在廚房區外的座位，就可以看著廚師們料理美味的肉排和可口的漢堡包。雖然是一間小小的店，但Beast Burger卻充滿著歡樂和熱情，不拘小節地享用眼前餐點，就是吃漢堡的最大樂趣！

Gallery Seescape

小編按讚 👍

📍別冊P.8C4 🚶從Think Park步行約12~14分鐘 📍22/1 Soi 17 Nimmanhemin Rd. 📞0882683893 🕐8:00~16:00 休週一 📘www.facebook.com/galleryseescape

集結商店、藝廊、咖啡館及蛋糕店,精緻且耐人尋味。

Gallery Seescape是由清邁當地的6位藝術家,以藝術社區的型式成立的複合式商場,裡頭集結了設計商店、藝廊、咖啡館和蛋糕店,每間空間都不大,但小巧精緻耐人尋味;商店和藝廊裡有這幾位藝術家的作品,尤其在前者可以看到不少有趣商品,像是把人的性器官做成燈炮的燈飾、用回收材質做成的環保筆記本,而手作手袋和帆布鞋充滿著泰風和日風,也是這裡的熱賣商品。

SS1254372 Café 把藝術變成生活的一部分

中庭連接Seescape Spaceship藝術空間

源自中亞的Shakshouka加入紅蔥頭,變成清邁版鐵鍋烘蛋。

☕ SS1254372 Café

由藝術家 Torlarp和妻子Clairy共同打造的咖啡館SS1254372 Café,其中字首 SS 為「Seescape Spaceship(觀景太空船)」縮寫,而一長串的數字則是咖啡館總長度,12.54372公尺。

SS1254372 Café透過豐盛的早午餐吸引當地居民和遊客,不僅是幫助藝廊的營運,也讓藝術更加平易近人。延續Torlarp創作中常見的太空梭概念,**將咖啡廳打造成一般童話感太空船,讓到訪者帶著美食出發旅行,探索天馬行空的藝術宇宙。**Torlarp 的作品常運用回收材料,咖啡館是他的另一項創作,如將廢棄的彩色磁磚拼貼成馬賽克桌面,而從建物拆下的浮雕石膏板經裁切重組,變成了風格獨具的牆面。

咖啡廳的菜單則由Clairy設計,深受澳洲飲食文化影響,**這裡的餐點也以健康為導向,無論沙拉、優格、西式早午餐、氣泡飲或果汁,都以滿滿的新鮮水果和食用花卉層層堆疊,有如餐桌上盛開的花園農場。**Clairy也秉持著「零廢棄」的生活理念,除了盡可能使用有機食材,她也在城市近郊買下一塊地,利用廚餘和咖啡渣製作有機堆肥,種植蔬菜供咖啡館使用。

太空船外型的Gallery Seescape和SS1254372 Café,加上當代藝術家以美味的早午餐和咖啡為媒介,拉近生活與藝術的距離。

藝術家Torlarp Larpjaroensook的知名創作之一,鼻子是開關的燈泡人。

招牌的芒果甜糯米刨冰，蓬鬆刨冰裡還藏著椰子果肉，淋上香甜芒果醬的瞬間，畫面最療癒。

Cheevit Cheeva

🏠 別冊P.8C4　🚶 距ONE NIMMAN徒步10分鐘　🏠 6 Siri Mangkalajarn Rd Lane 7　☎ 1410440　🕐 10:30~21:00
🌐 Cheevitcheeva.com

網美必吃視覺系韓式刨冰店。

近幾年韓風吹起，連清邁也增加了不少韓風咖啡館、甜點店，這家也是走韓國受歡迎的刨冰甜點店，將圓滾滾、飽滿到宛如隨意動一下就要雪崩的視覺系冰品，搬進年輕潮流的尼曼明路區域，**刨冰系列是店內必點招牌，但即使冰品是韓國風，口味卻完美轉換成具有泰國風格的冰品**，有芒果糯米刨冰、香蘭葉口味的刨冰、珍珠口味刨冰、泰式奶茶刨冰，當然一般的巧克力、草莓、藍莓等也沒缺席，光視覺美感就想每個都各來一份，但這一份兩人分食也足夠，可別太衝動。除了刨冰，也有一樣美到很難抉擇的各式飲品、蛋糕、土司等，選擇很多。

白色系店內裝飾許多植物與花草，果然端著冰品隨意哪個角落都好拍，難怪這裡清一色年輕少男少女居多，好吃、好拍氣氛又輕鬆舒適，成為受歡迎關鍵。

Groon

🏠 別冊P.8C4　🚶 距ONE NIMMAN徒步10分鐘　🏠 6 Siri Mangkalajarn Rd Lane 7　☎ 5824490　🕐 8:30~17:00　💰 煙燻鮭魚橘子三明治220B、冷榨果汁110B、餐食平均200~250B　🌐 groon-cafe-thailand.business.site/

店內也有各式麵包小點心，簡簡單單也能飽食一餐。

這家烘培咖啡坊，就跟網美刨冰店Cheevit Cheeva連在一起，共享前院大樹的綠蔭，與隔壁冰店不一樣，這邊就顯然多了更多成熟大人與外國人的身影。**麵包烘焙為主打，以天然酵母製作出一個個風味柔和的麵包與糕點**，可以買回家之外，也可以在店內坐下來慢慢享用。更棒的是**這裡以美味的麵包為基底，也變化出一道道豐富的餐點，不論是早午餐、午餐或是來享用下午茶**，豐富的菜單裡有沙拉、各式三明治、鬆餅、蛋糕、義大利麵、咖啡飲品等，可豐可簡，吃得到健康又不過分調味的滋味，但相對的，這裡的價格並不算平價，但以一個烘培坊所端出的料理，也算精緻而合乎價值。

如果吃膩了每天酸酸辣辣的泰式風味，想轉換一下西式口味，這裡不失為追求一定品質的人，氣氛輕鬆的用餐處。

精心製作的煙燻鮭魚橘子三明治，入口酸甜又帶著燻鮭魚的鹹香。

☕ GRAPH ground

⚲ 別冊P.5B2 ⚲41/1 Sirimangkhalajarn Rd. 📷
0993723003 ⏰9:00~17:00 💲Holiday咖啡155B 📷
可 📷www.graphcoffeeco.com

GRAPH ground可以説是GRAPH系列店中極簡主義最大化的一家,這家分店**由倉庫改建而成**,外邊的招牌並不那麼顯眼,一不小心就會直接走過頭。**即使空間不大、座位也不多,依舊給人簡潔又不失設計感的氛圍。**

頗有特色的Holiday黑白相間,分別是可食用的活性碳和義式奶酪,再倒入一份濃縮咖啡,喝出冷熱交替的芝麻奶凍風味咖啡。

從大門進入,只有一條走道,盡頭是烘豆室,左右兩側分別為座位區和櫃檯。櫃檯旁也有販售GRAPH的周邊產品和咖啡豆,若有看到喜歡的豆子,有需要的話也可以請店員代為磨豆。和其他分店一樣,GRAPH ground的菜單也是一本厚重的資料夾,裡面詳細介紹每款咖啡品項。

🍴 Anchan Noodle

⚲ 別冊P.5B3 ⚲由Think Park步行約15分鐘 ⚲Siri Mangkalajarn Rd., Soi 9 ☎0849492828 ⏰
8:00~16:00 💲平均消費約50B 📷www.facebook.com/anchannoodle

Anchan Noodle的「Anchan」來自蝶豆花的泰文「อัญชัน」,蝶豆花原產於喜馬拉雅山、印度、斯里蘭卡等地,富含豐富的花青素、維生素的高營養價值,可抗氧化及保護眼睛,在東南亞常使用蝶豆花作為糕點、甜品的天然食物染色劑。

招牌餐點涼拌豬肉乾麵與蝶豆花茶。

平價、美味的Anchan Noodle位在尼曼明路平行的小巷內,店內風格為簡約的輕工業風,**餐點飯食、麵條、飲品皆以蝶豆花為主,藍色的餐點更具有魔幻感,而蝶豆花茶也可以加上檸檬汁飲用,飲品立刻變色為浪漫夢幻的紫色。**值得留意的是Anchan Noodle並無提供中英文菜單,但可以不必太擔心,菜單上有大圖可參考,也可請店家推薦招牌菜色。

自家祖傳配方的派餅，口味眾多。

🧁 Charin Pie

椰子派最熱賣，料多餡豐、口感紮實的派餅。

🔖 別冊P.8B4　🚶 從Think Park步行約12~14分鐘　📍 20 Nimmanhaemin Rd. soi 17　📞 0619148489　⏰ 09:00~19:00　📘 www.facebook.com/CharinPie

　　Charin Pie位於17巷這間的粉紅色小屋中，童話般的 氣質和它裡面各式各樣的手工派餅互相呼應。Charin Pie從1992年創業，當年只是在清萊的一間小店，販售 自家祖傳配方的派餅，因為料多餡豐、口感紮實，愈 來愈受歡迎，2011年才進軍清邁設立分店。派餅口味 眾多，包括南瓜、蘋果、檸檬、椰子、香蕉、芒果奶油、 夏威夷豆、黑巧克力玉米等，其中椰子派是最熱賣的 招牌口味，而芒果奶油派則最受外國人青睞。

🍴 Vulcano Café & Restaurant

🔖 別冊P.5B3　🚶 從Think Park步行約12~15分鐘　📍 Soi 17, Nimmanhemin Rd.　📞 223385　⏰ 11:00~23:00　🛏 雙人房定價約2,500B起(房價每日調整)　💳 可　🌐 www. vulcanohotelchiangmai.com

　　Vulcano Café & Restaurant開業於2013年，內部包含餐廳、酒窖和小型的精品飯店：**酒窖專業進口法國、義大利、巴西、智利等國的葡萄酒，其中又以義大利美酒為大宗**，還可以看到不少義大利進口的橄欖油、醋、麵條等相關產品；餐廳的老闆來自斯洛伐克，聘請義大利知名的主廚到此開業，提供道地的義大利佳餚，每晚17點開始是Happy Hour，每週三、五、六晚上19:00開始則有現場音樂。至於飯店只有13間客房或套房，新潮雅緻，還備有微波爐、冰箱、流理台等設備。

專業進口各國葡萄酒，以義大利為大宗。

🏛 清邁大學美術館
Chiang Mai University Art Center

🔖 別冊P.8A5　🚶 從Think Park步行約15~20分鐘　📍 239 Nimmanhemin Rd.　📞 218280　⏰ 9:00~17:00　⛔ 週一和國定假日

www.finearts.cmu.ac.th/en

　　清邁大學(簡稱CMU)以美術和建築聞名，**這座現代美術館不定期有來自各界的展覽或是學生作品展示**。美術館外有一片綠地和雕塑，看完展覽還可以在庭院坐下來稍事休息，再繼續其他的行程。

清邁周邊與郊區
Around Old Town

這裡的周邊與郊區，主要分為兩部分，一是指分散清邁古城四周的景點啊，其中除了素帖寺(Wat Phra That Doi Suthep)和浦屏宮(Bhubing Palace)外，車程皆30分鐘內可達；另一部分就是指聚集在漢東(Hangdong)、山巴東(San Pa Tong)、三甘烹(Sankampaeng)、湄霖(Mae Rim)、湄沙(Mae Sa)、南邦(Lampang)和清道(Chiang Dao)這幾個區域的景點名勝。它們離古城不見得很遠，卻各有特色，也值得專程造訪。

Around Old Town
古城周邊

前面的清邁市區，介紹的是目前人氣最為聚集的幾個區塊，事實上，圍繞在古城四周，仍有幾個值得拜訪的吃喝玩買好去處，其中除了素帖寺和浦屏宮點需耗費1個小時以上的車程，其他地方從古城搭車皆半小時內可達；只是因為彼此間分布較散，建議在安排行程動線時，需先確認目的地的位置，才不致於東西南北大跨區奔波，而浪費太多時間在交通上。

小編按讚

Central Festival Chiang Mai

別冊P.4G1　從清邁古城搭車約15分鐘　99/3 Moo 4, Fah Ham　998999　週一至週四11:00~21:30，週五11:00~22:00，週六及週日10:00~22:00　可

centralchiangmai.com

清邁目前最大的購物百貨，好逛好吃都在這裡。

Central Festival Chiang Mai是清邁最大的百貨，有不少國際品牌及熟悉的泰國品牌進駐。

Central Festival Chiang Mai是Central集團在清邁最大的百貨商場，另一間是靠近機場的Central Plaza Chiangmai Airport。百貨共有6層樓，其中有不少遊客熟悉的泰國品牌，像是Naraya、Doi Tung、Jaspal等，國際品牌有Topshop、Topman，也有規模不小的Uniqlo和Zara，還有Central百貨及Marks & Spencer坐落其中。

百貨中的Food Park美食街供應不少在地小吃，泰國知名連鎖甜點After You在這裡也設有分店；而地下的TOPS Food Hall更有不少熟食攤及販售水果、果乾、零食的小攤。其他設施包括電影院、兒童遊戲區，讓全家大小都能逛得開心、玩得開心。

另外，由於交通不算方便，Central Festival Chiang Mai也提供免費接駁車，目前提供4條路線，分別開往清邁夜市區、尼曼路路、古城區、清邁機場周邊的各大飯店，詳細時刻表及站點請至服務台查詢。

👁 Baan Kang Wat

🤚 小編按讚

📖別冊P.9A3 🚗從清邁古城搭車約15~20分鐘 🏠191-197 Moo 5 Suthep Rd. 🕐10:00~18:00 🚫週一 📘www.facebook.com/Baankangwat

一起用心過生活，看似簡單卻不簡單的迷人藝術村。

Baan Kang Wat位於西區近郊的佛寺Wat Ram Poeng後方，名稱就是「在寺廟旁」，會選址於此，全因為身兼陶藝家的村長認為佛教信仰是清邁生活中最重要的一部份，而在佛寺旁的藝術村就隱喻了回歸質樸、追求寧靜。11棟泰北傳統的鄉間木屋，色調質樸無華，有種久經歲月的歷史感。**住在藝術村裡的店家都是由村長Nattawut細心篩選，必須以當地自然素材和傳統工藝創作，環保和社會意識亦是遴選準則，而村長本人亦是一位陶藝家。**

藝廊的畫作展示於錯落光影下，別具自然趣緻。

藝術家們在此創作並展示自己的作品，涵蓋陶作、繪畫、藍染、雕塑、銀飾、刺繡、編織、裝訂等多樣化的藝術形式，不定期開設工作坊或DIY手作課，讓遊人利用短暫時間，刺激一下生鏽許久的創造力，亦可親手做一件獨一無二的旅行紀念品。村落中也有書店、美容理髮店、咖啡館、甜點店、小吃店、文創雜貨小店等，共聚約30多個品牌。到訪各屋，就像拜訪朋友家一般自在，**旅客可以參加村中的各類型工作坊，跟不定期舉辦的電影放映和表演藝術活動，「一起用心生活」正是Baan Kang Wat的迷人之處。**

Baan Kang Wat裡面包含多個藝術工作坊，也有書屋和咖啡館。

泰北木屋圍繞著戶外半圓廣場，村落內處處綠意盎然。

週日文創市集
Baan Kang Wat Morning Market

⏰ 週日8:00~12:00　🌐 www.facebook.com/marketbannkangwat

什麼時候來Baan Kang Wat最合適？千萬別錯過週日午限定的Baan Kang Wat Morning Market，沿著Baan Kang Wat廣場外圍開始，多樣豐富的攤位從清邁當地有機小農蔬果、手工特色甜點、現場手沖咖啡、小吃，以及設計服飾、包包、創意手作飾品等都可以在這裡發現，一早便吸引不少日、韓、台旅客到訪，價位也相當親民，相當適合來挖寶和品嘗當地美食。

> 市集內有許多創意手作飾品的攤販。

🎁 Note A Book

📞 0875799816　🅕 www.facebook.com/noteabookshop

Note A Book提供**客製化的手工手帳**，從大小、封面、內頁都可以自由選擇搭配，現場也有各式各樣的印章，讓你隨意裝飾你的手帳。書封可選擇皮質或是硬紙皮，後者除了**使用舊海報、舊雜誌合成的封面**，也有一般的素色牛皮紙封面，**每一本都是獨一無二的復古風手帳**。店內也不時舉辦工作坊，有機會的話不妨親自體驗，將一本手帳裝訂成冊。

> 可愛的迷你手帳造型鑰匙圈，裡面還可以書寫喔！

☕ Obchoei Original Handmade

📞 0803232577　🅕 www.facebook.com/ObchoeiOriginalHomemade

位在藝術村角落的Obchoei Original Handmade，就如其店名，從招牌到菜單都是手繪風格，擺滿小物、餐具、點心的櫃檯，有種走入吉卜力世界裡的咖啡廳，每個角落都超好拍。

他們的招牌甜點是手工蛋糕和現烤餅乾，每日新鮮出爐，其中人氣最高的是鬆軟的紅蘿蔔蛋糕(carrot cake)。這裡的甜點都採用天然酵母和奶油和蜂蜜，所以不用太擔心口味過於甜膩。飲料方面不想喝咖啡或茶的話，還有新鮮蔬果打成的果昔，或蘇打氣泡水可以選擇。

> 坐在窗台一邊喝茶曬太陽，一邊觀察路人或發呆，非常符合清邁的悠閒生活。

🍴 The Old Chiang Mai Café & Espresso Bar

小編按讚👍

📞0869244424 📘www.facebook.com/p/The-old-Chiang-mai-Cafe-Espresso-bar-100063591191605/

老派清邁風格餐廳

The Old Chiang Mai Café & Espresso Bar**自藝術村草創時期就已進駐**，老闆是位深藏老靈魂的咖啡師。店內掛著許多前任泰皇的黑白老照片，搭配老式柚木傢俱和留聲機，陽光透過橘紅和寶藍色毛玻璃灑落在復古花紋地磚上，店內還種植了大量翠綠植栽，仿佛將人們帶回到60年代。

這家餐廳可以說是**藝術村內的餐飲擔當**。使用自家烘焙的咖啡豆，香濃醇厚的義式咖啡和甜點不在話下，各式新鮮蔬果汁、西式早午餐、義大利麵和泰式炒河粉都走健康清爽路線，其中比較特別的是義大利麵和泰北香腸的組合。

Baan Kang Wat其他看點！

小徑生機盎然，隱藏質樸的招牌和匠心別具的小店，每個角落都是一幅風景。參與手作藝術家的生活，收藏一個最獨特的旅遊紀念品。

PaChaNa Studio
PaChaNa Studio也是元老品牌之一，藝術家Komol已在村落中居住超過10年，店裡也是他的工作室，製胚、陰乾、素燒、上釉到釉燒都在此完成。Komol的作品多為生活陶藝，創作多變化，有如水彩暈染效果的釉彩，也有用金屬扣件結合陶杯與幾何把手的系列。

BooKoo Studio
BooKoo Studio是創辦人Nattawut Ruckprasit的陶藝工作室。他的創作理念是「Believe in nature」，擅長將柚木的天然紋理與陶藝雕塑融合在一起，展現大地的質地和自然的美感。作品大部分以動物為主題，兼具功能與裝飾性，線條造型有種信手捻來的樸拙童趣。

每週末舉辦的Farmer's Market，不少當地小農會到此販售有機農產品。

Jing Jai Market平時也有小型商圈，包含服飾店、咖啡館等多種商店。

市集中央設有藝術展覽空間，希望將藝術參與融入人們的日常生活。

真心市集Jing Jai Market Chiang Mai

小編按讚 👍

📍別冊P.4E1 🚗從清邁古城搭車約5~10分鐘 🏠45 Assadathon Rd. ●週末市集6:30~15:00；商圈店家約每日8:00~22:00(依各店而異) 🌐www.jingjaicentralchiangmai.com

農夫市集、文青市集、小店商圈，一次滿足！

Jing Jai Market位於清邁古城區北方，從古城騎車前往大約10分鐘的路程即可抵達。這座市集又被稱作清邁的JJ Market(和曼谷的扎都甲市集縮寫相同)，不過這裡的JJ指的是Jing Jai，是泰語「真心」的意思。這是**清邁規模最大的手作及農夫市集**，2012年由清邁公共衛生局的食品安全計劃與泰國最大零售集團Central Group合作成立，目標在提高食品健康意識、支持以有機和無毒方式耕作的農民，打造一個綠色友善的平台，提高農民收入，邁向社區與環境永續的生活方式。

這裡**每週末會舉辦Farmer's Market(農夫市集)和Rustic Market**，除了有機農產品，也可以在這裡找到創意商品、服飾、包袋、生活雜貨、現場理髮攤位，還有賣相及口味俱佳的小吃，推薦上午來此逛逛。這裡有時也會舉辦不同主題的市集，可以期待FB粉絲專頁的公告。市集場地周邊還有不少骨董店，滿足不同族群的喜好。**Jing Jai Market平時就是一個小型商圈**，聚集了咖啡店、甜點店、服飾店及特色商店，餐廳有日式、韓式等選擇，也有一些晚上才營業的酒吧。

清邁市區→**清邁周邊與郊區** Suburbs→**古城周邊Around Old Town**→清邁延伸順遊

手作市集均為清邁本地的設計師、手作者、文創工作者來擺攤，販售商品包含飾品、玩偶、手袋、皮革、生活雜貨等。

Good Goods

◎週一至週五9:00~18:00，週六至週日7:00~17:00

Good Goods是Central Group的自有品牌，旨在支持泰國各地的鄉村和少數民族，**將傳統工藝和編織設計轉化為市場上受歡迎的商品，從而改善當地生活條件並保護當地的傳統文化。**如果您想購買具有泰國文化特色、品質優良且有意義的紀念品，Good Goods不會讓人失望。

小小店內，卻有各式豐富手作布飾品項。

Mainiji.Everyday Craft Shop

☎0654425196 ⑤雙色拼接布包990B ❶www.facebook.com/mainiji.everyday

真心市集裡戶外區最多的手作品項便是布飾品、服飾、包包類，如果來訪清邁遇不到假日，其實真心市集建築區塊內的店家，仍是天天開張。其中位於農夫市集建築隔壁的這個長條形建築，聚集了7~8家店鋪，商品型態可說是與假日市集最接近的。其中Mainiji.Everyday這家店內，便是以**織布品為主，有各式包包、衣服、家用布飾、小飾品等**，尤其包包類以粗梭織布紋路，創造出單色卻略帶變化的紋路細節，並加入泰國傳統流蘇裝飾，讓日常實用與泰式元素優雅結合。**全都以純棉手工縫製，也讓使用時質感舒適並帶有手工的溫暖。**

Talon Studio

☎0618984695 ◎週一至週五9:00~18:00，週六至週日7:00~15:30

與Mainiji.Everyday位在同一排的店鋪建築內，以女性服飾為主的Talon Studio，是**清邁的在地休閒文青風格服飾品牌，由於是以棉麻材質設計出的服飾，既具女性輕柔風，也能與時下流行穿搭展現出個性美，**因此頗受年輕女性喜愛，價格也大都落在500~1,000B之間，也是很好下手的目標。店鋪雖小，但也吸引不少國外女性透過網路購買。

飲食區與超市雖在同一空間，但以玻璃隔開，需從不同門進出。

Tops Green Chiangmai

📞0840434064 ⏱週一至週五11:00~20:00，週六至週日週六日6:00~20:00 🌐www.tops.co.th/en/

呼應真心市集對於環境永續的宗旨，這家店名就直接標榜Green的超市，店內就網羅來自在地13個社區、14個有機生產者的優質農產品，多達1,200種以上講求品質商品外，其中也有部分來自國外的精選好物，除了超市，這裡還**獨立區隔出一區**，裡面**包含有內用餐飲區、麵包烘焙區、咖啡、果汁吧、冰淇淋、以及生活雜貨精選店等**，宛如迷你百貨美食街般，讓逛累市集的人也可在此輕鬆休憩小食，尤其你如果錯過假日一早的農夫市集，這裡面也有很棒的優質有機農產可以採買。

農夫市集美食區

小編按讚 👍

真心市集一清早就開始了，如果夏季來訪，當然起個早逛市集最舒服。那麼早餐怎麼辦？別擔心，農夫市集內的另一側聚集不少熟食攤，重新規劃後的美食區，清爽乾淨、也有不少座位區。像是**清邁香腸、蝶豆花蒸飯、水果淋醬的涼拌小菜、米線、豌豆糕、泰式甜點⋯⋯應有盡有的各式泰北美食**，全都在此聚攏，但這個、那個都想吃怎麼辦？別擔心，大部分食物份量都不大、價格更是讓人感動，一次挑個3~4樣，也可大約100B搞定。

五花八門在地美食太誘人

為落實環保概念，食物的裝盤都將垃圾降到最低。

輕鬆的街頭音樂演出，讓用餐時也洋溢愉快的氛圍。

☕ Early Owls

📖別冊P.4D1 🚶從真心市集步行約15分鐘 🏠13 Muan Dam Pra Kot Rd, Chang Phueak 📞0952246590 🕐09:00~18:30 🚫週三 💲特調咖啡90B 起 📘www.facebook.com/earlyowls

古城北邊不到10分鐘車程，隱藏一處秘密花園，枝葉繁茂的老樹下，Early Owls歡迎來訪者拋下生活瑣事和工作壓力，**走進原生樹林、綠地和水塘交織的生態園。**

這裡**原是一座磚窯場**，屬於主理人June的家族所有，June的曾祖母希望居住於此，June的祖父於是利用磚窯為地基，以泰北盛產的柚木打造雙層木建築。曾祖母離世後，老屋荒廢多年，June 和家人都希望保留這棟寫下家族美好回憶的70多年老屋，後來與在曼谷五星級飯店工作的好友Jeannie，以過往的工作經驗，重新整理老屋和庭園，共同打造出以自然為本的森林咖啡館。

清邁市區→清邁周邊與郊區 Suburbs 古城周邊 Around Old Town →清邁延伸順遊

園區角落的圓弧建築，為舉辦婚禮或活動租借的多功能空間。

整修70多年的柚木老屋，延續屋裡發生的美好時光。

Early Owls就像清邁人的後花園，隨時都能拋開日常，親近自然。

偌大的草地沒有規劃固定餐飲區，遊客可任意選擇喜愛的角落，享受輕鬆自在的野餐樂趣。

運河兩側整頓的清新又乾淨，各式小店也用心妝點得人愛，怎麼拍都美。

店家大都傍晚才陸續開張，想拍照就大約4~5點就得來，入夜人潮會變很多。

整治完成的運河段大約有650公尺，中間有3條小橋串聯兩側。

湄卡運河市集
Khlong Mae Kha

充滿浪漫情調的水濱夜間市集

別冊P.4E5　從清邁門步行約15分鐘　9 Sridonchai Rd.　7908058　市集16:00~22:00(部分店鋪早上即開始營業)

　近1~2年清邁市區新興的熱門區中，湄卡運河市集絕對可以算上一個。距離老城區南端車程大約5分鐘的這條運河，過往在這個老社區中被當成排水溝般排放廢水，曾經骯髒的運河，在歷經政府與民間共同努力、2022年變身成一處清新的老屋運河散步道。每日傍晚時分河岸兩側溫柔燈光亮起，**沿著河道兩側還有綿延的各式店鋪、小吃等市集開張**，精采程度不輸老城內的週日市集，而且這裡質氣氛感更加悠閒，也很推薦。

　因為兩側原本都是一般民宅，因此店鋪大約都是沿著河岸的狹小空間而立，有的僅用一片牆，透過商品陳掛就能做起生意，而各式小吃也很豐富，泰式、日式、咖啡、小吃、甜點等都不缺席，連座位區都有，想感受文青風、**想感受宛如泰版小樽運河風情**，務必前來一探。

湄卡運河市集特色看這裡

兩側很多小店，有飲食攤、雜貨、服飾、小物等，品項多元，因河道兩側腹地狹窄，店家共同點就是「迷你」。

兩側老建築風貌也非常特別，建築看點是竹編牆面，可以趁夜色低垂前仔細觀察看看。

這裡販售不少泰北民族的相關圖騰或風格的布飾商品，相較其他市集，這裡選擇更多。

水燈節時，這裡也有活動熱鬧舉辦，並設有施放台，讓民眾順利將水燈放入水中。

清邁市區▼清邁周邊與郊區 Suburbs ▼古城周邊Around Old Town ▼清邁延伸順遊

可愛的小窗，直接面對運河市集美景。

☕ Slow bar on the way

小編按讚 👍

🏠約在湄卡運河中間位置 ☎7546863 ⏰9:00~19:00 💲飲料大都30B、小甜點一律10B

運河邊可愛的迷你咖啡甜點店

沿著運河畔散步時，很難不被這家有著超可愛外觀、以空心磚砌成的咖啡甜點屋所吸引，幾乎走過這裡不管渴不渴，都想點杯飲料坐在靠窗口的座位，擺拍各式文青雜貨風格美照。但這緊鄰運河的窗口位置，可說是熱門搶手得很，因為一踏進咖啡館內，店內真是迷你的不得了，大概才大約1公尺寬度的跨距，座個4~5個人就很擁擠了，但沒關係，最精彩的就在店外立面啊，超好拍，隨便擺拍都美。而店內甜點飲料，簡直更是佛心銅板價，隨便點都不心疼。

☕ A Day In Chiang Mai Coffee Brew

📖別冊P.4E5 🚶從清邁門步行約15分鐘、距湄卡運河市集步行1分鐘 🏠107/1 Ragang Rd. ⏰9:00~17:00 💲HONEYMOON DAY冰咖啡80B 🌐adaymagazine.com/a-day-in-chiangmai-coffee-brew/

如果想提早來感受湄卡運河市集開場前的美麗悠閒光景，那麼鄰近市集的這家獨立咖啡館，也很適合做為一處等待夕陽落下前的好去處。

這個住宅區的咖啡館，**迷你的咖啡空間卻有著難得的小悠閒感，帶點韓式風格的店內與咖啡風味，自烘咖啡豆以清賣咖啡產為主**，並調和部分其他區域豆子，提供風味圓融的咖啡風格，有柚子、檸檬等調合的花式冰咖啡，適合暑熱的天氣；喜歡熱咖啡的話，也能點杯手沖，配上店內各式蛋糕，就像來到朋友家喝咖啡般輕鬆，這裡小巧卻也是追求一杯好咖啡的去處。

濃縮咖啡與氣泡水、柳橙、熱帶水果醬等，調和出酸香又順口的夏季滋味。

70年代老宅的壁爐和紅土磚牆，搭配經典北歐傢俱和燈飾，復古又時髦。

草莓丹麥麵包外層香酥脆口，內餡卡士達醬香濃濕潤。

☕ KRISP Café

小編按讚 👍

時髦復古的70年代設計咖啡廳

🏛 別冊P.9D2　🚗 從乾帕門搭車約6分鐘　📍 35 Sirintron Rd, Tambon Chang Phueak　☎ 0635254245　🕐 9:30~18:00　💲 各式咖啡飲品60B起、可頌85B起　f www.facebook.com/krispcafe2021

　　KRISP Café位於一座建於1975年的老別墅，閒置一段時間後，屋主決定翻新老屋，結合自己的藝術品味和多年餐飲經驗，並邀請ALSO Design Studio操刀設計，**將風韻猶存的老宅改造成結合藝廊、咖啡館和烘焙坊的複合式空間**，重新注入美感與生活氣味。

　　加大版**可頌**烤的金黃誘人，口味包括杏仁片、苦巧克力、蜂蜜柚子、焦糖、抹茶等。切開抹茶可頌，濃郁抹茶醬緩緩流出，平衡法式奶油的香氣。這裡的主廚Saruda擁有超過14年的糕點經驗，招牌手藝除了可頌麵包，塞滿新鮮水果和香草卡士達的丹麥麵包、口感微濕潤的檸檬瑪德蓮、以及杏仁味濃郁的費南雪，都有媲美法國知名糕點店的品質。

清邁市區▶清邁周邊與郊區 Suburbs
古城周邊Around Old Town
清邁延伸順遊

☕ The Baristro Asian Style

ⓐ 別冊P.9A2　ⓔ 從清邁機場搭車約20分鐘　ⓖ 200 Suthep Rd, Tambon Su Thep　☎ 0924553947　ⓢ 8:00~18:00　ⓑ 門票80B，可折抵店內消費　ⓕ www.facebook.com/Thebaristroasianstyle

The Baristro是清邁的人氣咖啡館，擅長以現代設計語彙翻轉老屋。創辦人Tor於2015年在真心市集創立第一間分店，短短幾年間已在清邁各地展開7間不同主題的分店，以簡約工業風，搭配美型、品質兼具的咖啡和甜點，吸引國內外消費者一再回訪。2021年在清邁大學附近的最新力作The Baristro Asian Style，**突破其他分店一貫的極簡灰白，展現東方美學的內斂、生活感與禪意**。

The Baristro Asian Style佔地廣大，依地勢造景切分成三個區域：玻璃建築「Speed Bar」、日式木屋「Slow Bar & Matcha Bar」和「共同工作空間」。穿過石牆廊道，中庭一地雪白砂石，靈感汲取自日式庭園的留白禪意，將前院的玻璃建築和日式木屋隔開。兩棟日式木屋依偎著翠綠竹林，午後和煦的陽光拖慢了時間腳步，紛雜思緒與庸碌生活早已被拋至另一個宇宙。三個空間都沒有多餘的裝飾物，僅以竹子、石材、木材等材質呈現簡約自然的風格，混搭不銹鋼和玻璃磚等現代冷調元素，讓整體多了幾分現代設計感，每個角度都超好拍！

除了一般咖啡館常見的單品，**手沖咖啡能喝到草莓、荔枝、起士蛋糕等有點難想像卻誘發十足好奇心的風味**。和其他The Baristro分店不同的是，Asian Style獨有的手刷抹茶也下過功夫，提供各種等級的抹茶粉選擇。

抹茶吧台和手沖抹茶為Asian Style分店獨有的品項。

籬笆外種植一片竹林，頗有京都嵐山的韻致。

共同工作空間的角落，以玻璃百葉窗引進明亮日光。

與Spa結合的咖啡店，悠閒舒適就是這裡最令人迷醉的氣息。

glin.
Open 9 am.
Close 5 pm.

☕ glin.cafe

🏠 別冊P.5C2　🚃 從塔佩門搭車約12分鐘、從乾帕門步行約12分鐘　🏠 4/2 Hussadhisawee Rd　📞 5582255　⏰ 9:00~17:00　💲 各式咖啡飲品85B起、Truffle bun 120B　📷 www.instagram.com/glin.cafe

　　有著優雅院落的白色咖啡館glin.café，其實是Cheeva Spa旁附設的純白系網美咖啡館，說他是網美系咖啡館，其實也不盡然。

　　這裡提供各式咖啡飲品外，尤其提供的甜點類也相當用心而多樣，像是在香草冰淇淋上在淋上咖啡的「Lunar」，鬆軟外酥、香氣撲鼻的「**Truffle bun**」，在麵包裡夾藏著奶油松露，更是店內的美味招牌。如果太晚來而無緣一嚐也沒關係，**點杯飲料坐在庭院的美麗角落，悠閒享受天光，透過自然光影更是美拍最好風景。**

圓弧格柵狀的白色外牆，與內部主建築間所形成半戶外區，打卡拍照也很美。

近來可是相當火紅的紅絲絨蛋糕。

☕ alga.cafe

📍別冊P.5C2　🚶從塔佩門搭車約12分鐘、從乾帕門步行約12分鐘　🏠Hussadhisawee Rd.　☎0914565　🕐7:30~16:30(週六日8:30~17:30)　💰冰拿鐵70B、紅絲絨蛋糕(red velvet cake) 120B

就在glin.café斜前方不遠處，alga.café也是走白色調的咖啡館，只是不同的是，前者是休閒優雅風格，而這裡的建築內裝則走**摩登俐落設計。如果光從店門走過，這棟吸睛的純白外觀咖啡館，會讓人以為是一家精品珠寶店**，白色格子的圓弧外觀牆壁、裡面圍著一棟四方形的建築本體，光線透過格子灑落咖啡館內，帶來明亮卻不赤熱的柔和光線，2023年甫開幕的這裡，很快就引發注目。

店內提供的飲品以咖啡、泰式飲品及冰沙、康普茶等為主，而且以冰飲選擇最多，畢竟清邁幾乎全年都

適合來杯冰涼咖啡。推薦也可點份台灣少見的紅絲絨蛋糕，這款以可可粉為材料的奶油蛋糕，近來可是相當火紅。

📖 飛地·清邁 Nowhere Bookstore

👍 小編按讚

📍別冊P.5C2　🚶從塔佩門搭車約13分鐘、從乾帕門步行約15分鐘　🏠10/5 Huay Kaew Rd.　☎4988890　🕐週一至週五10:00~22:00、週六至週日15:00~23:00　❌週一

連結異鄉人與本地人的窗口

nowherebookstore.io/

清邁是觀光勝地之外，也有著世界數位遊民聖地之稱，許多人會每年來此待一陣子，既遠距工作也享受清邁的悠閒氣息。2023年底，清邁老城牆外、西北角落開了一家新書店，而且本尊就是從台北西門町放飛、在清邁的分店新據點——Nowhere書店，讓喜歡閱讀的人，有了可以買書的好去處。

延續台北本店的風格，小小的書店內除了以台灣出版的人文書為主外，也有一些港版、簡體等華文書籍，持續扮演著串聯異鄉人與在地人的窗口，你可以在此聽到華文世界文化的講座、電影分享會甚至小演出活動，也能得到泰北NGO等各式在地公民活動的深入分享等。

也有一些支持在地商品的小物販售區，像是在地咖啡、小手作品等。

No.39不只是一間咖啡「館」，而是擁有一片戶外場域的咖啡空間，非常有魅力。

MaliPai Roastery & Café

📖別冊P.9A3 🚶從Baan Kang Wat步行約6分鐘 📍34 Soi 13, Tambon Suthep ☎0891918201 🕐9:00~17:00 💰平均消費約120B起 🌐www.facebook.com/malipaiadmin

獨特的尖屋頂設計，是MaliPai Roastery & Café獨樹一格的外觀特色，堆砌出屬於像是家的味道，**咖啡館內部包含寬敞的戶外庭園，以及如玻璃溫室般的室內坐位席，從每個角度都能欣賞到外部的自然景色。**

MaliPai Roastery & Café秉持著為顧客提供好咖啡，享受休閒時光的理念，採用自家烘焙的咖啡豆，甜點也是當天手工製作，讓每位旅客緩下匆忙的生活步調，像在自家的花園般，喝上一杯美味咖啡。而家具挑選上也別具巧思，**時髦的復古皮椅、藤編沙發椅、懶骨頭，以及戶外露天座席的木長凳、蛋椅、搖椅等，讓顧客可依照心情、喜好，挑選自己最喜歡的坐位角落。**

不同風格的家具擺設，讓顧客挑選最喜歡的角落。

No.39

📖別冊P.9A3 🚶從Baan Kang Wat步行約8分鐘 📍39/2 Moo 10, Suthep ☎0919193939 🕐8:30~17:00 💰平均消費約150B起 🌐www.facebook.com/no39chiangmai

充滿魅力的咖啡空間，顛覆你對咖啡館的想像。

可以享受陽光的臥榻區、復古木屋、溜滑梯……位於清邁近郊的No.39，為自行車及機車旅客設有專屬停車位，建築外觀像是舊倉庫的No.39咖啡館，內部可大有玄機，肯定顛覆你對咖啡館的想像！環**繞著森林綠意及池塘畔的No.39**，除了設有冷氣的室內用餐區和露天座位，更可以端著咖啡，走進大自然裡享受美好的咖啡時光。

餐點方面除了甜點和咖啡外，No.39也提供西式漢堡餐點等，**池畔旁的舞台平時做為臥榻區，不定期會邀請當地樂團到此演出**，兩層樓的復古木屋則是作為藝廊使用，平時也開放作為用餐及拍照區，而**串連兩層樓的溜滑梯，更成為No.39的特色打卡景點。**

MaliPai Roastery & Café內部像是玻璃花房般清新明亮。

🍴 Seoulmind

🅐別冊P.9A3 🅟從Baan Kang Wat步行約8分鐘 🅖207 Soi Kalae 1 ☎0944040292 🕒週一至週五11:30~20:30，週六至週日11:00~21:30 🅕www.facebook.com/seoulmind chiangmai/

　離No.39咖啡廳不遠處有一棟玻璃屋，是家韓系咖啡廳Seoulmind。這座**玻璃屋造型**的咖啡廳，讓光線充足地灑進室內，營造出明亮通透的氛圍，既現代又吸引人。除了一般常見的韓式定食、小吃、炸雞等，其中的**招牌甜點包括口味豐富的剉冰(bingsu)和可頌**。

> 可頌烘烤得恰到好處，口感酥脆。

👁 柴尤寺Wat Chet Yot

วัดเจ็ดยอด

🅐別冊P.5B1 🅟從清邁古城搭車約10分鐘

　柴尤寺在歷史及宗教上最大的意義就是西元1477年、第八屆世界佛教會議(Eighth World Buddhist Council)在此舉行，因為當時佛教的教義及聖經有許多紛歧，提洛卡拉王便請了100多位各國高僧來此，重新整合小乘佛教的聖經。

　柴尤寺就是七峰塔的意思，Chet就是泰文的7，Yot就是峰的意思。七峰塔共有5座方形、2座圓形的小塔，**最有看頭的還是殿外超過70幅的灰泥浮雕，描繪天堂的神仙**，雖然大部份已經毀壞，但是細膩的服飾與表情仍清晰可辨，民間還傳說這些神像的臉是按照提洛卡拉王畫的。寺中還有另外3座大塔，最大的一座12角塔就是提洛卡拉王的骨灰塔，建於他去世的那一年——西元1487年。

　柴尤寺中還有一株老菩提樹，廣大的草地與樹蔭，加上散落在其間的7尊各式佛像、8尊生日佛等，好像一個佛像公園，這7尊各式各樣姿勢的佛像，是敘述釋迦牟尼禪定前的一些姿態。

🍴 Ruen Come In Thai Restaurant

🅰別冊 P.5B1　🚗從清邁古城搭車約10分鐘　🏠79/3 Sirithorn Rd. Chang Phuak　☎212516　⏱ 11:00~21:00　🌐www.ruencomein.net

　　這家以柚木打造的餐廳專門供應**道地北方餐點**，店主以傳統的方式與口味烹調，自製的清邁香腸除了豬肉、蔥、辣椒等，還加進很多的檸檬葉(Maku，Kaffir Lime Leaf)，讓人一上桌就可聞到淡淡的檸檬葉香氣，如果嚼在嘴裡，一股清香還會滿溢在舌尖喉頭。**推薦承襲皇家食譜的Ma Hoh**，它混合了蝦米、鹽、白糖、胡椒、碎花生，拌勻後放在切好的鳳梨片上，再配上小紅辣椒片便可品嘗，是道吃巧的美味前菜。此外，餐廳自豪的自製果汁飲品也不要錯過。目前餐廳後方的柚木建築已改裝為旅館。

物美價廉的小吃、服飾商品，是年輕大學生的購物大本營。

在柚木餐廳建築中享用美食，別有一番風味。

🍴 清邁大學夜市 Kad Na Mor Market

กาดหน้ามอ

🅰別冊 P.9D2　🚗從清邁古城搭車約15分鐘　🏠Huey Kaew Rd.(清邁大學對面)　⏱17:00~22:00

　　清邁大學Huey Kaew Rd.的大門對街，規劃了一區夜市，餐廳選擇繁多、商品種類多且流行，時下流行什麼幾乎都看得到。**由於消費群多半是清邁大學學生，無論小吃或是衣飾商品都非常便宜**，像是一雙淑女鞋不到300B有找，還有美術背景的大學生，自己擺攤販售手繪布鞋，每一雙都獨一無二。

松達寺Wat Suan Dok

🔺別冊P.9B2　🚗從清邁古城搭車約10分鐘　⏰139
Suthep Rd., Chiang Mai　🕕6:00~21:00

傳說庫納王(King Ku Na)曾邀請素可泰的高僧蘇瑪那泰拉(Sumana Thera)，攜帶斯里蘭卡的聖經到清邁來講學，並允諾在當時的皇家花園建寺讓他居住，這座寺廟便是現今看到的松達寺；它於1371年落成，蘇瑪那泰拉成為該寺的第一位住持。

松達寺的主僧院及其中的大佛像都是西元1932年(有一說是1930年)由泰北最著名的高僧古巴希威恰(Khru Ba Srivichai)重修的，古巴希威恰還曾發動人民修築往素帖寺的山路，而成為最受清邁人尊敬的高僧，他的骨灰塔就安置在主僧院後的一座白色小塔內，因為他屬虎，所以**塔的周圍繞著8隻老虎石雕。主僧院的西邊有許多座清邁皇室成員的骨灰塔**，其中一位就是遠嫁曼谷拉瑪五世王的Dararatsmee公主。

> 松達寺裡供奉有泰國最大的青銅佛像。

> 隱藏在樹林裡的烏孟寺，可以感受到古廟的幽情。

烏孟寺Wat Umong Suan Puthatham

วัดอุโมงค์

🔺別冊P.9A3　🚗從清邁古城搭車約15~20分鐘　🌐
Suthep Rd. Soi Wat Umong　🕔5:00~20:00　🌐www.watumong.org

一進入烏孟寺，就像到了山裡，**四周全是樹林，唯一有人氣的便是入口的小攤與樹上一片片的箴言**，沿著小路可以通往前人冥想用的洞穴。穿過樹林後，左手邊便是一個草藥園，沿著路上種植一些藥用植物，而後方則是一些頃圮的佛像，散落在草地上，其間有一顆很大、布滿青苔的佛像頭，由於神情偷悅，讓人印象深刻。看到寺中的精神柱之後右轉，便是三道直的洞穴，裡面可以相通，以往和尚便是在此修行，但是現在已經重新鋪設，開放給一般人參觀。

烏孟寺的起源大約可以追溯到14世紀，傳說是明萊王建造做為接待從斯里蘭卡來的修行僧之用。烏孟寺可能在提洛卡拉王1487年後便被遺棄了，直到1948年才再度成為僧院。受到20世紀泰國最受尊敬的高僧布達哈薩畢庫(Buddhadhasa Bhikkhu)的影響，他認為原始叢林比人為的寺廟更適合修行，因此該寺大部份的僧院都隱藏在樹林間。

Transit Number 8的最大亮點位於2樓，將座位區打造成電車造型，「車窗」還播放電車進站的影片，彷彿真的身在電車上。

咖啡廳搭配聖誕節，在戶外設置「雪景」，在清邁也可以拍出雪中美照。

TRAVEL IS MY THERAPY

咖啡廳對面還有販售煎餅的Guu Roti以及冰淇淋的Pond麵包店。

☕ **Transit Number 8** 👍小編按讚

📖 別冊P.5A4　🚗 從清邁古城搭車約10分鐘
🏠 56, 19 Soi Sanam Bin Kao 8
📞 0625924259　🕐 8:00~22:00　f www.
facebook.com/transitnumber8

秒飛日本街頭的電車主題咖啡廳

　　清邁機場附近的巷弄裡，有家人氣超高的網紅咖啡廳Transit Number 8。走入巷子裡，先入眼簾的是**寫著日文的車站出入口，而對面是日式公車站，還以為秒飛到日本了！**

　　咖啡廳從入口到2樓，每個角落都很好拍。通往2樓的樓梯設計成手扶梯的模樣，就如其名字「8號轉運站」。座位區有兩大特色，一種採日式庭院風，掛有燈籠和竹簾；另一種仿造了電車內部，甚至還原了扶手拉環和行李架，讓人眼睛為之一亮。

The Barn咖啡館仿造歐洲穀倉設計,相當有簡樸的異國風情。

The Barn: Eatery Design

小編按讚

⏺別冊P.9B4 ⏺從清邁古城搭車約10分鐘 ⏺14 Sriwichai Soi 5 ⏺0654515883 ⏺9:00~23:00
www.facebook.com/thebarnchiangmai

築師親自搭建,極具獨特個性的咖啡館。

古城近郊的The Barn: Eatery Design,是一間**DIY建造的咖啡館,在2014清邁設計獎獲頒最佳青年設計師**。The Barn的5人建築小組,其中3位是建築師,一開始只單純想建一個熬夜趕圖的去處,利用組員家中的閒置空地,仿歐洲穀倉,設計一座充滿溫暖生活感的極簡建築。在尋找建材及建造咖啡館的過程中,創辦人們找回了學習建築的初衷和熱情,重點不在成就完美作品,而是嘗試動手完成一件事的過程。從建築形式、材質和陳設,到後來增加的雜貨小店和餐飲,被清邁設計獎評為「極具獨特個性」。店內供應焦糖咖啡、飲品、冰沙、義大利麵和甜點等,其中最有人氣的包括泰式奶茶及巧克力香蕉派;雜貨區則展售當地年輕設計師的作品。

Enough for Life Village

⏺別冊P.9A3 ⏺從清邁古城搭車約15~20分鐘 ⏺160/7 Moo 5 Soi 7 Dok Kaew ⏺0845045084 ⏺8:30~17:00 ⏺週一 ⏺www.enoughforlife.com/

這個「村莊」可分為三個部分:**戶外咖啡廳、1樓的手作店以及2樓的民宿**,特別是民宿只有一間房間,一次只招待一組客人。咖啡廳的每張桌椅不是常見的成套桌椅,其中一張桌子仔細一看還是縫紉機呢!手作店主要販售**居家小物和手工配飾**,無論是木質小碗、珍珠母的餐具、棉麻織的桌巾包包,都非常小巧可愛。

Enough for life的創辦人是一位在清邁定居的韓國女子,清邁緩慢的生活步調讓她決定留在這個地方,也在這裡遇到另一半、成立家庭。村莊秉持著「**生活充足就好**」的人生哲學,老闆希望旅客住宿期間也可以體會到這樣的生活,想賴床就賴床、想登山就登山,或是拿著一本書在庭院做日光浴,用自己的步調隨意渡過在清邁的時間。

陽光透過樹枝灑下交錯的剪影,甜點和飲料怎麼擺拍怎麼好看!

沒有增加太多裝潢，維持舊倉庫粗獷工業風，以復古傢俱和燈光設計點綴時尚感。

☕ Looper Co.

🔺 別冊P.4E3　🚶 從塔佩門步行約10分鐘　🏠 151 Ratchawong Rd, Tambon Chang Moi　📞 0871772640　🕙 咖啡廳10:00~17:00，酒吧18:00~23:50　💲咖啡60B起　**f** www.facebook.com/looperandcompany

　　廢棄重生的舊倉庫空間，無需刻意營造工業風，Looper Co.結合特調咖啡、創意調酒、不修邊幅的粗獷與現代設計元素，自成獨樹一幟的潮流。因為喜歡倉庫的陳舊感與開放性，Looper Co.在保留舊元素的前提下進行改裝，鏽蝕鐵拉門、挑高開敞的空間、以及隨歲月褪色斑駁的淡彩水泥牆，都記憶著那段倉儲歲月。

　　Looper Co.將調酒技術及概念注入咖啡飲品，同名款特調「Looper」最能展現腦洞大開的想像力，高腳玻璃杯頂著一顆煙霧瀰漫的泡泡，咖啡混合鮮奶油及牛奶，經一夜冰鎮發酵，氣味濃郁，口感細緻絲滑。另一款「Coffee Old Fashion」則是在Old Fashion經典調酒中加入濃縮咖啡，即使白天就來點微醺，也不會有罪惡感。

Looper特調的泡泡由特製秘方糖漿吹製，戳破泡泡瞬間煙霧蔓延，為咖啡增添糖果與花的香氣。

清邁的網美和文青都希望能搶到沙發位拍照

清邁周邊與郊區 Suburbs

古城周邊Around Old Town

小編按讚 👍

☕ Sanimthoon Café

📖別冊P.9A3　🚶從Baan Kang Wat步行約3分
鐘　📍Soi 4, Tambon Su Thep　☎
0654922625　🕐8:00~21:00　💲平均消費約
45~80B　🌐www.facebook.com/sanimthooncafe

一杯咖啡也能改變世界。

　　有些咖啡廳主打的是特別的口味，有些則是以新穎的
裝潢作為賣點，而對於Sanimthoon Café來說，**這是一
間你邊喝咖啡，就能對世界產生貢獻的咖啡廳。**創
辦人曾經說，他們**每賣5杯咖啡，就會捐錢給有需要幫
助的人**，讓世界可以變得更加美好。

Sanimthoon Café有著如家一般舒適、自然的室內空間。

Open ▽

除了黑咖啡以外，Sanimthoon Café也提供蝶豆花特調飲品。

　　秉持這樣的精神，老闆一開始就以「家」的概念，設
計了咖啡廳空間，而且
這裡的所有飲品，也都
是老闆自己透過生活中
的點滴，構思與創作而
來，不只可以喝到咖啡，
**Sanimthoon Café也
提供了蝶豆花與冰巧克
力等飲品。**他們希望讓
更多人來到這裡，就像
是回到家一樣，一起喝杯
飲料，與朋友或老闆聊聊
天，再將賺到的收入，幫
助更多窮苦的人們。

🍴 清邁文化中心Old Chiangmai Cultural Center

📖別冊P.5C6　🚶從清邁機場搭車約10分鐘、從清邁古城搭
車約10分鐘　📍185/3 Wualai Rd. Haiya　☎202993　🕐
18:30~20:30　⊗週一　💲Khantoke Dinner成人690B，
135公分以下兒童345B　🌐www.oldchiangmai.com

　　清邁文化中心和古城區的藝術文化中心不同，**這
裡是供應傳統泰北康托克餐(Khantoke)和晚宴
秀的餐廳，從1971年營業至今，是清邁的老字號餐
廳。**整個場地以傳統泰北木屋布置而成，帶著舊時期
村落的風貌，讓人用餐時增添另一種懷舊情調。

🍴 Suan Paak Restaurant

🅰別冊P.5C6 ◆從清邁機場搭車約8分鐘、從清邁古城搭車約10分鐘 ⑥61 Moo 3, Airport Rd. T.Suthep, A. Muang ☎904201 ◆10:00~22:00

　Suan Paak是深受清邁當地人所喜愛的泰式料理餐廳之一。用餐區分別在大庭院和傳統泰北木屋裡，店家供應的是道地的在地佳餚，例如泰北酸肉、泰式咖哩炒蝦、泰北茄子打拋肉等，此外，這家餐廳也標榜使用的是有機生鮮的食材，與時下流行追求健康的風格相同，享受美食無負擔。

由於菜色精緻，份量不多，用餐時可請服務生添加餐點份量。

🍴 Khum Khantoke

🅰別冊P.9E2 ◆從清邁古城搭車約15~20分鐘，或搭餐廳提供往返飯店接駁車 ⑥139 Moo 4, Nong Pakrung, Amphur Muang ☎0612704537 ◆18:30~21:00，晚餐表演19:45 ⑤成人690B，120公分以下兒童490B 🚐 khumkhantokechiangmai.com/khumkhantok/

　站在Khum Khantoke前，面對金碧輝煌的蘭那建築，氣派地猶如仿建的宮殿。Khum Khantoke裡共有兩家餐廳，其一為供應康托克餐的餐廳，晚餐進行中，餐廳也安排了傳統舞蹈表演，表演節目較觀光化，偏向晚餐秀的娛樂。由於每道菜的份量不多，若吃不夠，還可請服務人員添加直到吃飽為止。供餐前後都有炸香蕉或泰北甜點供應。預訂晚餐可搭乘餐廳的接駁車，唯必須在訂餐時告知搭車需求。

清邁市區

清邁周邊與郊區 Suburbs

古城周邊Around Old Town

清邁延伸順遊

🛍 Central Chiangmai Airport

🏠別冊P.5C6 🚌從清邁機場搭車約8分鐘、從清邁古城搭車約10分鐘 📍2 Mahidol Road, 252-252/1 Wualai Road ☎999199 🕐11:00~21:00(週六及週日10:00起) 🌐www.centralchiangmaiairport.com

在清邁機場旁邊的Central Chiangmai Airport人氣很旺，**商品從泰北織品到流行商品都有**，每到假日，不是來訪遊客過多導致周邊塞車，而是因為市區前往購物的人潮和車陣堵塞道路。這裡可以是抵達清邁的第一站購物，也可以是**離開前購齊紀念品或伴手禮的好去處**。更貼心的是，這裡有免費接駁車前往機場或各大飯店。

👁 清邁動物園Chiang Mai Zoo

🏠別冊P.9D2 🚌從清邁古城搭車約15~20分鐘 📍100 HuayKaew Rd. ☎221179 🕐8:00~17:00，動物表演秀時間請以官網公告為準 💵門票全票350B、半票120B，水族館全票450B、半票350B、SnowBuddy WinterLand全票500B、半票450B 🌐chiangmai.zoothailand.org

清邁動物園占地212.4公頃，從2005年開幕後就大受歡迎，終年遊客如織，有泰國各地的遊客專程**到訪**，也有許多旅遊清邁的各國觀光客，順道一看這個貼近自然的野生動物園。

2003年中國贈予園區一對大熊貓──創創、林惠，成為最受歡迎的動物明星，2009年小熊貓誕生，更成為全泰國關注焦點，甚至有電視台成立24小時的貓熊實境節目，讓全國各地的民眾都可以看到小貓熊的可愛模樣，景況可比台灣人當年對小貓熊圓仔的關注。創創和林惠分別於2019年和2023年過世。園區內也設有人造雪屋Snow Dome和水族館。

👁 清邁動物園水族館 Chiangmai Zoo Aquarium

☎081775

在清邁動物園占地4,000餘坪的水族館裡，**有超過8,000種不同生物的展示**，同樣是很受矚目的景點。水族館可以容納上千名遊客，**號稱亞洲規模第一的水底景觀隧道是參觀重點**。透明的耐高壓壓克力板，將海水和淡水一分為二，分別長66.5公尺，總計133公尺。參觀的遊客在同一個樓層，就可透過180°的水道，觀賞生活在海水及淡水不同環境中的生物。

素帖寺 Wat Phra That Doi Suthep

小編按讚 讚

วัดพระธาตุดอยสุเทพ

📖別冊P.9D2　🚗從清邁古城搭車約1小時；或從乾帕門(Chang Puak Gate)、Maninopharat路、清邁大學(Chiang Mai University)搭迷你巴士前往，車資上下山皆約40B，最少6至8人才開車；各飯店也提供相關半日遊程，費用不一　📍KM.14, Srivivhai Rd.　🕕6:00~20:00　💲門票30B，含纜車來回50B

> 沿著山坡的長階梯最著名，更因此被稱為雙龍寺。

> 特別提醒，參觀素帖寺有服裝規定，須著長裙長褲。

素帖寺所在位置，據傳是一頭馱著舍利子、代表吉祥與神聖的白象，步行許久後在素帖山上停留，信眾遂決定將舍利子供奉於此，而建了素帖寺。現在在寺廟的側邊，仍立有一座白象傳承這樣的故事。

素帖寺最著名的景觀就是沿著山坡的長階梯，目前估有306階。據傳大約16世紀中左右，素帖寺前方的長階就有雛形，經一再修築，形成今日的模樣，素帖寺也因此被稱為「雙龍寺」。

進入素帖寺大門後整個佛寺可區分兩個區塊，大殿和主塔位在有迴廊的中庭，信徒們一般先進大殿禮佛，再手持鮮花和香燭繞行主塔一周。

中庭是1805年修建成現在的樣子，擺滿46尊佛像的迴廊東面與西面各有佛堂，兩座佛堂裡都繪有壁畫。1525年，King Muang Kaew將此塔重修，現在整座塔幾乎貼滿金箔，並且超過20公尺，塔頂的甘露由36公斤的黃金鑄成，下面鑲有鑽石999顆及9種顏色的寶石各一顆。

浦屏宮 Bhubing Palace

พระตำหนักภูพิงคราชนิเวศน์

📖別冊P.9D2　🚗從清邁古城搭車約45分鐘　📍Doi Buak Ha, Tambon Suthep, Muang　☎223065　🕕8:30~16:30(售票時間8:30~15:30)　🚫1~3月皇家度假期間　💲門票50B　🌐www.bhubingpalace.com

　這座位於山區的行宮是泰國九世王的夏宮，主建築橘色、墨綠色屋瓦有著曼谷大皇宮的影子，園區最著名的就是種植有數百種玫瑰花，其中尤以黃玫瑰為多，因為王太后的名字在泰文裡意指黃玫瑰。若計畫前往參觀，建議請旅館人員去電詢問，若有皇室入住度假或是相關活動，則園區不開放。另外，園區有服務規定，著短褲、背心不得入場。

Hangdong·San Pa Tong·Sankampaeng·Mae Rim·Mae Sa

漢東·山巴東·三甘烹·湄霖和湄沙

在 清邁古城的周邊和郊區，仍有不少特色景點，其中位於南邊的漢東、山巴東，以木雕村班塔威和清邁夜間動物園最有看頭；東邊的三甘烹是清邁手工藝重鎮，再遠一點的溫泉區也有不少西方遊客前往嘗鮮；而日漸活躍的戶外活動都位於清邁山區，其中以古城北方的湄霖、湄沙為多，而觀光客常去的大象營也在這一帶；至於茵他儂國家公園不屬於上述各區，但近年來，也吸引不少深度旅遊者前往探索。

🏛 MAIIAM Contemporary Art Museum

小編推薦 👍

展覽主題豐富，建築也令人驚艷。

🅐別冊P.9E2 ⊙從清邁市區騎車前往約40~60分鐘 ⊙122, Moo 7 Tonpao Amphoe San Kamphaeng ☏081736 ◉10:00~18:00 ⓗ週二至週四 ⑤成人200B、65歲以上長輩150B、學生100B，12歲以下免費 🆄www.maiiam.com

位在三甘烹的郊區，清邁當代美術館MAIIAM Contemporary Art Museum(以下簡稱Maiiam)，關注藝術、協作，以及社區精神，**MAIIAM的「Mai」在泰語中為「新的」意思，「iam」則為創辦者Eric** Rabnag Booth對阿姨Chao Chom Iam的致敬。呼應「Maiiam」的名字，美術館外觀以銀亮的鏡面貼飾，特殊的建築外觀，不但反映著週遭的自然景色，並在蓊鬱的樹林中，散發璀璨而優雅的光芒。

因清邁北部聞名的工藝品，以及歷史上技藝高超的工匠傳承，三甘烹也是許多當代藝術家、知名導演的家鄉，關注藝術、協作以及社區精神的Bunnag-Beurdeley家族便在此創立MAIIAM，並將他們過去的收藏分享於大眾，成為館內的常設展「Feeling the 90s」，並激發了許多藝術家在此設展，其他短期展包含了雕塑、畫作、新媒材等，其他短期展資訊詳見官網介紹。

MAIIAM的鏡面建築外觀，反映著戶外的藍天和綠意。

MAIIAM內也有咖啡館Kampangkaew café by chef Tutu可供旅客休息和喝杯咖啡。

清邁市區➜**清邁周邊與郊區** Suburbs ➜ **漢東Hangdong等地** ➜ 清邁延伸順遊

清邁藍廟Wat Ban Den (Blue Temple)

👍 小編按讚

華麗蘭納寺院建築群萬花筒。

🕐別冊P.3B1 🚗距離清邁市區約1小時車程 📍5X5H+39X, Inthakhin, Mae Taeng District ⏰7:00~18:00 💲免費參拜 📱www.facebook.com/watbanden/ ⚠️無巴士前往，最好包車前往

由包括主殿、經書庫、鼓樓、聖柱聖所、蘭納風格柚木佛殿、僧侶屋、佛塔……數十棟，**風格華麗的蘭納式建築群所構成的清邁藍廟**，近幾年成為旅遊的話題熱點，與知名度最高的清萊藍廟相較，一樣是藍廟，但這裡規模更龐大外，其實這裡的歷史是更悠久的。早在1804年就已經在這座山丘上築佛寺，清邁藍廟的正式名稱是班登寺(Wat Ban Den)，在建寺後，後由廣受愛戴的佛僧Kruba Thueang Natsilo號召下，希望將這裡建構成一個美麗的參拜處、讓更多人接觸佛法，於是透過信徒們大力的捐獻支持，造就現在這龐大而令人瞠目結舌的巨大建築群。

以藍色屋瓦覆蓋各棟佛寺建築外，這裡的每一棟建築都各有不同建築面貌與精細的裝飾細節，加上後方大大小小多達十多座的尖頂佛塔，雖然缺少了古佛寺靜謐的靈動感，但**穿梭其間，光看建築也很過癮，而且這裡多年來還不斷在擴建中**，非常驚人。

進入佛寺服裝注意

泰國的佛寺相當注重對於進入佛寺的服裝禮儀，尤其切忌穿著過於暴露、或是身體過多部位暴露出來，像是削肩的上衣、短褲、款裙等，但對於天氣炎熱的清邁來說，外國觀光客通常穿著也比較不那麼拘謹，老城內的古寺大都不會特別要求太嚴謹，除非真的過於暴露。但一踏出古城，基本上就益加保守，有袖子的上衣、長過膝蓋的下半身就一定會要求。雖然可以當場租個大方巾來使用，一條通常也才20B，但如果你是要求拍個人照要全身美感的，凡有佛寺行程，就備一條隨身漂亮大方巾，或是直接穿好符合規範的服裝吧！

行走參拜其間，各式建築、神獸都以巨大著稱，更覺自身的渺小。

佛寺建築前矗立的神獸，個個色彩艷麗、造型炫目，也是這裡相當吸睛的視覺焦點。

一起來認識佛寺裡的神獸們吧

來到泰北一帶,會發現佛寺建築與泰國南部有些不同外,佛寺外的守護神也常見不一樣的部分,有些神獸的造型奇特,有時甚至比佛寺更吸睛。泰國佛寺外的神獸其實造型多樣,主要都來自於佛教傳說。以佛教中心的須彌山下有個喜馬潘森林,裏頭有許多各具神奇力量的神獸,泰國佛寺的神獸形體與守護神力的傳說,大都來自這裡。

神獸種類繁多,且神獸本身大都是多種形體集合,再加上藝術家、工匠師也會再稍加變形,即使看到稀有的神獸長相,其實大約都不脫離守護的力量,欣賞與敬畏即可,不用太糾結。就泰北比較常見、必認識的做介紹如下。

那伽

不同於曼谷常見半人半獸的金翅鳥,在清邁的泰北一帶佛寺,那伽絕對是最重要守護神,盤據主殿入口兩側,宛如龍又似蛇、頭上有冠。那伽在佛教中與守護有關,是水神,可說是信眾心中最尊崇、守護層面最廣的守護神。由於造型多樣,基本上只要具備蛇、龍、頭冠等造型,大都不脫離納加的形象。
◆哪裡看:幾乎各大佛寺的主殿兩側都有。

獅

受到印度教與緬甸等佛寺的影響,在泰北的一些佛寺境域內也會看到獅子守護像,象徵著力量與勇氣,可以驅魔。當然這裡的獅子一樣與其他形象做結合,不像華人寺廟或大宅邸前的純獅子形象。
◆哪裡看:各佛寺內次要佛殿入口兩側,或是伴隨那伽旁邊。

白象

泰北一帶是大象的原生地,尤其在佛教中曾提及白象的神聖形象,是具有崇高神聖又吉祥的神聖形象,幾乎在各大佛寺都會看到象的神像,供民眾參拜,或是立於佛塔的四周,守護並象徵佛塔的尊崇地位。
◆哪裡看:以佛塔建築四周最常見,清邁古城內清曼寺、柴迪隆寺的佛塔最經典。

十二生肖

在泰國也有十二生肖,十二生肖也受到敬拜,甚至在泰北還有十二個專屬的生肖佛寺,據說只要在自己本命年的佛寺祭拜,能得到更大的守護力量,例如在清邁古城內的帕邢寺是「龍年」的守護寺,清邁郊區的素帖寺是「羊年」的守護寺、柴尤寺則是「蛇年」的守護寺。因此十二生肖的塑像,有時也會出現在佛寺中,就見怪不怪了,其他生肖則分布泰北各處佛寺,有興趣,也不妨前去踏訪。
◆哪裡看:清道的藍廟可見最多神獸種類、清道洞窟佛寺前則有十二生肖塑像。

天使瀑布Dantewada Land of Angels Waterfall Park

小編按讚 👍

🔵別冊P.3B2　📍距離清邁藍廟約10分鐘車程　🏠288, San Mahaphon, Mae Taeng District　📞0816098333　🕐8:00~18:00　💰門票80B，5歲以下免費　📘www.facebook.com/profile.php?id=100063649148356

> 彷彿走入童話世界裡，每個角落都超好拍！

> 改造為咖啡廳的飛機，保留了駕駛艙的原貌，別忘了在這裡多拍幾張再離開！

天使瀑布公園位在距離清邁市區約1小時車程的湄登區(Mae Taeng)，**以瀑布和園林為主題**，是疫情後在泰國極受歡迎的新景點。儘管不是天然瀑布和洞窟，園區的整體規劃上相當用心，讓遊客盡情打卡、拍好拍滿。

人還未走到門口，就會聽到澎湃的瀑布聲響，彷彿來到一個山谷。園區佔地廣大，有數座壯觀的人工瀑布、湖水藍的溪流和各種造型的洞穴，搭配水霧和陽光營造出宛如仙境般的景色。穿過瀑布區之後，會來到一整片的花田，旁邊是**迷你農場，豢養著可愛的小羊和兔子**，遊客可以購買飼料餵養牠們。

> 如果只能挑選一處拍照打卡，愛心洞穴應該是第一名！

☕ Air Diamond Café & Hotel

小編按讚 👍

🔵別冊P.3B2　📍距離清邁藍廟約15分鐘車程　🏠111 Village No.3 Keelek Maetang　📞0813772255　🕐8:00~18:00　💰門票140B，可兌換咖啡或飲品　📘www.facebook.com/airdiamondcafe

> 彷彿走入童話世界裡，每個角落都超好拍！

在咖啡廳極度盛行的清邁，Air Diamond Café可以說是最獨一無二的咖啡廳，因為Air Diamond Café**位於一台Airbus A330-300客機之中**！除了咖啡廳，這裡還有一家共32間客房的小型飯店。

這台飛機所在的停車場被設計成停機坪的模樣，還設立了空服人員的人形立牌、候機室、班機時刻表，就好像真的要搭飛機出國。「搭機」前要先到售票處購票取得「登機證」，就可以到咖啡廳兌換飲料。咖啡廳內部依然保留了地毯、上方的行李箱、客機座椅，甚至安全帶，只是將座椅稍微排開和轉向，如一般的咖啡廳座位配置。

👁 Maerim Elephant Sanctuary (Phukao Elephant Park)

🏠別冊P.3B2 🚗距離清邁市區約50分鐘車程 📍31 Mae Rim District 📞0992439111 🕐餵食大象10:00~16:00，半日行程7:00~13:30或14:00~20:30，全日行程9:00~18:00 💲餵食大象(1小時)成人800B，半日行程成人1,600B，全日行程成人2,000B；3~7歲半價，半日行程和全日行程包含飯店來回載送 🌐www.maerimelephantsanctuary.com

在目睹大象所經歷的恐怖後，Maerim Elephant Sanctuary的創辦人Busabong Kuetkong (Pui)開設了這個庇護所，希望能藉此拯救更多大象。這裡目前擁有6頭大象：Isara、Duang Jan、DuangDee、Doi Po、Chompoo、Buatong、Heidi。Pui希望再過幾年，這裡可以收容10隻甚至更多大象。

除了單純餵食大象的行程(Greet & Feed)，Maerim Elephant Sanctuary也提供包含**和大象們一起洗泥巴浴、幫大象洗澡的半日行程與全日行程**，後者則是多了與大象在叢林漫步，以及幫大象準備飼料的體驗。

高人氣IG打卡景點——清邁夢幻花海

每年的11~2月，泰國北部逐漸轉涼，清邁的山上、公園和花園在季節性花朵綻放時變得生氣蓬勃。這時候造訪清邁的話，可千萬別錯過。花田每年開放時間不一，詳細時間請見粉專公告。

I love flower farm一望無際的寬闊花田，包括向日葵、金盞花、蘭花等，讓人沉浸在大自然豐富的色彩中。離I love flower farm不遠處還有一家Aunty Nok Aeang Flower Farm，花卉種類雖然差不多，Aunty Nok Aeang Flower Farm設置更多造景，像是假鋼琴、樹屋等裝置藝術，讓遊客任意拍照。

🅿停車場

I love flower farm 農場

I love flower farm

📍33 Moo 4 Mueang Kaew, Mae Rim District 📞0959675789 🕐約11~3月8:00~18:00 💲門票120B，含停車場與花園之間的接駁車及傳統點心 📘www.facebook.com/iloveflowerfarmchiangmai

Aunty Nok Aeang Flower Farm สวนดอกไม้บ้านป้านกเอี้ยง

📍102 Soi 10 Mueang Kaeo, Mae Rim District 📞0835811852 🕐6:00~18:30 💲門票50B 📘www.facebook.com/profile.php?id=100064803605415

湄安洞穴
Tham Muang On

小編按讚 👍

🅐別冊P.9F2 🅑距離清邁市區約50分鐘車程 🅖Ban Sa Ha Khon, Mae On District 🕒8:00~17:00 🅢門票30B

探險魂全開，深入山腹洞穴！

抵達洞口前需先經過187級的雙龍梯挑戰，面對深不見底的陡峭樓梯，沒有些許探險精神，還真不敢進入山洞。湄安洞是多**層構造的石灰岩洞穴，層層向下深入山腹**。穿過窄道後洞穴瞬間展開，挑高寬敞，照明還算充足。奇岩怪石四面包圍，一條平坦小徑向未知延伸，盡頭連接另一段階梯，又是一次身材大考驗。下層洞穴更覺驚奇，數層樓高的洞穴中，巨大臥佛和坐佛各據一方，隨處可見鐘乳石和石筍，莊嚴中流露超現實的詭異感。

最震撼是**9公尺高的石筍，當地人視為佛塔**。據說佛陀曾路過此地，幻化人形的蛇妖奉獻水果與蜂蜜，祈求佛祖留下頭髮以供崇拜，因此當地人認為，這座天然佛塔下供奉著佛祖的髮舍利。

洞穴中設置大大小小的神佛像，當地人虔誠祈求。

數層樓高的地底洞穴中，聳立巨大的天然石筍和坐佛。

傳統木屋散佈森林裡，與世無爭。

湄康蓬瀑布是村落居民們散步運動的地方

泰國第一個生態村。

TOILETS

👁 湄康蓬生態村Mae Kampong Eco Village

小編按讚 👍

🏔別冊P.9F1　🚗距離清邁市區約1.5小時車程　📍Huai Kaeo, Mae On District

　　湄康蓬生態村坐落於蔥鬱森林圍繞的湄安區山上，**海拔約1,300公尺，氣候涼爽、水氣充足，已有百年歷史**。從前就是種茶樹和咖啡的地方，村落沿著山谷和清澈小溪而建，為泰國第一個生態村。

　　近年來發展生態旅遊，村民們或整理自家房間，或改建老屋作民宿，邀請旅人體驗自然、原始而純樸的生活方式，逐漸吸引許多當地人和國外遊客，安排一日遊或兩天一夜的小旅行。隨著旅遊人口增長，車道兩旁多了不少泰北小吃攤販、手工藝品店和土產店。

　　柚木建造的**湄康蓬寺(Wat Khantha Phueksa)是村民信仰中心**，傳統蘭納建築風格古雅細緻。順著寺院旁階梯向下走，有座建於溪流中央的佛堂，在潺潺流水聲中禮佛，格外祥和平靜。村裡地勢較高的咖啡館都非常受歡迎，因為擁有視野良好的露天平台，能將山林景致和高低錯落的屋舍盡收眼底。再沿著車道步行約10分鐘，就能抵達**清涼消暑的湄康蓬瀑布，乾季期間的瀑布如披在岩石上的薄紗銀絹，另有輕柔曼妙的風情**。

☕ Jaiboon

🏠別冊P.9E2 ⏰從清邁古城搭車約20分鐘 🏠Soi 1, San Klang, San Kamphaeng District ⏰8:30~17:00 💲平均消費約150~250B ⓕ www.facebook.com/Jaiboonchiangmai

傳統泰式木屋裡，隱藏了一間高人氣的咖啡廳，Jaiboon前身是女老闆的住家，經過改造之後，來到這裡的旅客，都能夠享受家庭風格的溫馨感。其店名在泰文裡就是「友善」的意思，也象徵希望客人，都能有回到家的感覺。

以咖啡廳起家的Jaiboon，竄紅的原因，卻是靠著一塊小小的道地紐約風味的起士蛋糕。**原來Jaiboon的女老闆，和紐約曼哈頓知名的甜點店NYCC Cheesecake的老闆熟識，因此每週都能運送一定的起士蛋糕至店中，成為Jaiboon最招牌的甜點品項。**儘管這塊起士蛋糕外表十分樸素，原料也相當簡單，卻有著濃郁如慕絲狀的口感，並帶有淡淡鹹味，單吃就很過癮，再配上一杯咖啡，就是完美的午後。

> Jaiboon最令人難以忘懷的是道地紐約風味的起士蛋糕。

> 店主以盡量保留老房子原有的外觀為原則，請來設計師朋友打造成一處宛如家一般的空間。

👁 三甘烹藝品街 Sankampaeng

👍小編按讚

🏠別冊P.9E2 ⏰從清邁市區搭車約20~25分鐘

聚集多間產品精美的手工藝品廠。

泰北精緻的傳統工藝，早已從生活必需品成為觀光客最佳紀念品或伴手禮，這些精美的手工藝品包括銀器、木雕、紙傘等，清邁市區附近的

山甘烹路(Sankampaeng)，就有著數十家從事不同品項的傳統工藝工廠，形成約9公里長的藝品街，在全泰國打出一鄉一物(OTOP)工藝推廣之前，這裡就已經外銷也開放遊客參觀，其中紙傘製作中心(Umbrella Making Centre)以及泰北泰絲品牌Shinawatra Silk都相當具規模。

🏛 紙傘製作中心

手工製作美麗紙傘。

🏠111/2 Moo 3 Borsang Village Sankamphaeng ☎338195 ⏰8:30~16:30 🌐 handmade-umbrella.com

走入紙傘製作中心，整個傳統製傘過程從煮樹枝、捶取纖維、染色製紙開始，接著磨傘骨，將傘面與傘骨細枝黏合，最後在傘面彩繪上各種美麗圖案等所有流程都由在地職人的分工完成。製傘中心的中庭曝曬著畫好的傘，各種鮮豔色彩點綴翠綠的草坪，形成一大張最華麗的畫布。

🏛 Shinawatra Thai Silk工廠暨展示中心

🏠145/1-2 Chiang Mai-Sankampaeng Rd., k.m.7 Sankampaeng ☎221076 🌐www.shinawatrathaisilk.co.th

整條藝品街上還有一座名為「**Shinawatra Thai Silk**」泰絲展示中心，品牌創立自在地的Shinawatra家族，1911年就開始生產泰絲，經由前泰國總理塔辛對家鄉產品多所推廣下，**現在的Shinawatra Thai Silk在泰北足以和曼谷的Jim Thompson抗衡**，在機場也有專賣店銷售商品。

> 清邁在地泰絲品牌。

清邁市區 清邁周邊與郊區 Suburbs 漢東Hangdong等地 ➤清邁延伸順遊

Meena Rice Based Cuisine

小編按讚 好

融入健康概念的繽紛米食。

📍別冊P.9E2　🚗從清邁古城搭車約30分鐘
🏠13/5 Moo2 Sanklang　📞0956939586
🕐10:00~18:00　💰平均消費約200B　f
www.facebook.com/meena.rice.based

　新鮮的當季蔬果食材和米食是Meena Rice Based Cuisine最大的特色，搭配繽紛多彩的顏色和優雅的擺盤方式，餐點不僅美味可口，也十分賞心悅目，**必點的特色飯糰加入紅糖米、蝶豆花染汁、茉莉香米等，模仿泰國國旗的紅、藍、白顏色，三角造型既別緻又可愛。**

> 色彩繽紛的飯糰加入紅糖米、蝶豆花染汁、茉莉香米等，相當可愛。

　Meena Rice Based Cuisine店面隱身在古城區外約30分鐘車程，位置鄰近手作藝術村，附近有不少藝術工作坊，每週六巷口有藝術市集，位置相當幽靜和隱密，用餐環境為半開放式的木屋餐廳，並且建築於水面之上，周圍環繞著樹林綠意，氣氛自然而舒適。

> 餐點不僅美味可口，擺盤方式也非常別緻。

👁 清邁夜間動物園Chiang Mai Night Safari

น้ำพุร้อนสันกำแพง

📍別冊P.9D2　🚗從清邁機場搭車約20~25分鐘、從清邁市區搭車約25~35分鐘　🕐11:00~22:00　🏠33 Moo 12, Tambon Nongkwaii, Hangdong　📞999000　💰步行區遊園全票400B、半票200B、日間套票(遊園車11:00~16:00)、夜間套票(遊園車16:30~22:00)全票1,200B、半票600B　🌐chiangmainightsafari.com

　這座野生動物園位於清邁著名的素帖山國家公園(Doi Suthep-Pui National Park)內，整個園區共分為蘭那村、天鵝湖區、Savanna Safari、徒步冒險區和肉食性動物區。**晚間7點開始行駛的遊園車才是重頭戲，搭乘四輪傳動遊園車在黑暗山區中行經各種動物區域，**以感應式燈光讓遊客們能夠以較近的距離地觀察獅子、老虎、土狼等，不過為了保護動物，拍照時禁止使用閃光燈！

👁 三甘烹溫泉Sankampaeng Hot Spring

น้ำพุร้อนสันกำแพง

📍別冊P.9F2　🚗從清邁市區搭車約40~50分鐘　🕐7:00~18:00　💰外國人門票全票100B、半票50B

www.skphotsprings.com

　距離清邁市區約43公里的**三甘烹溫泉屬於硫磺泉質**，溫泉公園裡的設施和台北北投公園很像，有煮蛋池、泡湯池，也有個人湯屋可選，公園內最特殊的景觀就是20公尺高的溫泉噴泉。

🍴 Cuisine de Garden

小編按讚 👍

🅐別冊P.9D2 🚗從清邁古城搭車約25分鐘 🏠99 Moo 11 NONGKWAII HANGDONG 📞0656615646 ⏰週三至週四18:00~22:00，週五至週日12:00~14:30、18:00~22:00 ❌週一、週二 💰6菜套餐每人1,982B起、10菜套餐每人2,590B起 💳可 🌐www.cuisinedegardencnx.com

把自然帶上餐桌，獨具一格的創意分子料理。

在Cuisine de Garden，你會發現原來泰式料理和法式料理，也能夠迸發出令人意想不到的火花。**主廚Nan, Leelawat Mankongtiphan擅長以清邁在地食材，融合法式烹飪手法，打造出獨具一格的創意分子料理**。甚至餐廳自己也擁有一個小花園，負責種植一些簡單的香料與蔬果，採用現採現煮的新鮮概念，也落實主廚於清邁札根的堅持。

而這裡的每一道料理，受到自然環境的啟發，更像是一件件的精美的藝術品。**菜單依照泰國季節做更換，一年會更換三次**，而每一道菜看似迷你，箇中滋味卻不同凡響，像是以鮮蝦與甜玉米做成的主食，濃厚馥郁的蝦醬與鮮甜的玉米十分匹配，從鮮蝦的海味中帶出一絲清新風味，即便只有小小一口，也能牽引出蔬菜的鮮甜原味與蝦仁的鮮嫩滋味。

每一道料理皆以藝術品般的面貌呈現，細膩的精緻度讓人還未動口之前，就被菜色華麗的外表給震懾。

👁 班塔威Baan Tawai

小編按讚 👍

บ้านถวาย

🅐別冊P.9D3 🚗從清邁機場搭車約30~35分鐘，從清邁市區搭車約30~40分鐘 🏠90 Moo 2 Baan-Tawai ,Khun Khong, Hangdong 🌐www.ban-tawai.com

訂製家具、生活用品及燈飾都應有盡有，售價較觀光夜市便宜的木雕村。

班塔威木雕村在30年前只是小型家庭工業後來轉變為代工廠，現在不僅接代工訂單甚至將商品外銷。由於泰國現行的柚木禁伐令，清邁木雕品多使用木色較深的芒果樹或加上竹子，變化出不同的商品樣式。

整個木雕村約分為5區，商品種類繁多，從大型訂製家具、生活用品、燈飾到創意商品等都有，也有很多店家兼售漂亮的陶器瓷杯、泰北織品或銀飾等。商品議價空間大，**整體最低售價約為清邁觀光夜市售價的6~7折**。

蘭那風星巴克。

☕ Starbucks Kad Farang 小編按讚

📍別冊P.9D2 🚗從清邁市區搭車約20~25分鐘 📍Kad Farang Village, Chiangmai-Hod Rd., Hang Dong 📞0626015140 ⏰週一至週四7:00~20:00，週五至週日7:00~21:00 💳可 🌐kadfarangvillage.com/?page=shop_detail&id=20&lg=en

人氣拍照打卡點，連鎖咖啡店也有獨特風貌。

　　位於Kad Farang Village購物商城的星巴克分店，**以蘭那風元素打造**的建築坐落於半露天式的商城內，層疊的屋簷向兩側伸展，木色的屋宇顯得沉著大方；順著屋簷延伸而出的尖尾，細緻雕刻著傳統的蘭那紋路，而爬滿藤蔓花草紋飾的三角楣處，則因紅底金紋的設計，增顯了貴氣的優雅。自落地窗與彩色毛玻璃引入自然光，挑高的室內空間內，運用了大量木材設計，搭配現代家具與燈具的陳設，打造專屬於泰北的舒適，這份愜意，無疑是品嚐咖啡的好去處。

館內有不少絕世作品歷時好幾年才完成。

🏛 千奇百樣博物館 Ban Roi An Pan Yang Museum

บ้าน 100 อัน 1000 อย่าง

📍別冊P.9D3 🚗從清邁機場搭車約20~25分鐘、從清邁市區搭車約25~35分鐘 📍San Klang, San Pa Tong 📞311410 ⏰8:30~16:30 💵門票外國人240B

　　博物館的主人Mr. Charouino Soonton為了要延續泰北傳統工藝文化，毅然決然辭掉教職，開始他的收藏生涯。**館內約有萬件收藏品，有不少絕世作品歷經3~14年以上才完成**，尤其一座由整塊木頭雕成的3層立體花雕，以及約1樓高 的4層森林樹神雕塑，雕工細緻繁複。館主表示，展品的挑選以在地作品為優先，首重手工和材質，有很多年邁的師傅接連辭世，能留下大作並讓更多人認識清邁傳統藝術，便是支撐他成立博物館的意念。

清邁市區▶**清邁周邊與郊區** Suburbs

漢東Hangdong等地

▶清邁延伸順遊

🍴 The Ironwood

🅐別冊P.9D1 🅑從清邁古城搭車約40分鐘 🅞592/2 Soi Nam Tok Mae Sa 8 Mae Raem 🅓0818311000 ⊙9:00~17:00 🅧週三 🅢平均消費約200~400B 🅑www.facebook.com/theironwoodmaerim

　　想要在自然祕境中，享受美味的泰式料理，那麼藏身在山林裡的The Ironwood，是前來清邁時不可以錯過的選擇。初次造訪The Ironwood，映入眼簾的是擺滿多肉植物與畫作的尖頂玻璃屋，以及能夠舒適坐在樹蔭底下的戶外用餐區，或是走到小溪旁的座位區，聽著溪水聲享用美食。

　　在The Ironwood裡的餐點，都是使用了來自在地農場的食材，以傳統泰式調味為基底，融入了多元的料理方式，帶來口感豐富的美味。像是蝦仁炒飯搭配花草沙拉，裡頭除了與蝦醬一起吃的炒飯以外，還配上了許多花瓣與蔬菜調製的沙拉，就非常值得一試。

環繞著綠樹的用餐空間，店內裝飾許多復古家具，就像一座歐洲的私人莊園。

🏛 達拉琵隆博物館Dara Pirom Palace Museum

พิพิธภัณฑ์พระตำหนักดาราภิรมย์

🅐別冊P.9D1 🅑從清邁市區搭車約25分鐘 🅞Chulalongkorn University, Amphur Mae Rim 🅓299175 ⊙9:00~17:00 🅧週一 🅕www.facebook.com/DaraphiromPalace

　　達拉思蜜公主(Princess Dararasmee)是清邁第7位國王的女兒，14歲就遠嫁當時曼谷卻克里王朝的拉瑪五世朱拉隆功大帝，據傳她也是五世王鍾愛的妃子之一。這座博物館是她年邁之際，回鄉安養天年的行宮，目前隸屬於朱拉隆功大學(Chulalongkorn University)的文化研究中心，館內展示當時貴族的衣飾，以及公主生前的用品寢具。達拉思蜜公主最終在故鄉清邁過世，骨灰就供在松達寺(Wat Suan Dok)。

清邁市區➡ 清邁周邊與郊區 Suburbs

漢東Hangdong等地

➡清邁延伸順遊

👁 Huay Tung Tao Lake

小編按讚 👍

⛰別冊P.9D1 🚗從清邁市區搭車約25分鐘 🏠283 Moo 3, Don Kaeo Subdistrict, Mae Rim ☎121119 ⏰6:30~18:00 💲門票50B

水利局保護區轉型成景點，優美湖區可進行水上活動及露營。

　　Huey Tueng Tao湖區原是水利局的保護區，後來規劃成景點向大眾開放。**湖區除了提供簡易餐點服務，還可進行各式水上活動**，如乘舟遊湖、玩水、游泳、騎沙灘車等，附近並有兩條長達5公里的慢跑與單車路線，如果想要在這裡過夜，也有露營區可以使用。

　　由於這個景點還不被太多人熟知，所以觀光客相對比較少，尤其在旅遊淡季，來湖區遊玩的大多是生活在周邊的本地人，避開週末人潮，平日裡更是幽靜，**很適合一個人徜徉靜謐湖畔**，感受這個清邁優美的秘境。

駕駛四輪傳動車該有的安全帽、防塵衣、口罩等X-Centre也會供應。

DIY X-Centre

⛰別冊P.9D1 🚗從清邁市區搭車約25~30分鐘 🏠816 Moo 1Mae Rim-Samoeng Rd., Rim Tae, Mae Rim ☎297700 ⏰9:00~18:00 💲卡丁車800B、越野四輪傳動車(Off Road Buggy)1小時4,500B、2小時7,000B(含擋泥服、安全帽、口罩) 💳可 🌐www.facebook.com/cmxcentre

　　別以為在清邁只有逛逛古城、寺廟等歷史巡禮，刺激競速的戶外活動，往山裡走就找的到。**在清邁北方山區的X-Centre提供了50公尺高的高空彈跳、山坡月光滾球、漆彈或四輪傳動越野車、ATV等項目**，每項活動都有專業教練或工作人員從旁協助，若參加高空彈跳，完成後會頒給證書，見證自己的膽量！

清邁市區↓**清邁周邊與郊區** Suburbs | **漢東Hangdong等地** ↓清邁延伸順遊

叢林子彈列車的螺旋滑道比雲霄飛車更刺激。

DIY Jungle Flight

📍別冊P.3B2 📍24/1 Prapokklao Lane 7, T.Prasing 🕐
6:30~7:00、8:00~8:30、9:30~10:00、12:30~13:00 📞
0614174498 💲JF1 Extreme (36座平台+1公里長的滑索道)2,400B、JF2 Ultimate(31座平台+1公里長的滑索道+叢林原子飛車)2,800B(含市區接送、午餐、活動裝備) 💳可 🌐
www.jungleflightchiangmai.com

2008年，**Jungle Flight在清邁Baan Nam Khong海拔1,500公尺山區，設置第一條森林滑翔路線**，目前體驗路線總長4公里、最高高度50公尺、最長滑行距離300公尺，而最高垂降為40公尺，路線更往叢林深處走，期間會有爬坡、攀爬階梯等，考驗個人體力，也讓人有更長時間沉浸在清邁山區的大自然裡，將連綿山巒、茂密樹林、廣闊天地納入腳下，暢快過癮。

Jungle Flight的招牌之一是長達1.1公里的叢林原子飛車(Zipline Rollercoaster)，放膽享受飛翔空中的速度感。軌道依地勢而建，利用重力驅動穿梭樹林，90度急轉、螺旋俯衝、直線加速、S型穿過百年巨樹之間……全程約4分鐘的飛行時間絕無冷場！

叢林飛索的行程包含簡單的自助式午餐。

學泰山飛翔於雨林巨樹之間。

Chiang Dao
清道

清道是距離清邁約70多公里的北方小鎮，僅需1.5~2小時的車程，沿途風景如畫，行經鄉村和村莊，一窺泰國北部的悠閒生活。最著名的景點包括清道洞窟(Wat Tham Chiang Dao)，歷史悠久的石灰岩結構，裡面還保存著百年佛像。若是雨季期間前來造訪，剛插秧的稻田在陽光照耀下，如同反射天空的鏡子，美不勝收。

包車導遊看這裡！
清邁廢氏Chiang Mai Journey

造訪清邁周邊城鎮最方便的方式就是包車，不用開車也可以到處趴趴走！清邁廢氏是由移居清邁的香港兩姐妹創立的旅行社，在當地生活多年，除了在社群上介紹清邁和清萊的最新景點，也提供客製化包車服務。

清邁廢氏提供的行程路線豐富，可以直接執行的推薦路線，或是根據自己的喜好安排，在官網上填寫表格後，清邁廢氏會再透過email聯繫、提供報價和規劃建議，達成共識後再付訂金。清邁廢氏都和在地的合法、專業司機合作，出發前會再建立包含司機的LINE或WhatsApp群組，確認行程內容以及隨時提供支援，不必擔心語言不通的問題。

🌐 chiangmaijourney.com

☕ Pronto Coffee

🗺 別冊P.10B3 🚗 從清邁洞窟開車約5分鐘 📍 9WHV+CH7, Chiang Dao District ☎ 8704554 ⏰ 7:00~18:00 💲 咖啡等飲料55~100B、餐點65~90B

近距離欣賞泰國第二高山脈

從主幹線道主轉往清道洞窟的路上，就會經過這家咖啡館，被濃密的植物所包圍的這裡，從入口看來僅是一家普通的摩登設計咖啡館，但一走到裡面，就會馬上被咖啡館走廊外的景致所驚艷，獨擁廣闊的花草庭園並串聯遠端的Doi Luang高聳的山景，除了這裡，你幾乎很難再找到其他咖啡館與其比美。

來這裡的顧客最愛將咖啡、餐飲端至戶外陽台座位區，欣賞眼前美景、呼吸這令人放鬆的一刻。當然這裡提供的餐飲也沒辜負這片美景，以自家有機農場提供的有機咖啡、有機花草等製作的餐點、飲品，對食材的健康度也講求細節，飲料單滿滿羅列一大張外，連菜單都豐富的提供泰式、泰北菜、西式等多樣選擇，讓想在這裡悠閒度過半日的人，連肚皮都照顧到。

四季會變化不同花草的庭院，搭配茅草屋與木棧道，宛如一幅鄉村協奏曲。

海拔2千多、泰國第二高峰近在眼前，石灰岩導致的曲折稜線與繚繞的雲霧，景色優美。

清道洞窟 Wat Tham Chiang Dao

小編按讚 👍

石灰洞窟裡的寺廟

📖 別冊P.10A3　🚗 從清邁開車約1.5小時
📍 273 moo 5 Chiang Dao　⏰ 7:00~17:00　💵 門票40B、嚮導200B　⚠ 地板潮濕，參觀時請穿上適合的鞋子；有服裝規定，可租借方巾。

清道洞窟位於清道山山腳下，是清道的必訪景點，**也是泰國境內規模最大的石灰洞窟之一**。洞內的鐘乳石柱、石筍外型奇特，外觀狀況都維持得很好。

首先進入的Thum Pranon全長約360公尺，是清道洞窟主要參觀的洞窟，走道和照明設施都很完善，沿著路上指示便可輕鬆參觀。來到洞窟中心，可以看到Thum Ma和Thum Keaw兩個更大的洞穴，分別是735公尺和474公尺。由於這兩個洞穴陰暗狹窄，不熟悉環境的遊客容易迷路、發生意外，因此需要另外付費請嚮導帶路才能進入參觀。僅僅依靠油燈的微弱光線，加上有些洞口狹小得要手腳並用才能穿過，宛如一場冒險。

洞穴內還供奉著許多佛像，其中一部分的歷史可追溯到幾百年前，為緬甸僧侶所建造，**完美融合了自然景觀和宗教文化**。

洞窟外的25座佛塔建於蘭甘亨大帝時期(Ramkhamhaeng the Great)，由來自撣邦(如今緬甸境內)的傣族所建造。

200公斤重的黃金鐘，刻有發現清道洞窟創建人的名字。

需另外付費才能進入參觀的Thum Ma。

打卡秘境
Giant Tree Alley

在前往清道洞窟的路上，會先經過被參天大樹圍繞的蜿蜒小路，吸引不少遊客停留拍照。拍照務必注意路況和自身安全喔！

☕ Hoklhong

📍別冊P.10C4 🚗從清邁洞窟開車約10分鐘 🏠107/1 Ragang Rd. 📞0863464624 🕐9:00~16:00 休週二 f
www.facebook.com/Hoklhong-401206493405812

　　Hoklhong可以說是清道必訪的咖啡廳之一，店裡的咖啡豆都是自種自採自烘，吸引無數咖啡愛好者前來朝聖。從清邁前往的話，Hoklhong就位於進入清道境域的主幹線道旁，**隱藏在小樹林中的簡樸木屋**。穿過竹木製成的大門和柵欄，彷彿來到小小的露營地，即使天氣炎熱，戶外的座位區依舊坐滿人。

　　室內裝潢簡單而溫馨，讓人感覺舒適自在，牆上掛著當地藝術家的作品，讓人感受到清道獨特的文化氛圍。除了自家的咖啡豆，店裡也有來自其他泰北地區的豆子，老闆和店員都很親切，對於咖啡也非常熱衷，樂於分享和介紹咖啡品項。**Hoklhong也提供每日限量手作甜點，搭配新鮮的現煮咖啡，享受一段寧靜愉悅的時光。**

　　雖然每週二是公休日，前往之前還是建議先到臉書確認是否有營業，以免白跑一趟。

若有機會坐到窗台前的位置，可以一邊看老闆手沖咖啡，一邊聊天，就好像一場私人的品咖啡行程。

咖啡豆的包裝也都非常有特色，外面貼著顏色鮮豔的龍插畫。

VELAR

📍 別冊P.10C3　🚗 從清邁洞窟開車約10分鐘　🏠 Soi 25 Moo 6 Chiang Dao　📞 0895590409　🕐 8:00~21:00　📘 www.facebook.com/VELARDEEDEE

　　VELAR的主廚人曾到日本生活過，後來在曼谷工作了一段時間，想要逃離城市喧囂，決定回到家鄉開設咖啡廳。**招牌菜色主打清爽的柚子口味**，像是柚子沾醬的蕎麥冷麵，以及用柚子醬料理的義大利麵。天氣微涼的話，也適合來一份日式小火鍋。

　　VELAR另一特色是**日本進口的抹茶、玄米茶、焙茶**，招牌飲品包括柚子拿鐵、水果風味的抹茶氣泡飲、抹茶拿鐵等，還有老闆娘**親手沖泡的手刷抹茶**，可以自行選擇來自福岡、西尾、三重、宇治的抹茶粉。

> 料理和茶飲都是現做現泡，因此上菜速度會慢一些，要稍微耐心等候喔！

> 以牛奶和濃厚奶泡取代椰奶冰淇淋的Bhagava，也是招牌咖啡之一。

> 清爽的蕎麥麵搭配天婦羅，暫時從酸辣的泰式料理轉換口味。

> 手刷可可也很醇厚濃郁。

Bhagava cafe & cuisine

📍 別冊P.10B3　🚗 從清邁洞窟開車約7分鐘　🏠 9WMX+5X9, Chiang Dao　📞 0913021909　🕐 9:00~18:00　📘 www.facebook.com/mokluang. chiangdao

　　2023年5月底才開幕的Bhagava cafe & cuisine，其**純白的極簡風格和華麗的甜點、飲料**，吸引許多人前往打卡。這家咖啡館空間寬敞，室內裝潢採用了曲線形狀的裝飾，配以木製和竹製椅子，加上大片的玻璃窗和小天窗，讓自然光線灑落在室內，營造出乾淨舒適的氛圍。招牌咖啡包括以椰奶冰淇淋製成的Bhagava affogato，以及甜度適中、具有濃郁的焦糖風味Banoffee。天氣好的話，還可以眺望Doi Luang的美麗山景。

Lampang
南邦

來 到南邦這個歷史悠久的老城，一定會發現老城內到處都有「白雞」的各式標誌，雖然盛產瓷器的這個地方，也以公雞碗聞名，但這城市會成為「公雞之城」，不是因公雞碗而起，而是因為公雞對南邦歷史意義重大，是很重要的神聖吉祥物。據說千年之前佛祖曾來到南邦，因擔心民眾貪睡、未能早起向佛祖供奉早齋，因而化身白公雞叫醒居民；另也有一說以前南邦府名為「古谷達城（ณุคฺฺูนคร）」，意思為公雞城，是個有白公雞守護的城市。現在街道、橋梁、壁畫等都常能看到公雞圖像外，也有一座白雞橋、公雞博物館，連南邦府的官方府徽，都有白公雞站在南邦寺裡面呢。

女王皇宮改建的鑾寺欣賞蘭納寺廟建築之美，見證南邦古老歷史。

南邦鑾寺 Wat Phra That Lampang Luang

วัดพระธาตุลำปางหลวง

📖 別冊P.10A2　📍南邦西南方約18公里處，可搭乘觀光馬車前往　🕐7:30～17:00

南邦鑾寺是所有學者專家都推崇的經典之作，光是**門前的巨獸、沿著有那迦守護神的20層階梯**，就相當有派頭。

拾級而上，可見以木造的正殿，左右有廳堂，後方是座棕金佛塔，正殿旁有座供有佛像的木造殿堂，**在殿內牆邊，有個小長方形縫隙，下午時分，陽光透過縫隙竟然是寺內佛塔的倒影。**寺廟另一個重要的地點是廟宇後方的鐵欄杆，上面留下的彈孔，是Namthip將軍奮勇抵抗緬軍時留下的彈孔。而大金塔旁的波羅密樹，據說是查瑪塔威女王親手種下。

塔那磨里陶瓷博物館

Dhanabadee Ceramic Museum

小編按讚 👍

華人百年公雞碗在此傳承

📍別冊P.10C1 🚗從南邦鐘樓開車7分鐘 🏠 32 Watjongkam Road ☎2733344 🕐 9:00~17:00 💲博物館100B 🌐dhanabadee.com/museum/ ❗免費導覽，每整點於售票口出發，約30分鐘(12:00~13:00午休)，導覽時間才能進到陶瓷製作廠區

在清邁一些餐廳老店用餐時，有時會驚喜發現餐具竟然都是公雞碗盤，喜歡公雞碗的話，不妨直奔南邦這大本營，其中又以 Dhanabadee所製作的公雞碗，品質精緻、圖騰最忠實呈現早期印象。這家以製作摩登高品質陶瓷器聞名的公司，至今商品已行銷多國，最早是由一位自廣東移民自此的華僑所創立，一開始他以製作甜點小盤為主，並開始製作**客家人餐桌上常見的公雞碗**，後其子女承接家業，並持續將古樸傳統的公雞碗圖騰保留下來，成為最具指標的公雞碗陶瓷品牌。

而2012年成立的**博物館，不但忠實呈現公雞碗的製作程序、歷史、展示老碗盤，工廠區並由職人們親自示範不同製作程序，連古老的土製龍窯都保留完好**，雖已不再使用，但透過導覽解說，可以更快速了解南邦的陶瓷歷史、公雞碗的故事。

公雞碗來到南邦落地生根的發展歷史。

陶瓷廠最早以製作甜點碟子為主，可看到仍在大量製作中。

保留完好的的土製龍窯，當時以竹子為主要燃料來源。

公雞碗製做流程

公雞碗雖然已經不再是塔那磨里陶瓷最主要的生產品項，但以保留傳統的精神與使命，仍將製作方式、圖案、碗盤形式等，盡量原汁保留下來，來到這裡，可以看到職人們如何分工，將公雞碗再度忠實呈現。而受限於參觀時間，也將各步驟的細項，以圖文展示在旁，讓人更清楚每個步驟的細節，其實並非如現場所見般簡單。

1 將陶土置於特製塑型模中，轉動轆轤進行傳統公雞碗的形狀塑型。

2 倒扣取出塑型完成的大碗，進行碗底陶土接合與再次塑形。

3 轉動轆轤，沾取水份將塑形完成的碗，進行整理，使碗體更滑順。

4 燒製完成的白碗，以固定的數款顏色，進行傳統公雞圖案繪製。

☕ 公雞咖啡館CHICK CAFE

💲檸檬冰茶50B **ℹ️**持博物館入場券,可折抵咖啡館內消費10B

在進入博物館前,會先經過這家氣氛舒適又吸睛的小咖啡館,因為是大名鼎鼎生產公雞碗的陶瓷廠商,當然這裡**整個空間內,擺滿各式各樣的公雞碗、杯等當裝飾**,不論是裝釘在牆壁上、內嵌成為玻璃桌面底下的裝飾,每個都讓人看到入迷。參觀完博物館後,來這裡坐下喝杯飲料、吃冰淇淋、用個小點心剛剛好。而與咖啡館連在一起的隔壁空間,則是活動空間,時夠的話,也可以參加陶瓷彩繪DIY等活動,有各式彩繪陶瓷品項可以選擇。

各式公雞圖騰杯盤碗,真的超容易陷入選擇困難症。

製作傳統泰式甜點用的小陶碟,一個才3B。

DIY教室也明亮、寬間寬廣又乾淨。

不論桌上、牆上、天花板,都有很多公雞陶盤裝置或圖案。

🎁 博物館陶瓷賣店Muse Shop

💲公雞飯碗212B、公雞盤(30cm)261B、湯匙126B **💳**可 **ℹ️**持博物館入場券,可折抵店內消費滿1,000B折100B

小編按讚 👍

星爺電影裡的公雞碗必敗

參觀完博物館、喝完咖啡休息完畢,一旁的博物館賣店,正好是補充完體力後的必敗地,這裡賣店很大、除了各式陶瓷用品,也有一些居家裝飾雜項,但最吸引人的還是品項齊全的公雞系列商品,以最顯眼位置獨立區塊陳列,就知道公雞陶瓷系列有多熱門。塔那磨里陶瓷雖然**傳承並保留傳統形式與圖案**,但為了符合現代使用趨勢,也開發擴展除了公雞碗之外的品項,像是各種尺寸的公雞碗、醬碟、杯、盤,也創作出**單色的公雞圖騰形象**等,選擇多到讓人很難下手!以清邁的平均物價來說,公雞碗雖價格不算低,但以品質及傳統美感來說,絕對值得下手。

搭乘馬車繞行南邦市區

要玩賞南邦，一定要搭上馬車繞一圈才夠道地。南邦在20世紀初由歐洲引進的馬車文化不因汽車工業而消失，駛在道上徐徐前行，備受當地車輛禮讓，慢活小鎮的態度可見一斑。

陶藝家純手繪陶器，幾乎各個圖案風格都不同。

咖啡館內空間舒適，木作桌椅也充滿自由隨興線條。

南邦鐘樓
Clock Tower Intersection

🅰別冊P.10B1 🚗從南邦鐘樓開車7分鐘 ⊙7FQR+H92, Tambon Sop Tui

　當想要尋找老城的中心時，在泰北一帶可以看看城市柱的位置。在南邦這個老城也有城市柱，但作為泰北最早有火車開通的這裡，隨著火車交通的發展，城市新的商區也移至火車站周邊。而在**1950年代左右建設、象徵現代城市意象的這座鐘樓，剛好就在整個南邦市中心拔地而起**。優雅的白色四面鐘樓，串連5條大馬路的車水馬龍往來車潮，將車流順暢地轉往城市不同方向。

　在早期，鐘樓主要作為讓居民隨時掌握時間的功能，也是跟隨西方先進城市設立鐘塔的一種城市象徵。現在它早已失去時間提醒功能，但**作為迎接人們進入這座城市的門面擔當外**，這裡周邊有公雞博物館、公園、南邦清萊寺，更是城市舉辦各式活動的重要場地，離河濱僅6分鐘徒步距離，想去Kad Kongta這條老街區、夜間市集等，也僅需徒步10分鐘。

papacraft

小編按讚👍 藝術家庭的雜貨咖啡屋

🅰別冊P.10B1 🚶從南邦鐘樓步行10分鐘 ⊙268 Talad Gao Rd, Suan Dok 📞0493246 🕐平日 9:00~17:00、週末 9:00~19:30 休週三 💲手沖咖啡55~110B，陶器咖啡杯組380B 🌐www.papacraftfamily.com/en/home-en/

　南邦在地人的老闆娘，在多年前與從事翻譯&工藝創作丈夫及孩子們回到故鄉，開啟了這家緊鄰河濱的咖啡館。也因工作**認識不少藝術家、手創的朋友**，在店內除了有提供在地產咖啡、各式飲品、蛋糕類外，也有將近一半空間陳列販售這些手藝創作，包含陶器、手工蠟燭、皮件創作、書籍等，而老闆娘一家人除了營運咖啡館，也以同名「papacraft」品牌來創作皮類手工作品，在清邁的真心市集、white market 都能看到他們出店身影。

　店內空間很有慵懶風格，**主屋串聯後方院子、工作室、直達河濱，自然風從後院穿透前門，不須冷氣就能帶來舒心感受**，河濱總是為這裡帶來涼風、也為重回故里的一家帶來療癒。老闆娘指著牆上一幅「年年有餘」中文字，描述了河裡讓人驚艷的豐沛魚量，也期待在這裡的生活一樣年年有餘、幸福平穩。

臨河畔的玻璃窗景，讓一杯咖啡時光更加有滋味。

MAHAMITr
WE ROASTED
WE MADE
A CUP OF YOU

MAHAMITr

別冊P.10B1 從南邦鐘樓步行10分鐘 278 Talad Gao Rd, Suan Dok 9184654 8:00~17:00 咖啡70~110B www.instagram.com/mahamitr.coffeeroaster/

與papacraft鄰近、位在同一條巷弄裡的MAHAMITr，如果不仔細找招牌，很容易就錯過，因為咖啡店必須越過一戶人家的前院，才能抵達位於院子底端綠籬後的所在。穿過民宅庭院後，綠樹環繞中的小小入口內，**河岸水光就在內院一旁微微閃耀波光，完全保有私密的靜謐舒適氛圍，讓人打從心底就先對這家咖啡館產生不少好感度。**

這裡是一家除了世界各地咖啡外，也**可以喝到南邦在地生產咖啡豆、微批次的精品咖啡店**，光是店主對咖啡風味的堅持，如果你也是咖啡品質的追求者，推薦來這裡品嚐一杯好咖啡。除了咖啡好喝，店的風格也很令人讚賞，小小的空間內，以玻璃及鐵件構成牆面，將臨河的綠意、波光水影、光線帶入店中，不想坐在店內，臨水畔也有一區戶外座位區，一杯咖啡、安靜的河水流淌而過，南邦假期就是該這樣無憂的度過。

這裡也是欣賞日出的熱門景點，運氣好的話還有機會看到雲海。

根據不同的願望選擇鈴鐺繪馬：玫瑰花代表愛情、公雞代表健康、工作和家庭、大象代表成功。

有點像峇里島天空之門的那伽出入口。

👁 Wat Prathat Doi Prachan

小編按讚 👍

🏛別冊P.10B2 🚗從南邦鐘樓開車約30分鐘 📍Pa Tan, Mae Tha District, Lampang 52150 ☎0997987479 🕐6:00~17:00 🚫週三(例假日除外) 💲接駁車來回40B f www.facebook.com/watdoiprajhana

泰日文化相融的泰國寺廟

距離南邦市中心約20公里的山上，竟然有一尊鎌倉大佛？2021年才開幕的Wat Prathat Doi Prachan因為融合了**泰式和日式元素**，很快就吸引無數遊客前往參拜。這尊鎌倉大佛的複製品起源自一場夢，Wat Prathat Doi Prachan的方丈某晚夢見了鎌倉大佛在這座山從天而降，告訴方丈在這裡建造一模一樣的佛像。

Wat Prathat Doi Prachan可分為山下和山上兩個大區，主要看點集中在山上，山下為停車場和接駁車售票處。前往山上景區可以選擇走628道階梯的那伽(Naga／龍)步道，或是搭乘接駁車。若是搭乘接駁車上山，抵達後先映入眼簾就是高處的**鎌倉大佛，還有鳥居和鈴鐺、晴天娃娃造型的繪馬，好像突然來到日本的神社**。一旁的小攤有販賣這些繪馬和拜拜的香以及紀念品。

從鎌倉大佛前往觀景台，會先經過金碧輝煌的佛像和殿堂，這裡的元素和前者完全不同，彷彿又來到另一個國家。進入五佛中庭前，因算是寺廟內部，需脫鞋才能繼續往內參觀。來到盡頭，景色一片開闊，陽光照射在色彩繽紛的雕像上金光閃閃，和藍天白雲怎麼拍都好看。

👁 南邦玉佛寺Wat Phra Kaew Don Tao Suchadaram

🏛別冊P.10C1 🚶從南邦鐘樓步行13分鐘 📍Prakaew Rd, Tambon Wiang Nuea ⏰6:00~18:00 💲門票40B

南邦玉佛寺早期其實是兩座寺廟，泰國教育部於1984年將Wat Phra Kaew Don Tao與Wat Suchadaram合稱為現在的名字。由於這裡**曾經供奉名為Phra Kaew Morakot的玉佛將近32年**而被稱為玉佛寺，如今這尊玉佛已搬到南邦鑾寺。

這尊玉佛有很多種有趣傳說，一名僧侶在西瓜(泰北方言中為tao)中發現了一塊玉石，並將之雕刻為佛像。而另一個說法是一位名為Suchada的女信徒在她的西瓜果園中發現藏有玉石的西瓜，委託當地的僧人雕刻成Phra Kaew Don Tao的佛像。有人就此告發Suchada和僧人有私情，Suchada被判死刑而僧人帶著玉佛逃跑，玉佛從此供奉在南邦鑾寺。後來發現是烏龍一場，為紀念Suchada，在其故居建立了Wat Suchadaram。

一週7天7個顏色7尊神

若問泰國人生日，他們一定都記得自己是在星期幾出生，因為他們相信一週7天，每天都有保護神，所以在寺廟大殿外，按釋迦牟尼成道故事、不同姿態分別設立每天的保護神像，可以挑自己出生那天的守護神祭拜，或是8尊拜一輪。

此外，源自印度星宿說，泰國人有每日「顏色星座」，表示原生性格和幸運色。例如週一是黃色，拉瑪九世王蒲美蓬就是週一出生，所以2006年為慶祝當時泰皇登基60年，所有公務員都會在週一穿上繡有國王徽章的黃衫。

	佛像	顏色
週一	立佛。右手舉起、手心向前。當時是為阻止皇家親戚爭吵。	黃色／月亮
週二	臥佛。告知弟子祂將長眠不起，敬告弟子要按祂傳的道去行。	粉紅色／火星
週三／早	托缽。堅定出家信念，並將落髮交給父親以明志。	綠色／水星
週三／晚	坐姿。在森林遇大象、猴子欲供奉，猴獻蜂蜜，但佛不殺生，大象以熱水替代。	綠色／水星
週四	盤坐。期許自己堅持悟道、成道。	橘色／木星
週五	雙手交叉胸前。陷入傳道與否的長考。	藍色／金星
週六	盤坐、背有多頭龍Naga。在森林打坐遇大雨，多頭龍Naga從背後替祂遮風擋雨。	紫色／土星
週日	雙手交錯在身體前方。	紅色／太陽

乍看之下，可能以為二樓怎麼會有門？其實只是長得像門的窗戶。

夢不醒大樓Moung Ngwe Zin Building

小編按讚 ดี

หม่องโงย์ชิ่น

泰國最美建築

🏠別冊P.10B1 🚶從南邦鐘樓步行13分鐘 🎧 208 Talad Gao Rd, Suan Dok ☎0867286362 ◷週六至週日10:00~21:00 ❶www.facebook.com/profile.php?id=100057236419038

夢不醒大樓是南邦的標誌性建築，也被譽為**泰國最美薑餅裝飾建築**（gingerbread），這類型建築的特色就是木雕細窗格及遊廊。這棟建築於1908年由緬甸富豪Moung Ngwe Zin建造，已有100多年的歷史。夢不醒大樓的木雕主要以植物為主，仔細觀察的話，會發現三樓的欄杆刻上了屋主的英文名字，而二樓左右兩邊的屋簷下分別是一頭牛和一隻兔子，代表了歷任屋主的生肖。

Moung Ngwe Zin來自Suwannaaut家族，該家族因木材生意而致富，而當時Lampang是柚木貿易的中心。起初，夢不醒大樓的一樓是辦公室、二樓以上是私人住宅，Moung Ngwe Zin的後代將其改造為飯店和夜店，之後又轉型為租給市場攤販的便宜套房，一直到1966年才不被人居住。

如今，只有一樓對外開放。Melann是週末才營業的**緬甸式咖啡廳**，招牌咖啡「Moung Coffee」是混合了緬甸奶茶的咖啡。除了咖啡廳，也展出夢不醒大樓的歷史與介紹，以及Kad Kong Ta周邊的著名建築。

Kad Kong Ta步行街

Kad為泰北方言中「市集」的意思，而Kong Ta指的是港口前的街道。這裡的市集可以追溯到1877年(拉瑪五世前期)，當時的Kad Kong Ta是南邦的主要商業中心，聚集了來自緬甸、泰國、中國和西方的不同種族的商人，也因此產生了融合各種文化的建築。1916年4月1日，第一班從曼谷到南邦的火車開始運行，商業活動逐漸式微，Kad Kong Ta慢慢變成住宅社區，直到南邦市政府在2005年末打造成步行街，每週末舉辦夜市，讓Kad Kong Ta再次恢復生機。

清邁市區 清邁周邊與郊區 Suburbs 南邦Lampang 清邁延伸順遊

👁 Ban Pong Nak Museum

🅐 別冊P.10C1 🚗 從南邦鐘樓開車10分鐘 ⏺ The 32nd Military Circle, Surasakmontri Fort, Phaholyothin Road, Phichai Mueang Lampang ☎225941 ⏺ 8:00~16:30

建於1925年的Ban Pong Nak在泰北方言中為**「很多窗戶的房子」**，為拉瑪七世在南邦的行宮，如今成為軍事博物館。一樓展示了第二次世界大戰的武器和制服，其中包括一台英製機關槍，是由南邦居民、商人和貴族為抗戰合資購買。二樓則保留了拉瑪七世的書房和臥室，還有皇室銀器收藏、古董傢俱以及歷史檔案與照片。

🍴 Krua Mukda

🅐 別冊P.10B2 🚶 從南邦鐘樓步行25分鐘 ⏺49 Sanambin Road ☎315696 ⏺8:00~15:00 💲米線套餐45B

Krua Mukda為當地**高人氣的kanom jeen(泰式咖哩米線)餐廳**，招牌餐點是米線套餐(ชุดขนมจีน)，包含米線、菜盤、咖哩，其中有五種咖哩可以選擇：綠咖喱、魚肉咖哩(有椰奶、無椰奶兩種)、花生咖哩、豬肉咖哩。另有炸豬皮、泰北香腸、烤雞、越南春捲等小吃，品項豐富，價格也實惠。餐廳門口也有販售傳統甜點。

米線套餐

從清邁出發，再多玩幾天！

一般從清邁出發的延伸順遊行程，最佳的選擇便是清萊，清萊是泰國最北的府，從清邁出發約3小時車程，由於交通時間來回就要大半天，不建議當天來回，最好是清邁、清萊至少各留兩晚，方能大致體驗這兩地之美。

清邁Chiang Mai→清萊Chiang Rai　　P.226

Chiang Mai→Chiang Rai

清邁→清萊

1 262年，蘭那王朝明萊王在此建都，並以自己的名字替城市命名為清萊(Chiang在泰文裡是城市、Rai是明萊王部份名字)，1910年成為泰國領土的一府。如果預計在清邁停留5~6天，可以計畫到清萊走走：先在清萊市區找一家飯店住下感受小鎮樸實氣氛，再規畫周邊景點觀光；或是在清萊山邊找家度假村住兩晚，享受清幽山間假期，順道安排觀光行程，像是清盛、金三角等地，最後再回到清邁。

交通資訊

從清邁前往清萊

航空
可搭泰泰航，清萊機場距離市區約8公里。

汽車
車程約3.5小時；走高速公路118號，再走1號可達。

巴士
車程約5.5小時，從清邁Arcade巴士站搭乘。
◎ Arcade巴士站位在 Kaeo Nawarat Rd.，接近高速公路。
☎ Arcade巴士站 242664、Green Bus 266480
⊙ Green Bus 7:00~18:00
⊚ 車票196B起(實際價格依網站公告)
計程車
⊚ 約2,000~3,000B

從曼谷前往清萊

航空
可搭乘泰航、亞航、Nok Air。

巴士
車程約12小時。
◎ 曼谷北線巴士總站Northern Bus Terminal (Mo Chit)
◎ Kamphaeng Phet 2 Rd.，曼谷捷運蒙奇站2號出口。
☎ 巴士總站9363256
⊚ Sombat Tour冷氣巴士約662B起。
⊚ www.sombattour.com/en/schedule/Bangkok-Chiang%20Rai%20Update

當地交通

雙排嘟嘟車Tuk Tuk
⊚ 市區內約10~50B；前往郊區可包車，一天約1,500~1,800B，需與司機議價。

租車
若要租車自行活動，可在客運站尋找出車服務，或詢問飯店。
⊚ 汽車一天約700~800B起、摩托車約200~300B。

巴士
普通巴士可前往金三角、清盛、美塞等地。

在地遊程

旅行社安排交通
清邁、清萊近年開發出許多單車路線，清萊附近的清盛市更為此逐步

鋪設單車道。當地有許多旅行社規畫時間長短不同的單騎行程，像是從湄公河岸的清盛騎往金三角，途經民宅田地和古寺，中停階迪鑾寺(Wat Chedi Luang)、千年柚木森林寺(Wat Paksek)、山廟(Wat Pu Kao)等地，最後抵達金三角。

基本單騎活動都會提供安全帽、腳踏車、飲水或點心，以Chiang Rai Bicycle Tour為例，除了到清萊的飯店接人，每次出發都有至少兩位領隊在車隊前後照應，並有一輛小貨車跟隊，就服務和安全條件來說，算是相當周到了。

Chiang Rai Bicycle Tour
☎ 0856624347
⊕ www.chiangraibicycletour.com

清萊鳳梨

清萊產的鳳梨去皮之後的大小，幾乎和蘋果差不多，味道香甜可口。龍坤廟外的水果攤上尤其多。

清萊夜市Night Bazaar

別冊P.6F4　從清萊巴士站步行約10分鐘　夜市入口在Phaholyothin路上　約18:00~23:00

　　清萊夜市位於市中心，商家其實不算少，有攤販有店面，其中又以山區少數民族的織品、服裝、飾品為多。夜市中央有露天用餐區、兩座現場表演的舞台，雖然占地不如曼谷夜市的聲勢浩大，但吃喝玩買一樣不缺，**夜市口外有Boots藥妝店、Lotus超市**，要添購日常用品也方便，附近停滿叫客的嘟嘟車，玩晚一點回飯店也不用擔心交通問題。

這裡的商品價格雖然不見得比清邁夜市便宜，但也可找到不少可愛的背包、泰北衣物。

龍坤廟又被稱為白龍寺或白廟，是一座令人驚嘆的銀白藝術廟宇。

龍坤廟Wat Rong Khun

วัดร่องขุ่น

別冊P.6F4　從清萊夜市搭車約20~30分鐘　Pa O Don Chai Rd., A. Muang　053-673579　寺廟週一至週五8:00~17:00、週六及週日8:00~17:30　門票100B、祈願掛牌30B

　　這座造型繁複的白色佛殿，泰國境內僅見，是著名畫家Chalermchai Kositpipat的夢想之作，預計60年完工。

　　Kositpipat出生清萊，曾在1977年贏得泰國國家藝術比賽首獎，1997年42歲那年，原本只是參加故鄉廟宇的擴增計畫，最後卻決定開始獨力獨資打造這座白色佛殿。這座佛殿外層鑲上一塊塊鏡面玻璃，內部則以壁畫裝飾，畫家表示，白色象徵佛祖的純潔，而無所不在的鏡子則代表祂的智慧照耀全宇宙，至於其他各部分也皆有其意義，如通往佛殿的天橋有著逃脫輪迴進入佛界意涵。

藝術家打造的廟宇

　　清萊曾為蘭納王朝的第一個首都，擁有豐富的自然景觀與歷史古蹟，也是泰國當地藝術家的搖籃，是雲集最多藝術家與作品的文藝省府。其中最知名的是由藝術家們打造的三座廟宇：黑屋博物館(Baandam Museum，又稱黑廟)、藍廟(Rong Sua Ten Temple)、龍坤廟(Wat Rong Khun，又稱白廟)，可以緬懷蘭納王朝的昔日風華。

雖然被叫做黑廟，但內部卻是間私人博物館。

👁 黑屋博物館Baandam Museum

🅐別冊P.6F4 🅑從清萊夜市搭車約20~30分鐘 🅒414 Moo 13 Nanglae ☎776333 ⏰9:00~17:00 💲成人80B，12歲以下免費 🌐thawan-duchanee.com

　　黑屋博物館又被稱作黑廟，是由**當地藝術家Thawan Duchamee設計建造的私人博物館**，全由名貴的木材雕琢而成，並放置了許多私人收藏的珍貴古董，像是牛角、頭骨、蟒蛇皮等標本，一邊欣賞著這些雕刻作品，宛如走進了有意境的地獄世界般，感受Thawan Duchamee內心奇幻無窮的創意世界。

👁 藍廟Wat Rong Suea Ten

🅐別冊P.6F4 🅑從清萊夜市搭車約10分鐘 🅒306, Moo 2 Maekok Rd Rim Kok ⏰7:00~20:00 💲免費

　　藍廟的建築主要分成兩處：**主寺廟與白色佛塔，是由白廟創作藝術家的弟子一手設計打造，以藍色為基底**，搭配光彩奪目的圖騰裝飾於外觀建築，入內後則能看到擺放著金色與白色的佛像，而佛像周圍的樑柱與天花板更是充滿許多精雕細琢的藝術作品，呈現佛教與藝術結合的震懾氣勢與感動，走逛之下，令人不禁讚嘆泰國人對佛教的虔誠與藝術的無限創意。

藍廟由創作白廟的藝術家之弟子設計打造。

👁 清盛古城Chiang Saen Ancient Town

เชียงแสน

昔日蘭那王朝首都，見證獨特建築樣式與佛像型制。

📖別冊P.6G4 🚌從清萊市區巴士站搭巴士前往，每天6:00~18:40發車，車程約1.5~2小時；或可參加繞行清盛、金三角的單車行程 ⏰8:30~17:00

　　清盛在清萊曾為蘭那王朝(Lanna)首都，目前城裡仍有完整的古蹟寺廟，獨特的建築樣式和佛像型制，都見證了這裡曾經是王朝重鎮的過往。其中階迪戀寺(Wat Chedi Luang)、千年柚木森林寺(Wat Paksek)是必遊景點，柚木森林似的佛塔上有許多雕刻，包括仿南邦女王朝時期的佛像、會吃掉時間的「時神」以及圍繞在塔上的立佛。而階迪戀寺建於清盛建城後第3年，由當時國王Sean-Pu授權動工，寺廟與塔都是早期蘭那佛教建築樣式。

👁 金三角Golden Triangle

📖別冊P.6G4 🚗從清萊市區搭車約1小時

鳥瞰泰國、緬甸及寮國三國領土。

　　金三角指的是泰國、緬甸、寮國邊界湄公河交會之處，早年因為罌粟花的種植以及邊界地帶走私鴉片等負面問題而聲名大噪，擺脫惡名之後，當地旅行社規畫有1小時遊三國的遊船行程，或是讓遊客在制高點，同時便能看到3個國家的領土。在湄公河岸另有一座山廟(Wat Pu Kao)，供奉象神、彌勒佛等，也是周邊觀光的休息站。

擺脫昔日惡名的三國交界處。

邊境孤軍的和平之丘。

👁 美斯樂Doi Mae Salong

📖別冊P.6F4 🚗從清萊市區搭車約80分鐘

故事背景，瞧見孤軍血淚史及後代生活。

　　泰北約有20幾萬華人，用的是繁體中文，講的是雲南話和華語，多數來自清萊西北部的美斯樂，他們就是所謂的「孤軍」後代。美斯樂在泰文裡指的是「和平之丘」，它正是柏陽筆下《異域》的故事背景，現有76個華人村，有60多座華語學校，以栽種咖啡、茶葉、高山蔬菜為主。由於地處高山，氣候相當涼爽，很多泰國人在此有度假小屋。邊境孤軍的血淚史，在2004年2月落成的泰北義民文史館裡，皆有詳細描述。

　　距離義民文史館約5分鐘車程，是山區農產和紀念品市集，有茶行以及少數民族將自家種植的農產品擺出來販售。

這座皇家花園內栽植著上百種來自各國的珍稀花卉。

皇太后花園Mae Fah Luang Garden

小編按讚 👍

สวนแม่ฟ้าหลวง

📖別冊P.6F4　🚌從清萊市區搭車約1小時
📍Doi Tung Villa, A.Mae Fah Luang ☎767015　🕐約6:30~18:00　💲門票約90B
🌐www.maefahluang.org

皇太后建造的行宮，提供大量工作給東北山區民眾。

　　皇太后指的是泰國九世皇蒲美蓬的母親詩納卡琳，她生前致力於改善泰國東北山區人民的生活，成立Mae Fah Luang基金會，1992年在這裡建了行宮、花園、紀念館，以提供大量工作機會，並提升觀光收入。

　　行宮前的花園占地將近2萬坪，栽植著上百種來自各國的珍稀花卉，一年四季更換當季植栽，因此不論何時前往，總是花團錦簇。園區中心是座大花園，中央有一座雕塑，小孩一個個站在彼此的肩膀上，這是由Misiam Yipinsoi所創作，象徵著延續不斷之意。來這裡參觀，衣著不可露出肩膀及膝蓋，若不合規定館方會提供衣物。

🏛 鴉片文史館Hall of Opium, Golden Triangle Park

หอฝิ่น (อุทยานสามเหลี่ยมทองคำ)
📖別冊P.6G4　🚌從清萊市區搭車約1.5小時　📍212, Moo1, Tambon Wiang　🕐8:30~17:00　💲外國人300B、12歲以下免費

　　金三角位於泰、緬、寮邊境，地處海拔1,000公尺的山區，陰涼多霧，適合罌粟花成長，約10萬平方公里的範圍，原本開滿艷麗的4瓣罌粟花，這是當時窮苦的泰國東北居民賴以維生的產業，在30~40年前，全球80%的海洛英等毒品皆來自此處。

　　1988年，**皇太后決心重建東北山區，因長久種植罌粟而枯竭的農地山林，在皇太后基金會的努力下，全力恢復其富饒的生產力，還原當地的生態環境，並協助當地居民另謀生路，像是手工藝和農業等，同時宣導毒品的壞處。**

　　這座鴉片博物館足足蓋了13年，花了將近4億泰銖，占地5,600平方公尺，2003年開幕，由皇太后基金會主導。館方刻意將入口處設計成渾沌昏暗的隧道，猙獰病態的人體雕塑像是在牆裡掙扎，隨著參觀路線行進，經過歷史說明、遭受毒品不良影響的例證展示，燈光和周邊色彩轉趨明亮，有種自黑暗走向光明的意味，是座教育意味濃厚的展館。特別提醒，館內不准攝影。

鴉片文史館是座教育意味濃厚的展館。

👁 皇太后行宮

🕐約8:00~18:00　💲門票約90B

　　皇太后行宮一如泰國人對她的形容——簡樸高雅，歐式風格的柚木行宮內部都是當地人民生產的手工藝品。 據傳皇太后為了不浪費資源，部份裝潢木料還是泰國港邊撿來的貨櫃改裝再利用，且不論這是神話或是真實，在在表明泰國民眾對她的景仰並不低於國王。行宮裡不准攝影、不能大聲喧譁。